Hermann Maier

Didaktik des Zahlbegriffs

Ein Arbeitsbuch zur Planung des
mathematischen Erstunterrichts

Schroedel Schulbuchverlag

Der Autor:

Dr. Hermann Maier,
Professor für Didaktik der Mathematik
an der Universität Regensburg

ISBN - 3 - 507 - **34 041** - 0

Herstellung: Karl Neef GmbH, Wittingen 90/9

Vorwort

Die Planung von erfolgversprechendem Mathematikunterricht stellt eine komplexe, kenntnis-, überlegungs- und kreativitätsfordernde Aufgabe dar. Dies gilt nicht zuletzt auch für ein so grundlegendes Thema wie die Einführung von Schulanfängern in die ersten Zahlen. Die planende Lehrerin muß nicht nur die Unterrichtsziele klar vor Augen haben, um ihr methodisches Vorgehen optimal gestalten zu können. Sie muß gründlich darüber Bescheid wissen, auf welche, durch geistige Entwicklung und außerschulische Lernanregungen bestimmte Voraussetzungen aufseiten seiner Schüler sie aufzubauen hat. Und sie muß Möglichkeiten zur Planung von Lernaktivitäten und ihrer Komposition zu einem Lehrgangs kennen, die sich in der bisherigen Unterrichtspraxis herausentwickelt und bewährt haben. Um in diesem Sinne Studierenden des Lehramts an Grundschulen wie auch Praktikern Gelegenheit zu geben, sich über den gegenwärtigen Stand des fachdidkatischen Wissens zum Thema Zahlbegriff eingehend zu informieren und theoretische Grundlagen wie auch praktische Anregungen für die Unterrichtsplanung zu gewinnen, wurde das vorliegende Arbeitsbuch geschaffen. Es enthält neben den Informationstexten auch Aufgaben, durch deren Bearbeitung der Leser teils sein Verständnis des Texts überprüfen, teils sich intensiver in die Materie einarbeiten kann. Lösungshinweise, am Schluß des Bandes, geben die Möglichkeit, die eigenen Ergebnisse zur kontrollieren.Das Manuskript ist nicht nur ein Niederschlag meiner üblicher Vorbereitungsarbeiten auf eine wichtige Vorlesung. Vor allem in den Kapiteln 2 und 5 ist auch Frucht langjähriger Zusammenarbeit mit meinem Freund Prof. Dr. Walter Senft aus Zürich zum Zweck der Entwicklung von mathemtatischen Unterrichtswerken für die Vorschule (Mathematik in Grundformen. Stuttgart: Klett, 1971) und die beiden ersten Klassen der Grundschule (Wolf-Mathematik - neu. Regensburg: Wolf, 1977 bzw. 1978). Zum Kapitel 3 verdanke ich dem Piaget-Schüler Prof. Dr. Remy Droz aus Lausanne wertvolle Anregungen.

Ich widme dieses Arbeitsbuch in erster Linie meinen (auch ehemaligen) Studentinnen und Studenten. Freilich hoffe ich, daß es auch im Seminar Verwendung findet und daß auch manche Lehrerin der Grundschule nach ihm greift, um sich tiefer in das Thema einzuarbeiten, als es die tägliche Unterrichtsvorbereitung zuläßt. In jedem Fall wünsche ich mir, daß es zur Verbesserung des Mathematikunterrichts für unsere Schulanfänger einen kleinen Beitrag leisten und ihnen so den Einstieg in einen viel geliebten, aber auch oft große Schwierigkeiten bereitenden Lernbereich erleichtern kann.

Regensburg, im Mai 1990

Hermann Maier

Inhalt

1. Einleitung

Die erste inhaltliche Aufgabe, die sich der schulische Mathematikunterricht überhaupt stellt, besteht darin, die Schüler mit den natürlichen Zahlen vertraut zu machen. In den meisten Ländern der Bundesrepublik Deutschland beschränkt sich der Lehrplan für die 1. Jahrgangsstufe auf die Zahlen bis 100. In Bayern brauchen auf dieser Stufe nur die Zahlen bis 20 sowie die Zehnerzahlen bis 100 behandelt zu werden.

Die Aufgabe mutet den mathematikdidaktischen Laien sehr schlicht und einfach an. Wer sich indes gründlicher, in wissenschaftlicher Weise, mit ihr beschäftigt, erkennt bald ihre Schwierigkeit und ihre Komplexität. Diese sind sachlogisch und psychologisch begründet.
Von der Zielstellung her ist es keineswegs damit getan, die Schüler das Aufsagen von Zahlwörtern und das Schreiben von Ziffern zu lehren. Die Schüler sollen mit diesen Zeichen Bedeutungsvorstellungen verbinden lernen; nur in Verbindung mit ihnen ergeben die Zahlwörter und Zahlzeichen das, was man zurecht einen Zahlbegriff nennen kann.
Nun gibt es aber zu den natürlichen Zahlen keine einfachen und eindeutig normierbaren Bedeutungsvorstellungen. Vielmehr werden sie im alltäglichen wie im mathematischen Gebrauch mit vielfältigen und unterschiedlichsten Bedeutungsvorstellungen verknüpft, die das Kind kennenlernen muß, wenn es zu diesem Gebrauch befähigt werden soll. Es muß einen aspektreichen und flexiblen Zahlbegriff erwerben, der sich nicht durch eine knappe Worterklärung bzw. Definition gewinnen läßt. Er bedarf vielmehr eines gründlichen Aufbaus aus vielfältigem Erfahrungsmaterial. Die unterschiedlichen Bedeutungsvorstellungen lassen sich als verschiedene Aspekte der natürlichen Zahlen fachlich und kulturgeschichtlich begründen.
Aus psychologischer Sicht hat man sechs- bis siebenjährige Kinder ins Auge zu fassen, die aus ihrem vorschulischen und außerschulischen Leben zwar Vorerfahrungen zu den natürlichen Zahlen in den Unterricht mitbringen. Diese Erfahrungen sind jedoch zum einen sehr unterschiedlich in ihrer Art und Intensität, und sie sind zum anderen in den seltensten Fällen bereits zu Zahlbegriffen verdichtet, die den schulischen Zielen genügen könnten. Bei vielen Schülern ist es nötig, sie erst nach und nach über eine ausschließlich qualitative Sicht der Dinge hinaus- und an eine quantifizierende Betrachtung der Welt heranzuführen.
Der Unterricht hat den unterschiedlichen Entwicklungsstand der Schüler im numerischen Denken zu berücksichtigen und an ihre Vorerfahrungen anzuknüpfen. Es muß gelingen, diese Erfahrungen gezielt zu intensivieren und auszudifferenzieren, damit sie sich zu flexiblen und gebrauchsfähigen Zahlbegriffen verdichten können. Es gibt inzwischen ein reiches Wissen über die Entwicklung des Zahlbegriffs bei Kindern, das dem (angehenden) Lehrer verfügbar sein sollte.
Die Schwierigkeit und Komplexität der mit dem Erwerb des Zahlbegriffs verbundenen methodischen Aufgabe hat Mathematiker, Psychologen, Pädagogen und nicht zuletzt die Fachdidaktik immer wieder herausgefordert, sich theoretisch mit der Frage zweckmäßiger Unterrichtsmethoden zu beschäftigen und auch praktische Lehrgänge auszuar-

beiten. Deutschland weist hier eine lange und facettenreiche Methodengeschichte auf, in die gerade im Jahrzehnt zwischen 1970 und 1980 wieder einmal heftige Bewegung gekommen war. Die Beschäftigung mit ihr lohnt sich, damit man den gegenwärtigen Stand der Methodendiskussion richtig einzuschätzen und auch kritisch zu beurteilen vermag.

Aus diesen einführenden Überlegungen ergibt sich für die nachfolgende Didaktik des Zahlbegriffs folgender Aufbau. Ein Kapitel mit kulturhistorischen und fachlichen Informationen versucht, den Reichtum an Bedeutungsvorstellungen zum Zahlbegriff in fünf Zahlaspekten zu entfalten und auch die mathematische Begründung dieser Aspekte aufzuzeigen. Ein Kapitel zur Psychologie des Zahlbegriffs stellt das psychologische Wissen zur Entwicklung des Zahlbegriffs beim Kind und über die zugehörigen Lernprozesse systematisch zusammen und bemüht sich um eine kritische Sichtung dieses Wissens. Dann folgen die didaktisch-methodischen Kapitel im engeren Sinne, eines zur Geschichte der Zahlbegriffsmethodik in Deutschland, eines zu Zielen und Schüleraktivitäten, die den Zahlbegriffsaufbau leiten bzw. fördern sollen und schließlich eines, das sich Überlegungen zu einem dem heutigen Diskussionsstand angemessenen Lehrgang widmet. Literaturangaben zeigen Quellen an, die der Autor verwendet hat und laden zu weiterführendem und vertiefendem Studium ein.

Um dem gesamten Werk den Charakter eines Arbeitsbuches zu geben, sind in nahezu alle Abschnitte Aufgaben für den Leser eingestreut. (Sie tragen die Nummern der Seiten, auf denen sie zu finden sind.) Der Leser soll durch ihre Bearbeitung angeregt werden, sich aktiv mit dem geschriebenen Text auseinanderzusetzen und ihn da und dort selbst zu vervollständigen, und er soll Gelegenheit erhalten, sein Verständnis dieses Texts zu überprüfen. Am Schluß des Bandes findet er jeweils Hinweise zu den erwarteten Lösungen.

2. Fachliche und kulturhistorische Informationen

Die Frage nach dem Wesen der Zahlen beschäftigte das Denken von Philosophen und Mathematikern zu allen Zeiten. Sind die Zahlen in den Bau der Welt eingewoben, kommt ihnen also eine vom Wahrnehmen und Denken des Menschen unabhängige Existenz zu? Die Pythagoräer bejahten diese Frage und betrachteten in diesem Sinne die Zahl als den Kern und das Wesen der Dinge. Sie verwiesen zum Beweis beispielsweise auf das Phänomen, daß sich die Tonintervalle durch Unterteilen einer Monokord seite erzeugen lassen, deren Länge zu den Teillängen in einem ganzzahligen Verhältnis steht (Oktave 2:1, große Sep time 15:8, kleine Septime 9:5, große Sexte 5:3, kleine Sexte 8:5, große Sekunde 9:8, kleine Sekunde 16:15). Johannes Kepler (1571 - 1630) griff den Gedanken einer durch die Zahl geordneten Weltharmonie fast zweitausend Jahre später wieder auf und beschrieb in seinem kosmologischen Werk "Mysterium cosmographicum" als Vierundzwanzigjähriger ein nach ganzen Zahlverhältnissen geordnetes Bahnensystem der Gestirne.
Andere Philosophen bzw. Mathematiker nahmen, im Gegensatz zur pythagoräischen oder keplerschen Position, an, die Zahl existiere nur im menschlichen Denken bzw. durch dieses. Platon gliederte die Zahlen dem Reich der Ideen ein, betrachtete sie also als dem Menschen gleichsam eingeboren. Weit später ordnete sie Immanuel Kant (1724 - 1804) jenen Kategorien zu, die dem menschlichen Geist a priori verfügbar sind, und die er dann auf Erscheinungen der Wirklichkeit anwendet. Dieser "idealistischen Position" rechnet man auch neuzeitliche Mathematiker zu, wie Hermann Weyl (1885 - 1955) und Leopold Kronecker (1823 - 1891), der den bekannten Satz prägte: Die natürlichen Zahlen sind vom lieben Gott geschaffen; alles andere ist Menschenwerk.
Im Gegensatz zur idealistischen war für die empiristische Erkenntnistheorie eines John Locke (1632 - 1704), eines George Berkeley (1685 - 1753), eines David Hume (1711 - 1776) und vor allem eines John Stuart Mill (1806 - 1873) die Zahl Produkt einer ausschließlich aus sinnlicher Wahrnehmung gewonnenen Vorstellung. Ideen sind hier nichts als durch Abstraktion verblaßte Abbilder häufig wiederholter Sinneseindrücke.
Bedeutende Mathematiker der Neuzeit wichen der Frage nach dem Wesen der Zahl und der damit verbundene Suche nach einer ontologischen Antwort überhaupt aus. Sie wollten die Zahl als positive Setzung des Menschen aufgefaßt und verwendet wissen. Dedekind (1831 - 1916) nannte die Zahlen ein zweck freies Spielmaterial unseres Denkens, eine "freie Schöpfung des menschlichen Geistes". Hans Vaihinger (1852 - 1933) betrachtete sie als zweckmäßige Schöpfungen des menschlichen Denkens. Von ihm stammt die provozierende Formulierung: Die Zahlen sind ein bewußter, praktischer, fruchtbarer Irrtum. Im Gefolge von David Hilbert (1862 - 1943) wurden die Zahlen dann in formalistischer Weise mittels eines Systems von Eigenschaften axiomatisch definiert.

2.1 Zahlbegriff und Zahlaspekte (Überblick)

Das, was es möglich macht, Zahlen gleichsam unmittelbar wahrzunehmen und sich über sie zu verständigen, sind *Zahlwörter* und *Zahlzeichen*. Während sich Zahlwörter in verschiedenen Kultursprachen mehr oder weniger deutlich voneinander unterscheiden - "drei" heißt englisch "three", französisch "trois", italienisch und holländisch "tre", spanisch und portugisisch "tres" - werden zur Bildung der Zahlzeichen einheitlich die arabischen Ziffern (0 bis 9) verwendet. Man kann drei Arten von Zahlzeichen unterscheiden: aus einer einzelnen Ziffer bestehende, z.B. 7, Ziffernfolgen als Zahldarstellungen in einem Positionssystem (z.B. 2506) und Rechenausdrücke, auch Zahlterme genannt (z.B. $15 + 6 \cdot 3$).
Zahlwörter und Zahlzeichen erhalten freilich für den Ge brauch von Zahlen und die Verständigung über sie erst dann einen Sinn, wenn mit ihnen Bedeutungsvorstellungen verknüpft sind. Man muß wissen, wofür sie stehen, oder wenigstens, wie mit ihnen umzugehen ist. Erst in Verbindung mit Bedeutungs vorstellungen ergeben die Zahlwörter und Zahlzeichen das, was man einen *Zahlbegriff* nennt.

Aufgabe 7.1
Wie deuten Sie die beiden folgenden Beobachtungen:
a) Ein Vierjähriger konnte zwar nicht zählen und hatte noch nie das Zahlwort "sieben" benutzt. Dennoch merkte er, als ihm seine Schwester von sieben alten Tennisbällen, die ihm der Vater geschenkt hatte, heimlich einen wegnahm.
b) Ein Fünfjähriger konnte fehlerfrei von "eins" bis "zwölf" zählen, vermochte aber die Frage, wieviele Knöpfe an seiner Jacke seien (es waren fünf), nicht zu beantworten. Er war auch nicht in der Lage, mit dem Zählen bei "vier" zu beginnen oder von "zwölf" aus rückwärts zu zählen. ■

Ebenso wie die Frage nach dem Wesen der Zahl haben auch die mit dem Zahlbegriff verbundenen Bedeutungsvorstellungen ihre geschichtliche Entwicklung. So ist es beispielsweise interessant, daß in der lateinischen Sprache nicht nur die Ordinalzahlwörter, sondern auch einige Cardinalia dekliniert werden. Die Zahlen wurden offenbar ursprünglich als den gezählten Dingen zugehörig empfunden und erst im Laufe eines allmählichen Abstraktionsprozesses von diesen Dingen ab gelöst. Besondere Schwierigkeiten bereitete dabei die Eins, die nach Aristoteles keine Zahl ist. Selbst im 15. Jahrhundert wird noch gelehrt, daß die Einheit keine Zahl, sondern der Ursprung der Zahlen sei. Hinter dieser Auffassung steht die genetische Definition, wie sie bei Euklid formuliert ist. Die Zahl ist dort als eine aus Einheiten zusammengesetzte Vielheit interpretiert. Dem entspricht wiederum die früheste graphische Zahlerfassung durch Zusammenstellen von Symboleinheiten. In Strichlisten, z.B. ||| für drei, und Abkürzungszeichen, z.B. ∩ für zehn Striche bei den Ägyptern bzw. X bei den Römern, zeigen sich die ersten Ansätze zu einer arithmetischen Fachnotation.
Im hier gegebenen Zusammenhang ist weiterhin jene Auffassung bedeutsam, welche den Zahlbegriff dem Begriff der Größe unterstellt. Auch sie geht auf die Griechen zurück und liefert die späteren Zahldefinitionen, die zuerst einmal die Eins mitumfassen

und später auch die Brüche und die irrationalen Zahlen einschließen. Die Zahl wird hier als Maß für eine Größeneigenschaft von Gegenständen verstanden.
Wesentliche Merkmale des Größenbegriffs sind die Zusammensetzbarkeit (Additivität) und die Vergleichbarkeit, welche eine lineare Anordnung ermöglicht (siehe 2.3.1). Entsprechende Ausführungen finden sich schon bei Aristoteles. Im Anschluß an Descartes wird dann fast ausschließlich der Größenbereich Länge zur Konstituierung der Zahlen herangezogen: Eine Zahl ist das, was sich zur Eins verhält wie die Länge einer Strecke zu einer fest gewählten Einheitslänge.
Die Mathematik hat - vor allem im axiomatischen Aufbau - die Tendenz, im Rahmen ihrer logischen Grundlegung einen Teilaspekt zu isolieren und von diesem Aspekt her eine ganze Theorie zu entwickeln. So haben Cantor, Frege und Russel die kardinale Seite des Zahlbegriffs und den klassenlogischen Aspekt ins Zentrum gerückt; sie haben die Zahl vom Mengenbegriff her als Klasse zueinander äquivalenter Mengen definiert. Durch Z.P. DIENES (1965, 1968) bekam diese Auffassung dann unter dem Stichwort "Zahl als Eigenschaft einer Menge" hohen Stellenwert in der Erstrechendidaktik. Man sprach von der mengentheoretischen Fundierung der Zahl und propagierte diesen Zugang oft als den einzig richtigen. Diese Einseitigkeit führte zu Auseinandersetzungen, die an den Methoden streit des 19. Jahrhunderts erinnerten. Standen sich damals Zahlbildmethodiker und Zählmethodiker gegenüber, so waren es jetzt Mengentheoretiker und Konstruktivisten. Eine zeitgemäße Didaktik des Zahlbegriffs wird bestrebt sein, eine einseitige Festlegung auf eine bestimmte Bedeutungsauffassung von der Zahl zu vermeiden.
Es ist einem häufig gar nicht bewußt, daß auch beim alltäglichen Gebrauch der Zahlen mit einem Zahlwort wie "fünf" bzw. dem zugehörigen Zahlzeichen "5" sehr unterschiedliche Bedeutungsvorstellungen verbunden werden können. Anders gesagt: Man gebraucht z.B. die Ziffer "5" und das Zahlwort "fünf" mit seinen grammatikalischen Varianten in sehr unterschiedlichen Zusammenhängen. Beispiele:

(1) "In der Schale liegen fünf Äpfel." - "Die Ferien haben fünf Tage gedauert."
(2) "Ich habe 5 l Milch gekauft." - "Dieses Band ist fünfmal so lang wie das andere."
(3) "Er hatte beim Skirennen die Startnummer 5." - "Der fünfte von links heißt Hubert." - "Eins, zwei, drei, vier, fünf, sechs, sieben, wo ist denn Hans geblieben?".
(4) "5 ist Nachfolger von 4" - "$5 < 9$" - "$5 > 3$"
(5) "5 ist die Hälfte von 10" - "$5 = 3 + 2$" - "$5 = 7 - 2$"

Die Beispiele wurden hier nach fünf Kategorien geordnet, denen man jeweils verschiedene, in sich relativ einheitliche Bedeutungsvorstellungen zu den Zahlen zuordnen kann. Es soll von fünf Aspekten der Zahlbedeutung, kurz von fünf *Zahlaspekten* gesprochen werden, die nachfolgend eingehend erläutert, hier zunächst in einem Überblick kurz vorgestellt werden:

(1) Wenn Zahlwörter oder Zahlzeichen angeben, wieviele einzelne Objekte in einer (endlichen) Kollektion zusammen gehöriger Objekte enthalten sind, wenn also Zahlen als Anzahlen benutzt werden, so hat man es mit dem "*kardinalen Zahlaspekt*" zu tun.

(2) Wenn Zahlwörter oder Zahlzeichen angeben, das Wievielfache einer Größe bezüglich einer anderen (als Einheit betrachteten) Größe ist, wenn also Zahlen als Maßzahlen bzw. als Verhältniszahlen benutzt werden, so spricht man vom "*Operatoraspekt*" der Zahlen.

(3) Wenn Zahlwörter oder Zahlzeichen den (Rang-)Platz angeben, den ein Objekt in einer geordneten Serie von Objekten einnimmt, oder wenn sie selbst in einer Serie geordnet werden, wenn also Zahlen als Ordnungszahlen oder als Zählzahlen benutzt werden, so soll hier vom "*konstruktiven Zahlaspekt*" gesprochen werden.

(4) Wenn Zahlwörter oder Zahlzeichen Ordnungsbeziehungen zwischen Zahlen angeben, insbesondere Vorgänger- (bzw. Nachfolger-)Beziehungen und Kleiner-/Größer-Beziehungen, so hat man es mit dem "*ordinalen Zahlaspekt*" zu tun.

(5) Wenn Zahlwörter oder Zahlzeichen benutzt werden, um Operationsbeziehungen zwischen Zahlen anzugeben, insbesondere solche, die sich mit den Operationen Addition und Subtraktion herstellen lassen, so wird hier vom "*algebraischen Zahlaspekt*" gesprochen.

Aufgabe 9.1
Suchen Sie zu den Zahlaspekten (1) bis (3) je fünf weitere Beispiele von Gebrauchssituationen, möglichst aus dem Alltag von Schulanfängern. ■

Aufgabe 9.2

a) Ein Teil der Zahlaspekte betrifft die Beziehung zwischen Zahlen und Wirklichkeit, ein anderer die Beziehung von Zahlen (als eigenständigen Objekten) untereinander. Welche sind das jeweils?

b) Aristoteles hat in einem Text davon gesprochen, daß es zwei Arten von Quantität gebe, nämlich kontinuierliche Quantitäten und diskrete (abgeteilte) Quantitäten. Versuchen Sie, eine Beziehung zwischen dieser Aussage und den genannten Zahlaspekten herzustellen. ■

2.2 Der kardinale Zahlaspekt

Dem kardinalen Zahlaspekt liegt zunächst die Bildung von Objektkollektionen zugrunde - nach mathematischem Sprachgebrauch die Bildung von "Mengen" -, deren Anzahl durch ein Zahlwort bzw. ein Zahlzeichen beschrieben wird. Was aber sind Mengen? Wie gelangt man begrifflich von Mengen zu Anzahlen und von ihnen zu ihrer Bezeichnung? Die Antworten auf diese Fragen und die zugehörigen Begriffe sollen nachfolgend schrittweise entwickelt werden.

2.2.1 Aussagen und Mengen

Sprachgebilde wie "Hans besucht die Klasse 1 b", "Das Plättchen ist rund", "7 ist eine ungerade Zahl", "19 gehört zu den Primzahlen" sind *Aussagen*. Ihr Hauptmerkmal besteht darin, daß sie ein Urteil abgeben. Dieses Urteil kann wahr oder falsch sein. Allgemein sagt man in etwas formaler Redeweise: Sprachgebilde, denen man genau einen der Wahrheitswerte "wahr" oder "falsch" zuordnen kann, heißen Aussagen. In diesem Sinn ist "Hans besucht die Klasse 1 b" auch dann eine Aussage, wenn das gemeinte Kind nicht die ins Auge gefaßte Klasse 1 b besucht. Auch "8 ist eine ungerade Zahl" ist eine Aussage, freilich eine, welcher der Wahrheitswert falsch zukommt.
Nun handelt es sich bei den genannten Beispielen um Aussagen einer bestimmten Grundform; man nennt sie "*Elementaraussagen*". Sie bestehen aus einem Subjekt und einem Prädikat. In den o.g. Beispielen findet man die Subjekte "Hans", "das Plättchen", "7", "19" und die Prädikate "... besucht die Klasse 1 b", "... ist rund", "... ist eine ungerade Zahl", "... gehört zu den Primzahlen".
Alle genannten Prädikate könnten auch mit anderen Subjekten zu neuen Aussagen verknüpft werden, wobei sich dann deren Wahrheitswert möglicherweise ändert. Allerdings sollten diese einem Grundbereich von Objekten entnommen sein, die sich bezüglich des Prädikats sinnvoll beurteilen lassen. Sprachgebilde wie "19 ist rund", "das Plättchen ist eine ungerade Zahl" oder "Hans gehört zu den Primzahlen" lassen sich nicht beurteilen und ergeben daher keine sinnvollen sprachlichen Gebilde, obwohl sie rein formal als Aussagen konstruiert sind.
Ersetzt man in einer Aussage das Subjekt durch einen Platzhalter (Variable), so heißt das so entstandene Sprachgebilde eine *Aussageform*. Zu ihr gehört eine Menge von Objekten, die an die Stelle der Variablen in die Aussageform eingesetzt werden dürfen und diese in eine (wahre oder falsche) Aussage überführen (Einsetzbereich).
In der Sprache der mathematischen Logik läßt sich der Begriff der Elementaraussage so beschreiben: Gegeben seien ein beliebiges Prädikat, das durch den Prädikator P vertreten wird (beispielsweise "... ist eine gerade Zahl"), sowie ein Grundbereich von Objekten, die sich bezüglich P sinnvoll beurteilen lassen bzw. auf P hin beurteilt werden sollen (z. B. die natürlichen Zahlen von 1 bis 9). Dann symbolisiert z.B. P(9) die Elementaraussage "9 ist eine gerade Zahl". Sei weiterhin x eine Variable für die Objekte des angenommen Grundbereichs, so steht P(x) für eine Aussageform, im Beispiel für "x ist eine ungerade Zahl". Ersetzt man nämlich die Subjektvariable x in der Aussageform P(x) durch den Eigennamen eines einzelnen Objekts aus dem Grundbereich (im Bei-

spiel etwa durch 7 oder 8), so entsteht eine Aussage mit einem der Wahrheitswerte "wahr" oder "falsch". P(7) wäre eine falsche, P(8) eine wahre Aussage.

Aufgabe 11.1

a) Warum sind die Sprachgebilde
(1) "Ist 9 eine Primzahl?",
(2) "Nimm ein rundes Plättchen!",
(3) "Hans ist ein braver Junge.", keine Aussagen in der mathematischen Bedeutung des Worts?

b) Würden Sie die Sprachgebilde
(4) "Der Planet Jupiter ist von Lebewesen bewohnt." und
(5) "Jeder Mensch ist die Wiedergeburt eines Tieres." als Aussagen im logischen Sinn bezeichnen? ■

Aufgabe 11.2

a) Gegeben seien folgende Aussageformen:
P1(x): x ist rot;
P2(x): x ist ein Eigenschaftswort;
P3(x): x gehört zu den Vielfachen von 3;
P4(x): x ist kleiner als 10;
P5(x): x liegt zwischen 4 und 9.
Geben Sie jeweils für die Subjektvariable x einen geeigneten Grundbereich an und nennen Sie drei Objekte des Grundbereichs, für die P(x) wahr ist, und drei, für die P(x) falsch ist.

b) Warum sind die bei P4(x) und P5(x) nach Einsetzung entstehenden Aussagen keine Elementaraussagen mehr? Wie steht es diesbezüglich mit dem Beispiel P3(x)? ■

Eine sinnvolle Aussageform P(x) über einem fest gewählten Grundbereich von Objekten gibt nun Anlaß zur Bildung einer *Menge*. Und zwar wird die Menge genau von jenen x aus dem Grundbereich gebildet, für die P(x) eine wahre Aussage ist. Bezeichnet man z.B. mit A den Prädikator "... ist eine Primzahl" und mit A(x) die zugehörige Aussageform über dem Grundbereich $\mathbf{N}^{30}$ der natürlichen Zahlen bis 30, so ist A(x) wahr für die Zahlen 2, 3, 5, 7, 11, 13, 17, 19, 23, 29.
Diese Zahlen bilden eine Menge, die man in Anlehnung an die Aussageform und doch in Unterscheidung von ihr mit A bezeichnen kann. Die *Zugehörigkeit* eines Objekts zu einer Menge - man nennt es auch *Element* der Menge - wird mit einem stili sierten griechischen Epsilon symbolisiert. Man kann also z.B. schreiben: $2 \in A$. Mit $9 \notin A$ soll hingegen symbolisiert werden, daß die Zahl 9 nicht zur Menge gehört. Für die Menge A selbst gibt es dann verschiedene Schreibweisen:

- $A = \{x \in N^{30} \mid x \text{ ist Primzahl}\}$
  Gelesen wird: "A ist die Menge aller x aus N^{30}, für die gilt: x ist eine Primzahl. Das Symbol N^{30} gibt hier an, welchem Grundbereich - auch er ist eine Menge - die Belegungen für x zu entnehmen sind.)
- $A = \{x \in N^{30} \mid A(x)\}$
  (Hier ist die Aussageform durch ein Symbol abgekürzt.)
- $A = \{2, 3, 5, 7, 11, 13, 17, 19, 23, 29\}$
  (Hier sind die Elemente von A einzeln aufgezählt. Es handelt sich eigentlich um eine Verkürzung der folgenden Darstellung.)
- $A = \{A(2)$ oder $A(3)$ oder... oder $A(23)$ oder $A(29)\}$
  (D.h. "2 ist eine Primzahl, 3 ist eine Primzahl, usw.)

Oberflächlich betrachtet scheinen Prädikator bzw. Aussage(form) und Menge bzw. Mengenzugehörigkeit nur verschiedene Betrachtungs- bzw. Sprechweisen zur gleichen Sache zu sein. Stellen wir gegenüber:

Aussageform	Menge
A: ...ist eine Primzahl	**A**: Menge der Primzahlen
A(11): 11 ist eine Primzahl	11 ∈ **A**: 11 gehört zu den Primzahlen
allgemein:	allgemein:
A(x): x ist eine Primzahl	x ∈ **A**: x gehört zu den Primz. oder x ist ein Element der (Menge der) Primzahlen

Trotz der formalen Analogie stellt der Übergang von der Prädikation zur Menge einen gewissen Abstraktionsschritt dar. Das läßt sich an folgendem Beispiel erkennen. Man untersuche im Grundbereich der natürlichen Zahlen, welche Mengen durch folgende beiden Aussageformen beschrieben werden:

B(x): x ist Vielfaches von 3

C(x): x hat die Quersumme 3

Sogleich wird deutlich, daß inhaltlich sehr unterschiedliche Prädikatoren in einem Grundbereich die gleiche Menge definieren können. Man sagt von solchen Prädikatoren - wie im Beispiel B und C -, daß sie "den gleichen Umfang" haben oder daß sie bezüglich ihres Wahrheitswerts äquivalent sind und schreibt $B \simeq C$. So gesehen steht dann eine Menge für eine Klasse von Prädikatoren, die (bezüglich eines vorgegebenen Grundbereichs) äquivalent sind und zeigt daher ein höheres Abstraktionsniveau an.

Man kann dieselbe Sache auch anders betrachten: Bezeichnet man in den natürlichen Zahlen die Menge der Vielfachen von 3 mit **B** und die Menge der Zahlen, welche die Quersumme 3 haben, mit **C**, sei also **B** = {x| B(x)} und **C** = {x| C(x)}, so haben die Mengen **B** und **C** die gleichen Elemente. Man sagt dann **B** und **C** seien gleich und schreibt: **B** = **C**.
Damit hat man jenes Grundgesetz der Mengenlehre vor sich, das in einem autonomen Aufbau dieser Theorie oft als Extensionalitätsaxiom (Axiom der Umfangsbestimmtheit) aufgeführt wird: Zwei Mengen sind genau dann gleich, wenn sie dieselben Elemente haben. Die Mengenbildung selbst wird durch das Aussonderungsaxiom festgelegt: Zu jeder Menge **G** (Grundbereich oder Grundmenge) und jeder sinnvollen Aussageform P(x) in G gibt es eine Menge **P**, deren Elemente genau jene x aus G sind, für die P(x) wahr ist.

Aufgabe 13.1
Als Grundbereich (Grundmenge) seien die Schüler einer 1. Klasse bzw. ihre Namen vorgegeben. Welche drei äquivalenten Prädikatoren könnten zur Bildung folgender Mengen geführt haben?
$\mathbf{D}_1$ = *{Klaus, Helmut, Christoph, Michael, Stefan, Uli}*
$\mathbf{D}_2$ = *{Christa, Manfred, Stefan, Uschi, Brigitte}*
$\mathbf{D}_3$ = *{Claudia}* ▪

Aufgabe 13.2
Grundbereich sei folgende Menge von Legosteinen:
G = *{w2, w4, w6, w8, w10, r2, r4, r6, r8, r10, g2, g6, g8, b4, b6, b10}*
Die Namen setzen sich zusammen aus einer Farbbezeichnung (w = weiß, r = rot, g = gelb, b = blau) und einer Zahl für die Anzahl der Noppen des Steins (Länge).

a) *Welche Prädikatoren liegen der Bildung folgender Mengen zugrunde:*
  M1 = *{w4, r4, b4}*
  M2 = *{r2, r4, r6, r8, r10}*
  M3 = *{w8}*
  M4 = *{w2, w4, w6, w8, w10, g2, g6, g8, b4, b6, b10}*
  M5 = *{w2, w4, w8, w10, r2, r4, r8, r10, g2, g8, b4, b10}*
  M6 = *{w2, r2, g2, b4, b6, b10}*
b) *Stellen Sie folgende Mengen aufzählend dar:*
  M7 = *{x | x ist gelb}*
  M8 = *{x | x hat sechs Noppen}*
  M9 = *{x | x ist weiß oder hat acht Noppen}*
  M10 = *{x | x ist nicht weiß und nicht rot}*
  M11 = *{x | x ist rot und hat zehn Noppen}*
  M12 = *{x | x ist gelb und hat vier Noppen}*
  M13 = *{x | x hat 2 oder 4 oder 6 oder 8 Noppen}* ▪

Für die Abstützung des Zahlbegriffs auf den kardinalen Aspekt der natürlichen Zahlen im mathematischen Anfangsunterricht erweist es sich als äußerst hilfreich, daß man Mengen auch durch Zusammenfassen ganz konkreter, ja manuell greifbarer Objekte bilden oder durch Listen von Objektnamen ("Mitgliedervergleichsnisse") darstellen kann, in denen das Dazugehören eindeutig festgelegt ist. Dies sollte freilich nicht über die oben skizzierte Abstraktheit des mathematischen Mengenbegriffs hinwegtäuschen. Er ist so schwierig zu fassen, daß er in der Fachwissenschaft den meisten Theorien als (undefinierter) Grundbegriff vorausgesetzt wird. D.h. er wird dann nicht auf einfachere Begriffe zurückgeführt. Umschreibungen von der Art der vielzitierten Definition Cantors (1845 - 1918), welche die Menge als Zusammenfassung bestimmter, wohlunterschiedener Objekte zu einem Ganzen definiert, dienen ausschließlich als Anhaltspunkte, als Hinweise dafür, was man sich unter einer Menge vorstellen kann. Betrachtungen, die sich auf solche mehr oder weniger klare Vorstellungen stützen, werden - ohne Wertung - "naiv" genannt. Der Ausdruck "naive Mengenlehre" soll lediglich signalisieren, daß auf einen axiomatischen Aufbau des Mengenbegriffs, also auf eine endgültige Darstellung und völlige Sicherung seines Inhalts im formalistischen Sinne verzichtet wird.

2.2.2 Mengenvergleich durch umkehrbar eindeutige Zuordnung

Der Abschnitt 2.2 hat zum Ziel, den Begriff "kardinaler Zahlaspekt" schrittweise zu entwickeln. Der erste Schritt war eine Klärung des Mengenbegriffs (2.2.1). Nun gilt es, von einer speziellen Beziehung zwischen Mengen zu sprechen, die einen quantitativen Vergleich ermöglicht. Dabei soll zuerst allgemein von Relationen als Beziehungen zwischen zwei Mengen die Rede sein, dann von umkehrbar eindeutigen Zuordnungen als speziellen Relationen, schließlich von der Äquivalenz von Mengen.

a) Relation

Vorgegeben seien als Menge **A** die (Namen der) Kinder einer 1. Klasse, als Menge **B** die (Namen der) zwölf Monate des Jahres und als Aussageform R " ... ist im ... geboren". R hat zwei Leerstellen und könnte mit Buchstabenvariablen auch so ge schrieben werden: x ist im y geboren. Setzt man nun für x Elemente aus **A** und für y Elemente aus **B** ein, so entstehen sinnvolle Aussagen über Beziehungen zwischen einzelnen Kindern und Geburtsmonaten, z.B. "Christa ist im Juni geboren." Wie alle Aussagen können sie wahr oder falsch sein. Es handelt sich hier nicht um Elementaraussagen, weil jede von ihnen neben dem Prädikator "ist geboren" zwei Objekte ent hält. (Prädikatoren dieser Art verlangen eben neben dem Subjekt - in grammatikalischen Sinn - noch nach einem Objekt.) Man kann von *Beziehungsaussagen* oder *relationalen Aussagen* sprechen.
Man denke sich nun für die beiden Mengen **A** und **B** alle jene Aussagen gebildet, für welche die Aussageform R ("x ist im y geboren") wahr ist. Sie lassen sich in geeigneter Form in einer Tabelle (Matrix) mit zwei Eingängen darstellen:

A Schülernamen \ B Monatsnamen	J.	F.	M.	A.	M.	J.	J.	A.	S.	O.	N.	D.
Christa						x						
Evelyn			x									
Erwin										x		
Friederike							x					
Günter											x	
....												

Die Kreuze zeigen an, zu welchen y aus **B** die Elemente x aus **A** in der Beziehung "x ist in y geboren" (kurz xRy) stehen. Anders gesagt: Die Kreuze stehen für jene *Paare* (x,y), für welche die Aussageform xRy wahr ist. Die Menge dieser Paare nennen wir eine Relation, genauer eine binäre (zweistellige) Relation, weil die ihr zugrundeliegende Aussageform zwei Variablen enthält. **A** heißt der *Vorbereich*, **B** der *Nachbereich* der (binären) Relation.
Der Übergang von einer Aussageform mit zwei Variablen zur entsprechenden Relation ist, durchaus analog dem Übergang von Elementaraussagen zu Mengen, ein Schritt von der Betrachtung des Aussageinhalts (intensionale Beschreibung) zur Betrachtung des Aussageumfangs (extensionale Beschreibung). Die Sache läßt sich nämlich auch so sehen: Durch den Vorbereich **A** und den Nachbereich **B** ist die Menge aller Paare, die sich mit den Elementen von **A** und **B** bilden lassen, die sogenannte Produktmenge **A** x **B** definiert (auch Kreuzprodukt oder kartesisches Produkt genannt). Diese stellt den Grundbereich für die Relation **R** dar, nämlich für die Menge jener Paare (x, y) für die xRy wahr ist. Man kann also auch schreiben:
$\mathbf{R} = \{(x, y) \in \mathbf{A} \times \mathbf{B} \mid \text{x ist im y geboren}\}$

Aufgabe 15.1
A *sei, wie oben, eine Menge von Erstklassisten und diene als Vorbereich einer Relation mit der Aussageform "x hat die Körpergröße z". Wählen Sie einen geeigneten Nachbereich für diese Relation und skizzieren Sie eine zugehörige Tabellendarstellung.* ▪

Aufgabe 15.2
a) Relationen mit überschaubarem Vor- und Nachbereich lassen sich nicht nur in Tabellenform, sondern auch im Pfeildiagramm darstellen. Beispiel:

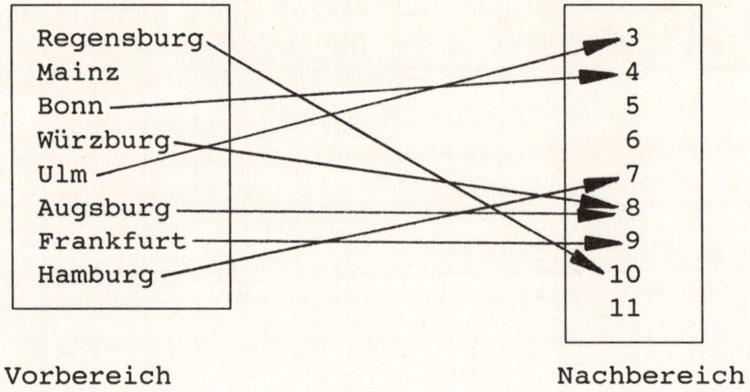

Wie lautet wohl die zugehörige Aussageform?

b) **D** *seien die Zahlen x von 20 bis einschließlich 30 (Vorbereich).* **E** *habe als Elemente y die beiden Eigenschaften "gerade Zahl" und "ungerade Zahl" (Nachbereich). Stellen Sie die Relation mit der Aussageform x ist y (x* ∈ **D** *und y* ∈ **E***) in einer Matrix und in einem Pfeildiagramm dar.* ■

Vor- und Nachbereich einer Relation können die gleiche Menge sein; man spricht dann auch von einer Relation in einer Menge. Als Beispiel betrachten wir die Aussageform "x wird geteilt durch y" im Grundbereich **N** x **N** aller Paare natürlicher Zahlen. Als Darstellungsform eignet sich hier das Koordinatengitter:

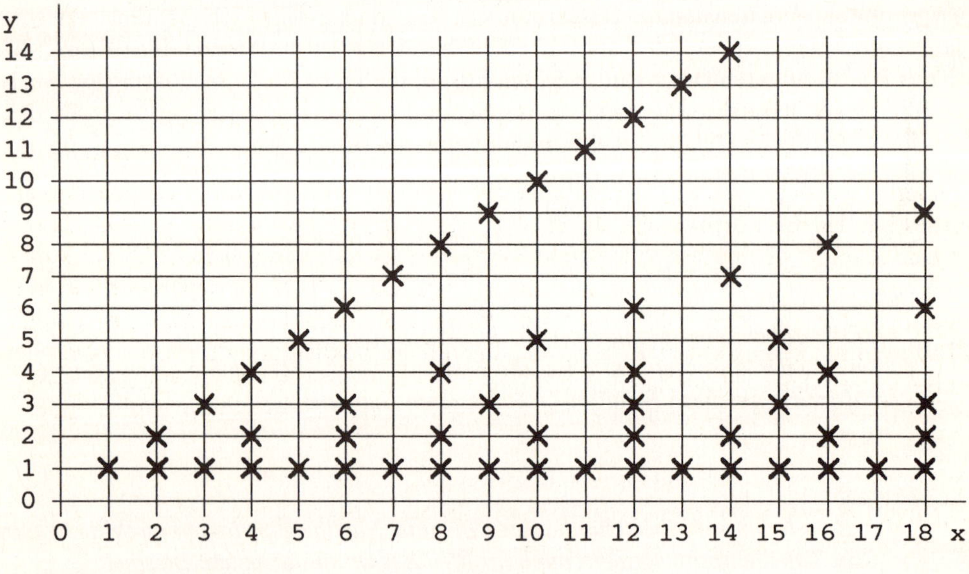

Aufgabe 17.1
Nachfolgend sind vier Relationen im Grundbereich $\mathbf{R}^+ \times \mathbf{R}^+$ *der Paare positiver reeller Zahlen im kartesischen Koordinatensystem duch Rasterung dargestellt: Wie lautet jeweils die zugehörige Aussageform?*

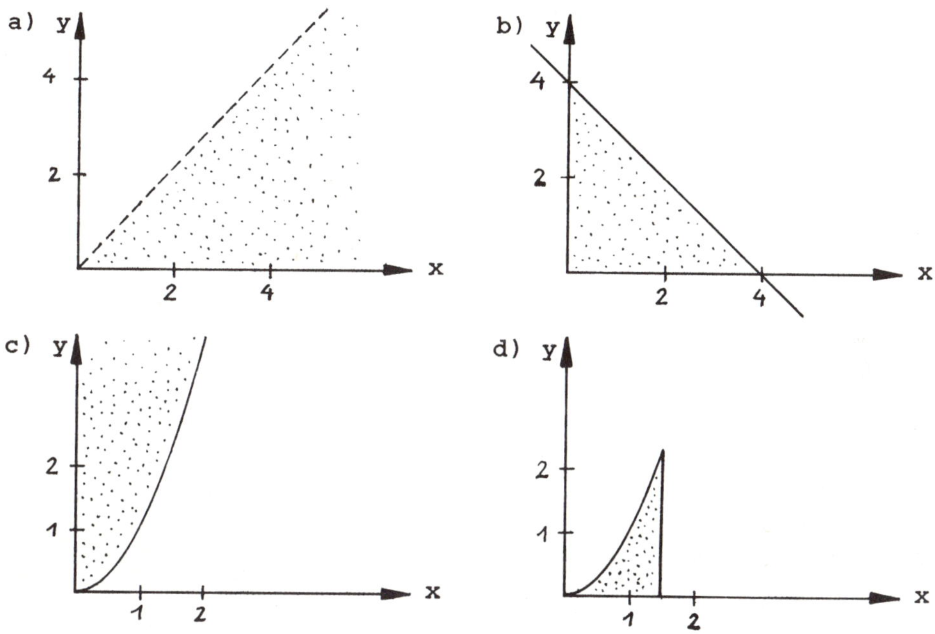

b) Zuordnung

Die meisten Beispiele von Relationen, die im vorausgehenden Abschnitt betrachtet wurden, sind so geartet, daß jedem Element des Vorbereichs *eindeutig* ein Element des Nachbereiches zugeordnet ist: Jedes Kind hat einen genau bestimmten Geburtsmonat; gleiches gilt für die Körpergröße. Jedes Wort hat eine wohlbestimmte Buchstabenzahl. Für jede Zahl ist eindeutig entscheidbar, ob sie gerade oder ungerade ist. Anders hingegen bei der Relation "x wird (ohne Rest) geteilt durch y". Hier entsprechen jedem x mindestens zwei y, denn jede Zahl wird mindestens durch 1 und sich selbst geteilt. (Wird sie durch keine weitere Zahl geteilt, so heißt sie bekanntlich Primzahl.) Auch bei den Beispielen der vorausge henden Aufgabe sind jedem x mehrere - hier sogar unendlich viele - y zugeordnet, so daß die Elemente der Relation nur noch durch Rasterung erfaßt werden konnten.
Nachfolgend sollen nur die oben erwähnten, *eindeutigen Relationen* betrachtet werden, die jedem Element des Vorbereichs ein und nur ein Element des Nachbereichs zuordnen. Man nennt sie auch *Zuordnungen* oder, in der Mathematik häufiger, *Abbildungen*.

In der Tabellendarstellung sind sie daran erkennbar, daß in jeder Zeile, in deren Eingang ein Element des Vorbereichs steht, genau ein Kreuz zu finden ist. Im entsprechenden Pfeildiagramm geht von jedem Element des Vorbereichs genau ein Pfeil aus.
Die Aufmerksamkeit soll nun den Elementen des Nachbereichs gelten: In den Beispielen des Abschnitts a) ist es ausnahmslos so, daß zumindest ein Element des Nachbereichs mehr als einem Element des Vorbereichs zugeordnet ist. Es gibt Monate, in denen zwei oder mehr Kinder der Klasse geboren sind, Größenangaben, die auf mehrere Kinder zutreffen, Buchstaben zahlen, die zu mehr als einem Wort gehören usw. Bei geeigneter Wahl des Vor- und Nachbereichs oder der Aussageform kann es freilich auch so sein, daß bei einer Zuordnung (Abbildung) jedes Element des Nachbereichs höchstens einem (d.h. genau einem oder keinem) Element des Vorbereichs zugeordnet ist. Die Abbildung heißt dann *injektiv*. Beispiel: Jeder natürlichen Zahl x wird ihr Quadrat y zugeordnet, kurz:
$\mathbf{R} = \{(x,y)\ \ \mathbf{N} \times \mathbf{N} \mid y = x^2\}$.

Pfeildiagramm:

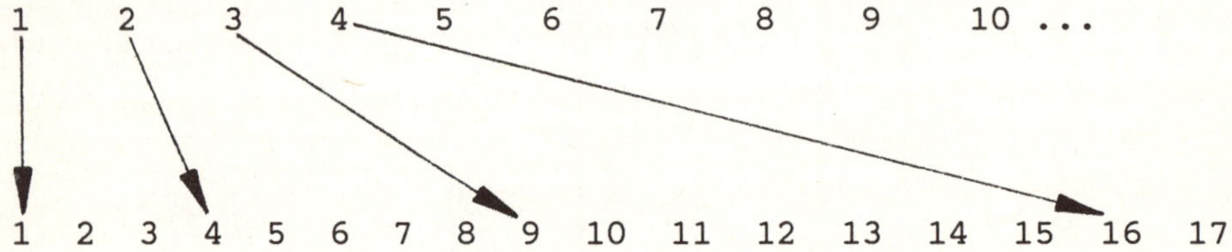

Aufgabe 18.1

a) *Suchen Sie nach drei weiteren, möglichst verschiedenartigen Beispielen für injektive Abbildungen.*
b) *Überlegen Sie anhand dieser Beispiele, wie sich die Injektivität einer Abbildung in der Tabellendarstellung und im Pfeildiagramm ausdrückt.* ▪

Injektivität einer Abbildung bedeutet nun noch nicht, daß - entsprechend dem Vorbereich - jedes Element des Nachbereichs einbezogen sein muß. Sicherlich gibt es indes Beispiele, bei denen jedes Element des Nachbereichs einem Element des Vorbereichs zugeordnet ist. Solche Abbildungen heißen dann *surjektiv*. Ein Beispiel einer surjektiven Zuordnung wäre das folgende: Vorbereich (mit Elementen x) sei die Menge der natürlichen Zahlen, Nachbereich (mit Elementen y) sei die Menge {0, 1, 2, 3, 4} und die Aussageform laute "x läßt bei Division durch 5 den Rest y".

Gitterdarstellung:

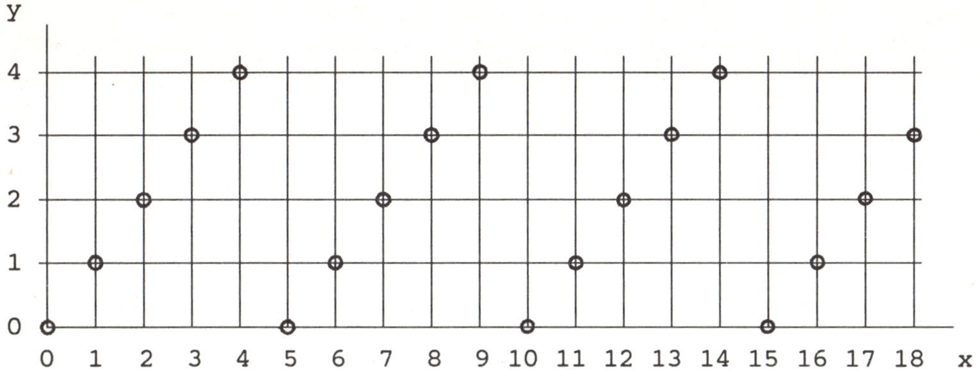

Diese Relation ist eine Abbildung, denn jedem x entspricht genau ein y. Sie ist nicht injektiv, denn es gibt ein y, dem mehr als ein x entspricht. Hier sind sogar jedem y unendlich viele x zugeordnet. Jedoch ist jedem y auch mindestens ein x zugeordnet und die Abbildung ist folglich surjektiv.
Um einen sehr speziellen Fall handelt es sich nun, wenn eine Abbildung injektiv und surjektiv zugleich ist. Beispiel: Vorbereich seien die Namen x der zwanzig Teilnehmer an einem Wettkampf und Nachbereich Startnummern y von 1 bis 20. Die durch die Aussageform "x trägt Startnummer y" definierte Relation ist eine injektive und surjektive Abbildung, wenn jedem Teilnehmer genau eine Startnummer entspricht und zu jeder Startnummer genau ein Teilnehmer gehört. Eine solche Abbildung heißt *bijektiv*. Wir nennen sie auch *umkehrbar eindeutige Zuordnung*, *paarweise Zuordnung* oder *1:1-Zuordnung*.

Aufgabe 19.1

a) Stellen Sie drei Beispiele von bijektiven Abbildungen in geeigneter Weise dar.

b) Überlegen Sie, ob die von folgenden Aussageformen begründeten Abbildungen in **N** *x* **N** *injektiv, surjektiv oder gar beides sind:*
(1) $y = 3x + 5$; *(2)* $y = (x+2)^2$; *(3)* $y < 3x$; *(4)* $y = x$

c) Zu welchem Ergebnis führt die in b) verlangte Überlegung für alle Paare reeller Zahlen als Grundbereich? ■

c) Äquivalenz von Mengen

Man stelle sich die Situation vor, daß die Lehrerin einer Klasse die Hausaufgabenhefte zurückgibt. Jedes Kind bekommt genau ein Heft. Kinder und Hefte entsprechen einander also paarweise; das heißt, daß die Abbildung zwischen Kindern und Heften in jedem Fall injektiv ist. Bleiben nun ein oder mehrere Hefte übrig, so weiß man, daß ein

bzw. mehrere Kinder fehlen. "Geht die Abbildung aber auf", d.h. ist sie auch surjektiv, dann ist die Klasse komplett. Es sind gleich viele Kinder wie Hefte.
Man erkennt, daß bijektive Abbildungen bzw. umkehrbar eindeutige (paarweise) Zuordnungen einen quantitativen Vergleich von Mengen ermöglichen. Hat man z.B. zwei Mengen A von dreieckigen und B von runden Plättchen, so kann der Vergleich mittels injektiver Abbildung drei verschiedene Ergebnisse haben:

1. Fall

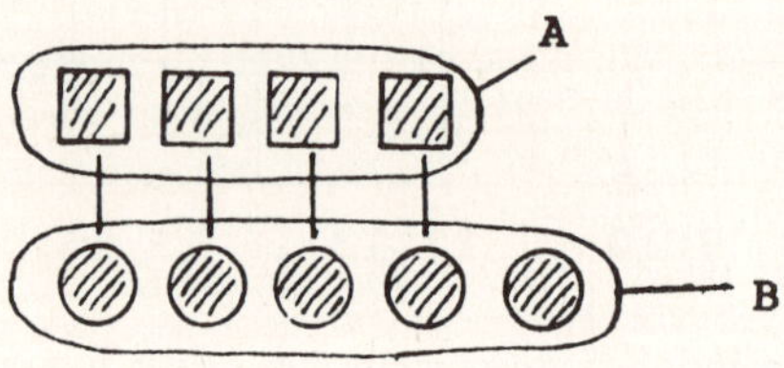

Es gibt eine paarweise (umkehrbar eindeutige) Zuordnung zwischen **A** und einer (echten) Teilmenge von **B**. Dann hat **B** mehr Elemente als **A** (bzw. **A** weniger Elemente als **B**.)

2. Fall

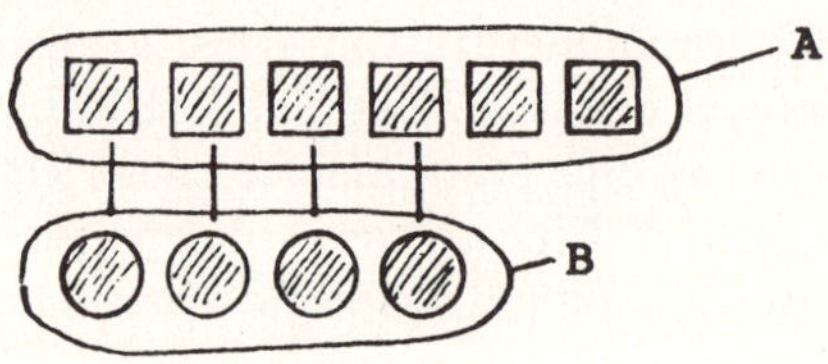

Es gibt eine paarweise (umkehrbar eindeutige) Zuordnung zwischen **B** und einer (echten) Teilmenge von **A**. Dann hat **A** mehr Elemente als **B** (bzw. **B** weniger Elemente als **A**).

3. Fall

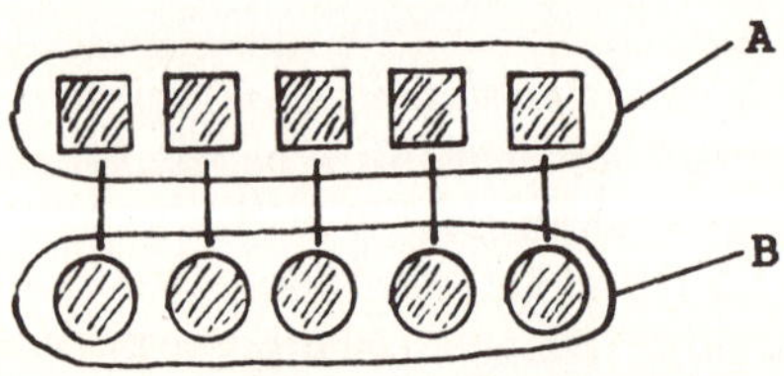

Es gibt eine paarweise (umkehrbar eindeutige) Zuordnung zwischen **A** und **B** (bzw. **B** und **A**). In diesem und nur in diesem Fall haben **A** und **B** gleich viele Elemente.

Man nennt nun zwei **Mengen A und B äquivalent** (und schreibt dafür $\mathbf{A \simeq B}$), wenn sich ihre Elemente, wie im dritten Fall, einander umkehrbar eindeutig (paarweise) zuordnen lassen.

Aufgabe 21.1

a) Zeigen Sie, daß es eine umkehrbar eindeutige Zuordnung zwischen der Menge der natürlichen Zahlen und der Menge der geraden Zahlen gibt.

b) Zeigen Sie, daß eine umkehrbar eindeutige Zuordnung zwischen den Punkten einer 3 cm langen und einer 10 cm langen Strecke möglich ist. ▪

2.2.3 Kardinalzahlen

Man stelle sich nun ein (endliches) System von (endlichen) Mengen vor. Beispielsweise habe ein Schüler aus Plättchen verschiedener Form folgende Mengen gebildet:

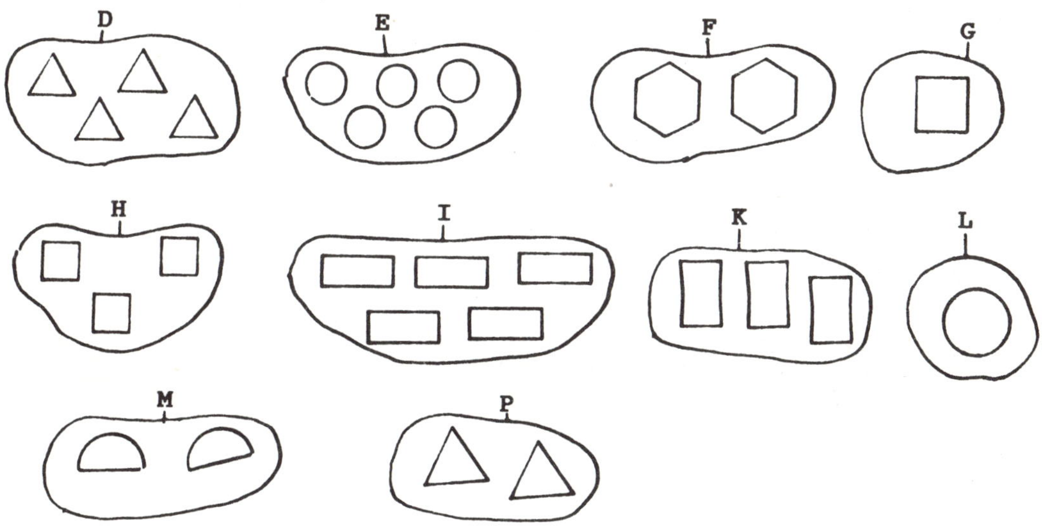

Er kann durch umkehrbar eindeutiges Zuordnen der Elemente für je zwei Mengen prüfen, ob sie äquivalent sind. Für die Mengen **D** und **E** ist dies offenbar nicht der Fall, für **F** und **P** wohl. Der Schüler wird irgendwie erkennen, daß äquivalente Mengen zusammengehören. In mathematischer Sprache: Die Äquivalenzbeziehung in einem System von Mengen erzeugt in diesem eine *Klasseneinteilung*. Für das vorliegende Beispiel entstehen folgende Klassen:

G **L**	**F** **P** **M**	**H** **K**	**D**	**E** **I**

Jede dieser Klassen vertritt, zusammen mit allen weiteren zu den bereits enthaltenen äquivalenten Mengen eine "Kardinalzahl". Bei Klassen von endlichen Mengen spricht man auch von "Anzahlen". Allgemein ist die Kardinalzahl oder Anzahl einer Menge jene Eigenschaft, die sie mit allen zu ihr äquivalenten Mengen gemeinsam hat.

Aufgabe 22.1
Welche der beiden Formulierungen wird jeweils dem Begriff Kardinalzahl/Anzahl besser gerecht:
a) "Das ist die Dreiermenge" oder "Das ist eine Dreiermenge".
b) "Diese Menge vertritt die Anzahl 5" oder "Diese Menge hat die Anzahl 5".
c) "Die Kardinalzahl 7 ist eine Menge mit sieben Elementen" oder "Die Kardinalzahl 7 ist die Menge aller Mengen mit sieben Elementen". ▪

Mit den bisher entwickelten Begriffen hat man nun ein fachlich konsistentes Verfahren, um natürliche Zahlen als Anzahlen/Kardinalzahlen und damit - intensional gesprochen - als Eigenschaften von Mengen bzw. - extensional gesprochen - als Klassen äquivalenter Mengen aufzufassen. Immer, wenn dem Unterricht diese Auffassung zugrundeliegt, wird der *kardinale Zahlaspekt* aktualisiert.

2.2.4 Zusammenfassung: Kardinaler Zahlaspekt

Der Gang der Abstraktion, der zum Begriff Kardinalzahl und damit zum Verständnis des kardinalen Zahlaspekts führt, läßt sich mit folgendem Schema darstellen:

Grundelemente (Elemente erster Ordnung) sind als Individual begriffe vorgegeben, d.h. sie werden als nicht unteilbare Ganzheiten (als Zähleinheiten) betrachtet

Beispiel: Figuren

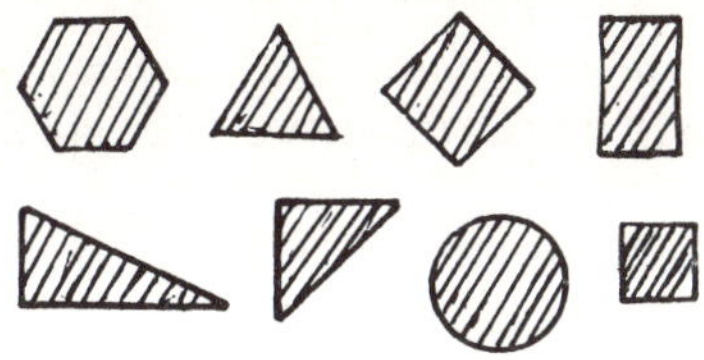

1. Schritt

Grundelemente werden nach irgend einem Kriterium zusammengefaßt. Das Kriterium entscheidet über die Zugehörigkeit der Elemente.

Beispiel: Dreiecke

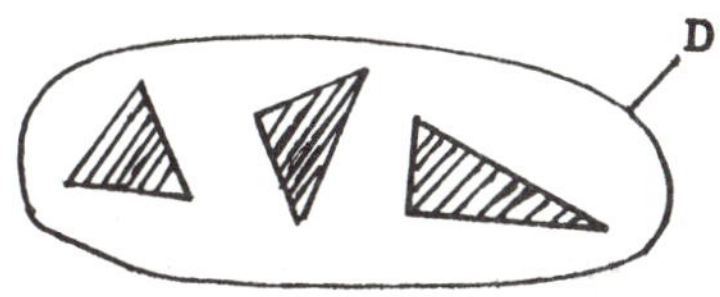

Mengen (Elemente zweiter Ord nung) sind Sammel- bzw. Artbe griffe, die einerseits einen gewissen Umfang an Grundele menten umfassen, andererseits aber auch als eigenständige Objekte betrachtet und benannt werden

Die Elemente repräsentieren den Begriff "Dreieck"

2. Schritt

Mengen werden durch paarweise Zuordnung der Elemente verglichen. Als 2. Schritt Kriterium des Zusammengehörens (Äquivalenz) gilt die Möglichkeit der bijektiven Zuordnung.

Beispiel:

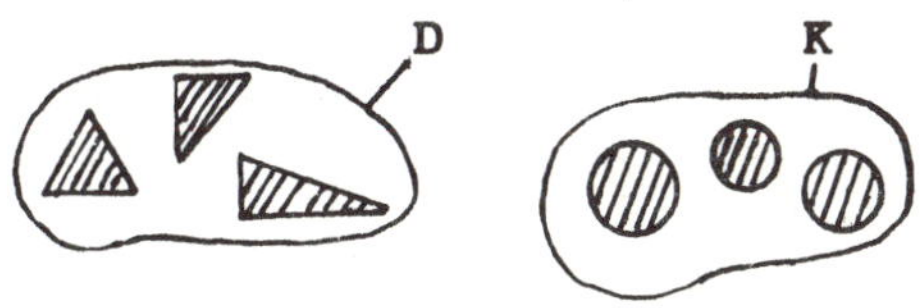

Kardinalzahlen sind die gewon nenen Sammelbegriffe bezüglich der Elemente zweiter Ordnung. Es sind Mengen von Mengen oder - wie man zur Unterscheidung auch sagt - Klassen von Mengen

Die Mengen **D** und **K** repräsentieren die Kardinalzahl "drei". Sie haben drei Elemente (Zahleigenschaft):
3 = {**D**, **K**, ...}

Immer dann wenn natürliche Zahlen in dem hier dargestellten Sinne als Kardinalzahlen/Anzahlen begriffen, d.h. mit Zahlwörtern bzw. Zahlzeichen entsprechende Bedeutungsvorstellung verbunden werden, spricht man vom kardinalen Zahlaspekt.
Die Idee, natürliche Zahlen als Kardinalzahlen aufzufassen und sie damit auf Mengenlehre und Logik zurückzuführen, geht auf die Mathematiker Gottlob Frege, Georg Cantor und Bertrand Russel zurück. Frege definierte in seinem 1884 erschienenen Buch "Die Grundlagen der Arithmetik": "Die Anzahl, welche dem Begriff F zukommt, ist der Umfang des Begriffs gleichzahlig dem Begriff I". Cantor formuliert den gleichen Gedanken in einem 1897 erschienen Beitrag zur Begründung der transfiniten Mengenlehre so: "*'Mächtigkeit'* oder *'Kardinalzahl'* von **M** nennen wir den Allgemeinbegriff, welcher mithilfe unseres aktiven Denkvermögens dadurch aus der Menge **M** hervorgeht, daß von der Beschaffenheit ihrer verschiedenen Elemente m und von der Ordnung ihres Gegeben seins abstrahiert wird." - "Zwei Mengen **M** und **N** nennen wir 'äquivalent' und bezeichnen dies mit **M** ~ **N** oder **N** ~ **M**, wenn es möglich ist, diesselben gesetzmäßig in eine derartige Beziehung zueinander zu setzen, daß jedem Element der einen von ihnen ein und nur ein Element der anderen entspricht." Das Wort Mächtigkeit hatte Cantor von dem Geometriker Georg Steiner übernommen. Sein Symbol $\overline{\overline{\mathbf{M}}}$ für Mächtigkeit - vor allem auch von nichtendlichen Mengen - ist insofern interessant, als es mit der zweifachen Überstreichung die beiden in der Definition genannten Abstraktionen von Art und Anordnung der Elemente andeutet. (Heute schreibt man zumeist $|\mathbf{M}|$ und zeigt mit $|\mathbf{M}| = |\mathbf{A}|$ an, daß die Mengen **A** und **M** gleichmächtig sind.)
Russel schreibt 1903 in den "Principles of Mathematics: "Mathematically, a number is nothing but a class of similar classes: This definition allows the deduction of all the usual properties of numbers, whether finit or infinit, and is the only one (as far as I know) which is possible in turns of fundamental concepts of general logic." Dieser Satz blieb nicht unwidersprochen, jedoch ist hier nicht der Ort, auf die Diskussion einzugehen, die er ausgelöst hat.

Für die didaktischen Überlegungen genügt es, die Auffassung der Zahlen als Kardinalzahlen bzw. Anzahlen als einen Zahlaspekt unter anderen zu kennen. Daß andere Aspekte nötig sind, zeigt schon die Tatsache, daß der kardinale Aspekt, für sich gesehen, keinen Anlaß bietet, die Anzahlen mit Zahlwörtern oder Zahlzeichen zu belegen. Er bietet jedoch eine Möglichkeit dazu, die sich allerdings besser im Zusam menhang mit dem konstruktiven Zahlaspekt besprechen läßt, denn dazu muß die Zählreihe als bekannt vorausgesetzt werden.

2.3 Der Operatoraspekt der Zahlen

Basiert der kardinale Zahlaspekt auf einem quantifizierenden Vergleich von Mengen durch paarweises Zuordnen, so gründet sich der Operatoraspekt der Zahlen auf einen Vergleich von Größen. Auch hier scheint es angezeigt, vor der eigentlichen Erläuterung des Aspekts einige der benötigten Begriffe zu rekapitulieren.

2.3.1 Größen und Größenbereiche

Schon Aristoteles gelangte bei seinem Versuch, die Begriffe unter oberste Gattungen, sogenannte Kategorien, einzuordnen, zu einem Begriff von Quantität, der - bei freier Interpretation der Übersetzung - weitgehend dem heutigen Verständnis des Größenbegriffs in der Mathematik entspricht. Wie schon erwähnt, unterscheidet er dabei zwei Aspekte: Die Quantität ist teils abgeteilt (bzw."diskret"), teils kontinuierlich. Als diskrete Größen nennt er die Zahl - gemeint ist wohl die Anzahl von Mengen in dem unter 2.2 beschriebenen Sinn - und die Rede. Unter den kontinuierlichen Quantitäten nennt er die Linie, die Fläche, den Körper, die Zeit, den Ort. Wir würden heute von Längen, Flächeninhalten, Volumina und Zeitmaßen als Größen sprechen und von Strecken, Flächen und Zeitspannen als deren Repräsentanten.
Größen gleicher Art, z.B. alle Längen, lassen sich strukturell unter dem Begriff *Größenbereich* zusammenfassen. Ein Größenbereich hat folgende Eigenschaften:

- Man kann seine Elemente ordnen. Im Größenbereich ist also eine *Ordnungsrelation* "kleiner als" (in Zeichen: "<") definiert.
- Bezüglich dieser Ordnungsbeziehung gilt das sogenannte *Trichotomiegesetz*. D.h. für zwei Elemente a und b des Größenbereichs gilt stets genau eine der folgenden drei Aussagen: $a < b$ oder $b < a$ oder $a = b$.
- Größen lassen sich zusammensetzen und in Teilgrößen zer legen. Im Größenbereich ist also eine *Operation "plus"* (in Zeichen: "+") definiert und er ist bezüglich dieser Opera tion abgeschlossen. D.h. zu zwei beliebigen Elementen a und b gibt es im Größenbereich stets ein eindeutig be stimmtes Element c, das man als Summe von a und b bezeich net. Kurz: Zu a und b gibt es ein c mit $a + b = c$.
- Bezüglich der Addition gilt das *Kommutativgesetz*. Beim Addieren von Größen darf man also die Summanden vertauschen. Kurz: Für alle Größenpaare a, b gilt: $a + b = b + a$.
- Größen sind *positiv*. Zu zwei Größen a und b existiert genau dann eine Größe x, die, zu a addiert, b ergibt, wenn a kleiner ist als b. Kurz: Es gibt ein x mit $a + x = b$ dann und nur dann, wenn $a < b$.

Aufgabe 26.1

a) Führen Sie sich anhand zweier beliebiger Strecken vor Augen, daß für den Größenbereich Längen die fünf oben genannten Eigenschaften gelten.

b) Prüfen Sie, ob auch die Anzahlen (Kardinalzahlen) einen Größenbereich bilden. ▪

2.3.2 Größenvergleich mithilfe von Repräsentanten

Wenn es zutrifft, daß man Größen ordnen kann, so braucht man Verfahren, nach denen sich für zwei Größen a und b entscheiden läßt, welcher der Fälle der Trichotomie vorliegt. Eine der Möglichkeiten besteht darin, auf Repräsentanten von a und b zurückzugreifen, den Vergleich mit diesen direkt durchzuführen und vom Ergebnis auf die Beziehung zwischen den Größen a und b zu schließen. Für den Vergleich auf der Ebene der Repräsentanten gibt es allerdings kein einheitliches, für alle Größenbereiche anwendbares Verfahren, so daß hier einzelne Größenbereiche getrennt zu besprechen sind.

a) Längen

Längen lassen sich durch Strecken repräsentieren. Das Verfahren des direkten Repräsentantenvergleichs verläuft dann für zwei Längen b und c etwa so: Auf einer geordneten Halbgeraden (einem Strahl) werden vom Anfangspunkt A aus die Strecke [AB] als Repräsentant von b und die Strecke [AC] als Repräsentant von c abgetragen. Es sind drei Ergebnisse möglich:

1. Fall:

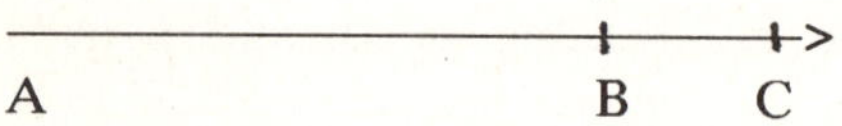

C liegt auf dem Strahl nach B.
Dann soll gelten:
$c > b$ bzw. $b < c$

2. Fall:

C liegt auf dem Strahl vor B.
Dann soll gelten:
$c < b$ bzw. $b > c$

3. Fall:

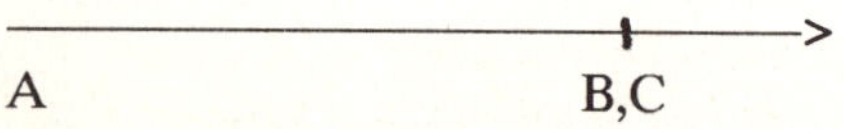

C und B fallen zusammen.
Dann soll gelten:
$b = c$ bzw. $c = b$

Im dritten Fall nennen wir die Strecken [AB] und [AC] kongruent oder längengleich. Selbstverständlich lassen sich die Längen b und c durch verschiedene Strecken repräsentieren, die dann alle kongruent sein müssen. Man kann, so gesehen, jede Länge ebenso als eine Klasse äquivalenter Mengen auffassen.

b) Flächeninhalte

Flächeninhalte lassen sich durch Flächen repräsentieren. Jedoch gestaltet sich hier der Vergleich der Repräsentanten schwieriger. Lassen sich zwei Flächen mittels einer Bewegung (einer Verknüpfung von Achsenspiegelungen) aufeinander abbilden, so nennen wir sie kongruent. Kongruente Flächen sind inhaltsgleich. Jedoch können - und hier beginnt die Schwierigkeit - auch nicht-kongruente Flächen inhaltsgleich sein. Ein bekanntes Beispiel:

Das Rechteck ABDE ist inhaltsgleich zum Dreieck ABC

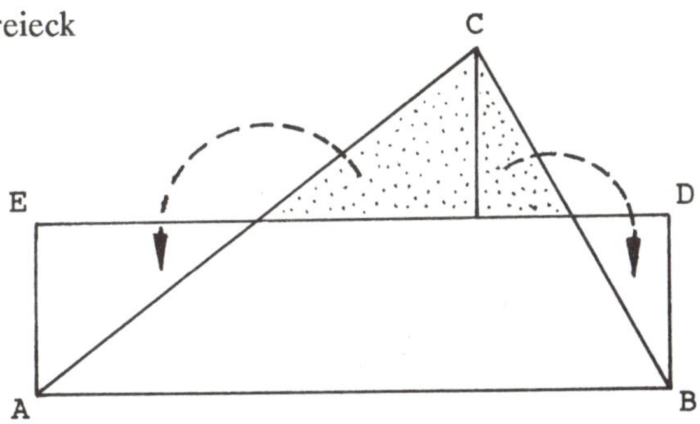

Kurz gesagt sind zwei Flächen auch dann inhaltsgleich, wenn sie sich in paarweise kongruente Teilflächen zerlegen bzw. durch inhaltserhaltende Umformung in zueinander kongruente Figuren überführen lassen.
Selbstverständlich sind zwar auch zwei Strecken längengleich, wenn sie sich in paarweise kongruente Teilstrecken zerlegen lassen. Jedoch macht die Ordnung von Längen durch Repräsentantenvergleich eine Zerlegung der Strecken nicht nötig, während Flächen in der Regel zerlegt bzw. umgeformt werden müssen, ehe ein direktes Vergleichen möglich ist. Das macht den Größenvergleich bei den Flächeninhalten schwieriger. Ähnliches gilt für den Bereich der Volumina und anderer Größenbereiche.

Aufgabe 27.1

a) *Hohlmaße lassen sich durch Flüssigkeitsquanten oder Quan ten feinkörniger Stoffe (z.B. Sand) repräsentieren, die in Gefäße eingefüllt werden. Welche Verfahren des Größenvergleichs lassen sich anwenden?*

b) *Wie lassen sich Gewichtsgrößen repräsentieren und welche Verfahren des Größenvergleichs gibt es für sie?* ▪

c) Kardinalzahlen

Es kann gezeigt werden, daß auch Kardinalzahlen (Anzahlen) Größen sind. Ihre Repräsentanten sind Mengen, die sich mittels umkehrbar eindeutiger Zuordnung vergleichen lassen (siehe 2.2).

2.3.3 Vervielfachen und Messen

a) Zahlen als "Operatoren"

Wie oben dargelegt gehört es zu den zentralen Merkmalen eines Größenbereichs, daß sich seine Elemente addieren lassen. Durch Betrachtung des Sonderfalls einer Addition (zweier oder mehrerer) gleicher Größen wird es möglich, für Größen eine Vervielfachung einzuführen.

Beispiele:
Eine Länge e werde durch Bänder (Stäbe oder Streifen) repräsentiert. Durch Aneinanderfügen von 5 solcher Bänder werde ein "Zug" gebildet und dessen Gesamtlänge mit l bezeichnet:

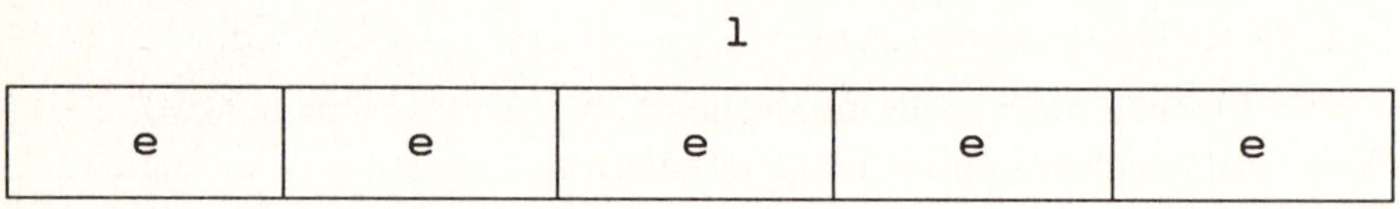

Die Länge l kann dann auch als Summe e + e + e + e + e beschrieben und mit $5 \cdot e$ abgekürzt werden. Anders gesagt: Man erhält die Länge l, indem man die (Einheits)länge e mit 5 vervielfacht: $l = 5 \cdot e$

Der Flächeninhalt E werde durch (gleichseitige) Dreiecke repräsentiert. Drei solcher Dreiecke sollen zu einer Gesamtfläche zusammengefügt und deren Inhalt A genannt werden.

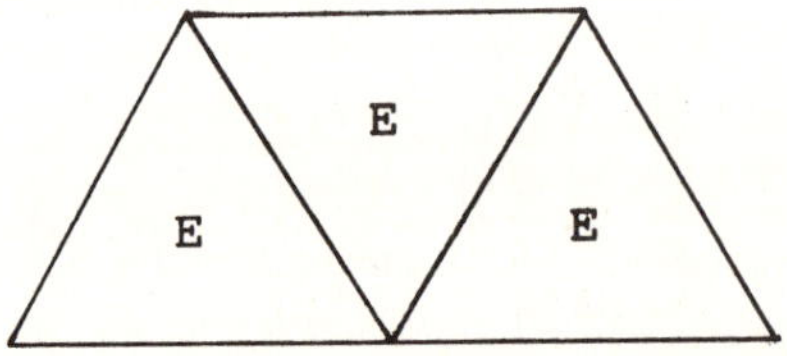

Wiederum läßt sich der Inhalt A als Summe E + E + E darstellen und mit $3 \cdot E$ abkürzen. A ist das Dreifache von E: $A = 3 \cdot E$

Allgemein soll die Vervielfachung einer Größe G mit einer natürlichen Zahl n als Summe aus n Summanden G aufgefaßt werden.

Kurz: $n \cdot G =: \underbrace{G + G + G + \ldots + G}_{\text{n-mal}} = H$

Die Vervielfachung von Größen läßt sich auch als Zuordnung beschreiben, und zwar so: Jeder Größe G wird mittels der Vorschrift n umkehrbar eindeutig eine Größe H zugeordnet.

In Zeichen: $G \xrightarrow{\cdot n} H$

Im Rahmen einer solchen funktionalen Deutung bezeichnet man oftmals die Zuordnungsvorschrift $\cdot n$ als *Operator*, der jeweils auf einen *Anfangszustand* (hier G) einwirkt und diesen in einen *Endzustand* (hier H) überführt.

b) Zahlen als Maßzahlen

Die funktionale Deutung der Vervielfachung legt folgende Umkehrung nahe: Gegeben seien ein Anfangszustand E und ein Endzustand F. Gesucht ist der Operator, der E in F überführt. Dabei wird vorausgesetzt, daß F ein Vielfaches von E im obigen Sinne ist. Die Lösung der Aufgabe wird auf der Ebene der Repräsentanten dadurch gefunden, daß man mit E in F "hineinmißt". Falls E und F Längen sind, wird E auf einem Strahl vom gleichen Anfangspunkt aus wie F so oft abgetragen, bis der Endpunkt von F erreicht ist. Beispiel:

F				
E	E	E	E	E

Ergebnis: $E \xrightarrow{\cdot 5} F$

In diesem Fall wird der Operator $\cdot 5$ als Maßzahl erhalten, die das Verhältnis zwischen einer zu messenden Größe F und einer als Einheit gewählten Größe E angibt.

c) Zahlen als Verhältniszahlen

Handelt es sich bei den Größen speziell um Kardinalzahlen, so wird das Verhältnis von Größen häufig in etwas anderer Form angegeben. Repräsentiere die Menge M die Anzahl a und die Menge N die Anzahl b, und ist b ein Vielfaches von a, so wird das Anzahlverhältnis mit "n für 1" oder "1 : n" angegeben. Beispiele:

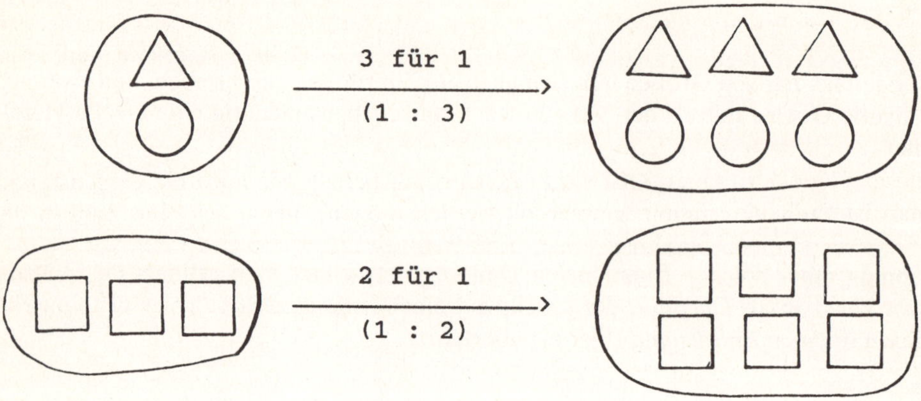

2.3.4 Zusammenfassung: Operatoraspekt der Zahlen

Es wurde deutlich, daß die Bezeichnungen Operator, Maßzahl und Verhältniszahl im vorliegenden Zusammenhang weitgehend gleichbedeutend gebraucht wurden. Sie stehen für eine funktionale Zuordnungsvorschrift in einem Größenbereich. Daher soll immer dann vom Operatoraspekt der Zahlen die Rede sein, wenn natürliche Zahlen zur Vervielfachung von Größen als Ergebnis der Messung einer Größe mit einer Einheitsgröße oder zur Darstellung eines Größenverhältnisses verwendet werden.
Der Gedanke, die Zahlen in diesem Sinn als Operatoren aufzufassen, ist nicht neu. In Leonhard Eulers "Vollständige Anleitung der Algebra" aus dem Jahre 1770 findet sich die Feststellung, eine Zahl sei nichts anderes "als das Verhältnis, in dem eine Größe zu einer anderen steht, welche als Einheit genommen wird". Die Zahl stellt so das Maß des Vergleichs von Größen derselben Art dar; sie dient der Benennung des Meßresultates. Zum Beispiel bedeutet "zwei", daß eine Einheitsgröße verdoppelt vorliegt. Dabei muß aber ein Vergleichs- oder Konstruktionsverfahren zur Verfügung stehen, das den Begriff der Verdoppelung bestimmt. Allgemein gehört es zum Wesen der Größe, daß sie "einer Vermehrung oder Verminderung fähig ist" (Euler). Verdoppelung ist Vermehrung um einen weiteren Repräsentanten der Einheitsgröße. Wiederholte Vermehrung um Einheitsgrößen führt zu entsprechenden Vielfachen. Die natürlichen Zahlen symbolisieren oder signalisieren - z.B. als Operatoren mit Aufforderungscharakter - solche Vervielfachungsprozesse.
B. Bolzano (1781 - 1848), der mit seiner Zahlenlehre ein Vorläufer Peanos, Dedekinds und Cantors ist, beschäftigte sich mit demselben Sachverhalt. Die Terminologie entspricht allerdings nicht den heutigen Ausdrucksweisen. "Bilden wir uns eine Reihe, deren erstes Glied eine Einheit einer beliebigen Art A, jedes andere Glied aber eine Summe ist, welche zum Vorschein kommt, indem wir einen Gegenstand, der dem

nächstvorhergehenden Gliede gleich ist, mit einer neuen Einheit von der Art A verbinden, so heißt mir jedes Glied dieser Reihe insofern eine Zahl, als so ich mir dieses Glied durch eine Vorstellung aufgefaßt denke, welche mir seine Entstehungsart angibt. Zur Unterscheidung von anderen Dingen, welche zum Vorschein kommen, wenn statt der Dinge von der Art A Dinge von einer anderen Art zur Einheit angenommen werden, nenne ich die Glieder der vorhin betrachteten Reihe Zahlen von der Art oder Zahlen, denen die Einheit A zugrunde liegt. Die Beschaffenheit, vermöge deren ein jedes dieser Glieder zu einer Zahl wird (die es somit behält, wie auch die Gegenstände, die man zu Einheiten nimmt, gewechselt werden mögen), nenne ich eine Zahl in der abstrakten Bedeutung des Wortes oder eine abstrakte Zahl und im Gegensatz mit solchen abstrakten Zahlen (d.h. den bloßen Beschaffenheiten) nenne ich die Glieder selbst konkrete Zahlen oder Zahlen in der konkreten Bedeutung des Wortes" (Zit. nach H. Gericke, Geschichte des Zahlbegriffs, 1970, S. 91).
Den Gedanken, natürliche Zahlen als "Streck-Operatoren" im Bereich der Längen zu deuten und als Vervielfachungsmaschinen didaktisch zu realisieren, hat Peter Braunfeld auf der Bundestagung für Didaktik der Mathematik 1968 vorgetragen. Allerdings zielte sein Bericht über die Arbeit eines Teams der University of Illinois/Comittee on School Mathematics auf einen neuen Zugang zum Bruchrechnen. Die Idee "Natürliche Zahlen als Operatoren" wurde dann vor allem durch Arnold Kirsch (Die Einführung der natürlichen Zahlen als Operatoren, Math.-Phys.Semesterberichte 1970) mathematisch bearbeitet. Kirsch spricht, indem er seine Betrachtung von der mengentheoretischen Begründung abhebt, von einer "neuen inhaltlichen Deutung der Kardinalzahlen endlicher Mengen, die neben deren formale Kennzeichnung als Elemente eines Größenbereiches tritt". Insofern als beim Operatorverständnis der Begriff der Größe vorausgesetzt ist, steht "die neue Beschreibung auf einem, höheren 'Niveau' als der Kardinalzahlbegriff, der ja dem Größenbegriff analog ist" (Kirsch). Über die logischen Zusammenhänge mag ein Schema Aufschluß geben, das im wesentlichen auf Kirsch zurückgeht. Es zeigt zwei analoge Entwicklungen auf, die von einem Grundbereich über einen zugehörigen Größenbereich zum Operatorbereich der natürlichen Zahlen führen.

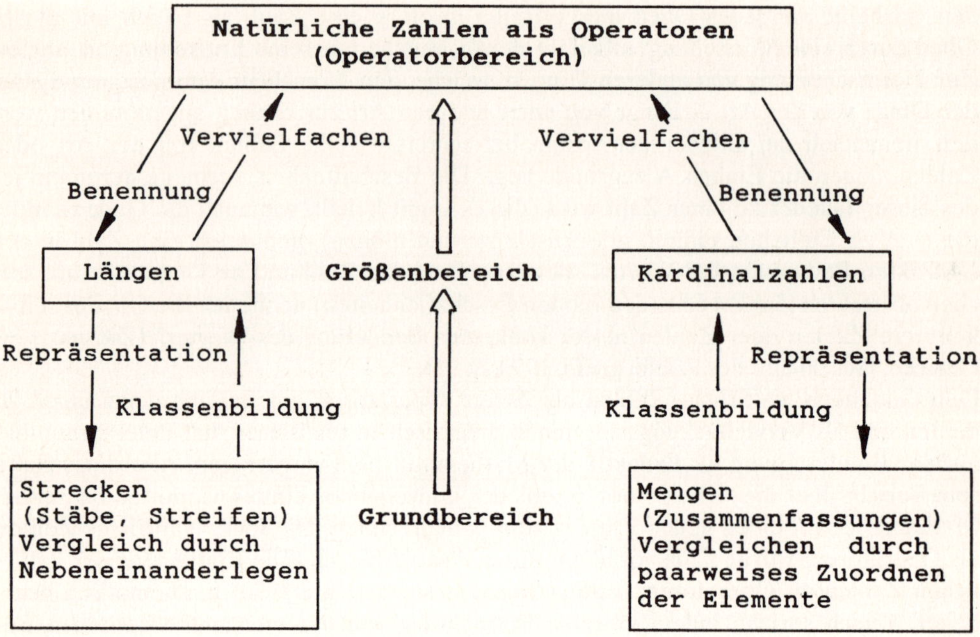
Natürliche Zahlen als Operatoren
(Operatorbereich)
Vervielfachen
Benennung
Vervielfachen
Benennung
Längen
Größenbereich
Kardinalzahlen
Repräsentation
Klassenbildung
Klassenbildung
Repräsentation
Strecken
(Stäbe, Streifen)
Vergleich durch
Nebeneinanderlegen
Grundbereich
Mengen
(Zusammenfassungen)
Vergleichen durch
paarweises Zuordnen
der Elemente

2.4 Der konstruktive Zahlaspekt

Als Kardinalzahlen sind die natürlichen Zahlen Ergebnis von Mengenvergleichen durch umkehrbar eindeutiges Zuordnen. Als Maßzahlen sind sie allgemeines Ergebnis von Größenvergleichen. Nunmehr sollen sie nach einem dritten Aspekt in Verbindung mit Zählprozessen betrachtet werden.

2.4.1 Zahlen als Zählzahlen

Was es mathematisch exakt bedeuten kann, die natürlichen Zahlen als Zählzahlen aufzufassen, haben vor allem die Mathematiker Richard Dedekind ("Was sind und was sollen die Zahlen", 1888) und Giuseppe Peano (Arithmetices principia nova methodo exposita, 1889) dargestellt. Sie schufen eine vielzitierte, axiomatische Beschreibung der Menge **N** der natürlichen Zahlen, die sich auf eine logische Analyse des Zählvorgangs stützt.

a) Axiomatische Beschreibung (nach Peano)

Zählen beginnt mit 1. Die Menge **N** enthält ein ausgezeichnetes "Anfangselement". (In manchen Lehrbüchern wird auch die Null zur Menge der natürlichen Zahlen gezählt. So kann in allen folgenden Überlegungen 1 auch durch 0 ersetzt werden.) Das ist die Aussage des ersten Peano-Axiomes, das in der von Peano benutzten mengentheoretischen Formalisierung so lautet: (I) $1 \in \mathbf{N}$
In den nächsten Axiomen der Originalarbeit von Peano wird die Gleichheit in **N** als Äquivalenzrelation festgesetzt. So ist beispielsweise die Symmetrie gefordert, nach der für zwei natürliche Zahlen a und b stets mit $a = b$ auch $b = a$ gilt. Heute führt man die logischen Gleichheitsgesetze meist nicht mehr unter den Peano-Axiomen auf, sondern beschränkt sich auf die Beschreibung von **N** anhand des Zählprozesses.Das nächste Charakteristikum von N besteht darin, daß das Zählen immer weiter weist und zu keinem Ende kommt, also keine letzte Zahl erreicht: (II) Jedes $n \in \mathbf{N}$ hat einen Nachfolger $n' \in \mathbf{N}$.
Für n' schreibt man beim Übergang zu den Rechenoperationen: $n + 1$. In einer mengentheoretisch orientierten Darstellung wird man das Axiom (II) als eine injektive Abbildung beschreiben: $n \longmapsto n'$. Dabei ist bedeutsam, daß die Bildmenge - d.h. die Menge aller Nachfolger n' - eine echte Teilmenge von **N** ist.
Nicht alle natürlichen Zahlen sind Nachfolger; es gibt das erwähnte Ausnahme- oder Anfangselement 1. Zählen führt nie auf 1 zurück: (III) Es gilt immer $n' \neq 1$.
Aber nicht nur 1, auch alle anderen einmal erreichten Zahlen kehren im Zählprozeß niemals wieder. Das Zählen wird nie zyklisch; es wiederholt sich nie. Es liefert im Fortschreiten stets neue Zahlen. Diese Tatsache ist nicht sehr leicht zu verstehen. Kinder

fragen oft nach der größten aller Zahlen und wundern sich, daß es sie nicht geben soll. In der Kulturentwicklung waren enorme Leistungen auf den Gebieten der Sprachschöpfung und der Symbolik nötig, um das unentwegte Fortschreiten des Zählens zu erfassen. Im Rahmen der Peano-Axiome geschieht das mit folgender Schlußweise:

(IV) $n' = m' \Longrightarrow n = m$

Diese Formel sagt aus, daß gleiche Nachfolger der gleichen Zahl entsprungen sind oder anders gesagt: Jede natürliche Zahl hat höchstens einen Vorgänger (die Zuordnung $n \longrightarrow n'$ ist injektiv). Ist die Zahl von 1 verschieden, so hat sie auch tatsächlich einen Vorgänger. Dies ist aus den Axiomen von Peano logisch ableitbar, allerdings erst dann, wenn den vier gegebenen Grundgesetzen des Zählens noch eines hinzugefügt wird, das **N** auf die durch das sukzessive Zählen erreichbaren Zahlen beschränkt. **N** ist die im Umfang kleinste Menge, in der man nach den erwähnten Gesetzen zählen kann:(V) Enthält eine Menge M natürlicher Zahlen sowohl 1 als auch die Nachfolger aller ihrer Elemente, so gilt **M** = **N**.

Diesem sogenannten Induktionsprinzip entspricht folgender "anschauliche" Schluß: $1 \in \mathbf{M} \Longrightarrow 2 \in \mathbf{M}$, $2 \in \mathbf{M} \Longrightarrow 3 \in \mathbf{M}$, $3 \in \mathbf{M} \Longrightarrow 4 \in \mathbf{M}$ usw. **M** enthält also alle Zahlen des Zählens und ist darum die Menge **N** aller natürlichen Zahlen. Hier wird der Quantor "alle" in Bezug auf die natürlichen Zahlen klargestellt. Damit gewinnt man ein Beweisverfahren - das berühmte Prinzip der vollständigen Induktion - zur Sicherung allgemeiner Begriffe und Thesen, die **N** betreffen.

b) Konstruktive Beschreibung (nach Lorenzen)

In den fünf oben aufgeführten Axiomen ist die Struktur der natürlichen Zahlen voll eingefangen. Die Begriffe und Sätze der elementaren Arithmetik können aus ihnen exakt aufgebaut (definiert) bzw. logisch deduziert (bewiesen) werden. Falls man diese Axiome als Mathematisierung der "Zählerfahrung" anerkennt, ist durch sie das Zählen als Grundlage des Rechnens logisch gerechtfertigt.

Ob eine solche Rechtfertigung nur auf dem angedeuteten Weg über die axiomatische Methode (nach Peano oder mit einem anderen Axiomensystem) erfolgen kann, ist umstritten. Die fünf Peano-Sätze werden zuweilen auch als Intuitionen interpretiert, die zu den natürlichen Zahlen und damit überhaupt zur Mathematik führen. Beim Begriff der natürlichen Zahlen stellt sich nach Hermann Weyl (Philosophie der Mathematik und Naturwissenschaft, 1926) "das Problem der Erkenntnis in seiner schlichtesten Form". Insbesondere konzipiert sich in der Menge **N**, sofern sie als abgeschlossene Zusammenfassung an sich existierender Elemente verstanden wird, eine unendliche Mächtigkeit, was Weyl als "Sprung ins Jenseits" bezeichnet. Die Mathematik hat mit ihrer Wendung zur Mengenlehre diesen noch heute umstrittenen Sprung gemacht.

Der konstruktive Aufbau läßt sich auch als Verfahren zur Herstellung von Zahlzeichen beschreiben. Zählen, als elementare Handlung, führt zum Handlungsprotokoll, z.B. zu sogenannten "Strichlisten". Zahlen sind dann Namen für solche Strichlisten. Der Logiker Paul Lorenzen ("Konstruktive Begründung der Mathematik", 1950) hat gezeigt, daß auch von diesem Ansatz her eine exakte Durchführung des Zahlaufbaus und der

Arithmetik möglich ist. Seiner nicht-axiomatischen Theorie der Zahlen (sie wird zuweilen "operative Methode" genannt, was nicht mit der operativen Methode der Erstrechendidaktik gleichzusetzen ist) liegt eine zweiteilige Konstruktionsregel zugrunde, die in der Originalsymbolik folgendermaßen lautet:

$\Longrightarrow$ | (zu lesen als "konstruiere |)

n $\Longrightarrow$ n| ("zu n konstruiere n|)

Die Konstruktionsregel führt zuerst die graphische Einheitsfigur ein ("Man beginne mit |") und gibt dann das Verfahren an, wie aus einem Zahlenzeichen n, das für irgendeine Folge von Strichen steht, durch Anfügen des "Atoms" ein weiteres Zahlzeichen konstruiert werden kann (aus der Ziffer n konstruiere man den Nachfolger n|"). Das Symbol n kann z.B. ||| bedeuten; in diesem Fall steht dann n| für ||||.
Die Arithmetik beschäftigt sich, einer solchen Auffassung zufolge, ausschließlich mit Konstruktionen der angegebenen Art, nämlich mit Längen von Strichlisten und deren Zusammensetzungen. Diese Überlegungen sind durch die Anwendung des Zählens und Rechnens angeregt. Die Wahrheit der gewonnenen Aussagen wird durch einen präzisen Umgang mit der Konstruktion und durch das Befolgen einfacher logischer Vorschriften gewährleistet. Sie gründet auf der Kontrollierbarkeit der Aussagen in Bezug auf die grundlegenden logischen und konstruktiven Vereinbarungen.

2.4.2 Zählen, Auszählen und Abzählen

Jeder natürlichen Zahl ist, gleichsam als Name, ein Zahlwort und ein Zahlzeichen zugeordnet. Die üblicherweise in unseren Kulturkreis benutzten deutschen Zahlnamen sind in Bezug auf die hier übliche dekadische Stellenwertschreibweise gebildet. *Zählen* heißt nun nichts anderes, als die Zahlnamen in ihrer natürlichen Folge zu reproduzieren. Beim verbalen Zählen werden die Zahlworte geordnet aneinandergereiht. Beim "schriftlichen Zählen" bildet man die Folge der zugehörigen Zahlzeichen.
Da die Menge **N** der natürlichen Zahlen nicht endlich ist, könnte das Zählen theoretisch unbegrenzt fortgesetzt werden; man käme nie zu einer letzten (größten) Zahl. Im praktischen Gebrauch zählt man jedoch stets von 1 aus bis zu einer bestimmten Zahl n. Die so gebildete endliche Folge von Zahlen bzw. Zahlnamen nennen wir einen Abschnitt **A** der natürlichen Zahlen: $\mathbf{A} = \{1, 2, 3 \ldots, n\} = \{x \in N \mid x \leq n\}$
Mithilfe von Abschnitten natürlicher Zahlen kann für die Anzahl (Kardinalzahl) einer Menge "ein Name" gefunden werden. Das dabei angewendete Verfahren bezeichnet man als *Aus- bzw. Abzählen* der Menge bzw. als Abzählen ihrer Elemente. Es läßt sich am Beispiel einer Menge **M** so beschreiben: Aus **M** wird ein beliebiges Element ausgewählt; ihm wird der Zahlname "eins" zugeordnet. Falls vorhanden, wird einem beliebigen weiteren Element aus **M** der Zahlname "zwei" zugeordnet. Die Zuordnungsschritte wiederholen sich für die in der Zählreihe folgenden Zahlnamen, sofern und solange in M Elemente vorhanden sind, denen noch kein Zahlname zugeordnet ist. Kurz gesagt: Es wird eine umkehrbar eindeutige Zuordnung zwischen den Elementen der Menge **M** und einem Abschnitt **A** der natürlichen Zahlen hergestellt, z.B.:

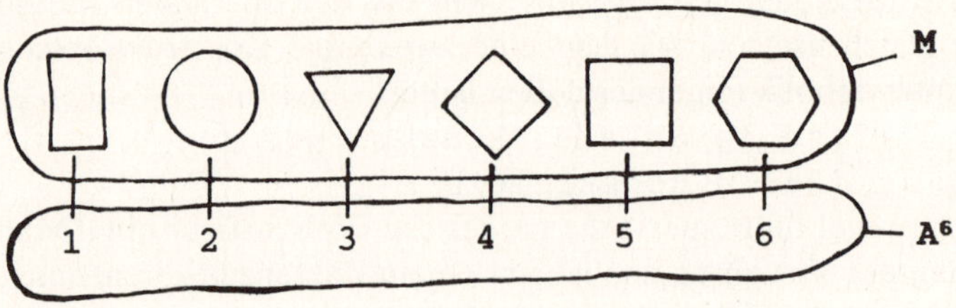

Die "Länge des Abschnitts" wird durch die Anzahl von **M** bestimmt. Der letzte (größte) Zahlname des Abschnitts liefert zugleich den Namen für die Anzahl der Menge **M**. Der Grund dafür liegt darin, daß die Kardinalzahl jedes einer Menge umkehrbar eindeutig zugeordneten, mit 1 beginnenden Abschnitts A_n der natürlichen Zahlen n ist, daß also gilt: $|M| = |A_n| = n$

Beim Auszählen von Mengen kommt es nicht darauf an, welchem Element welcher Zahlname zugeordnet wird. Entscheidend ist, daß die Zahlnamen in der natürlichen Zählfolge lückenlos vergeben werden, und die Zuordnung zwischen **M** und A_n umkehrbar eindeutig ist. Dennoch wird beim Ausführen des Verfahrens zwangsläufig eine Ordnung in **M** hineingetragen. Denn die Elemente werden eins nach dem anderen "aufgerufen" und mit einer Nummer versehen. Das Auszählen einer Menge **M** ist somit gleichbedeutend mit dem Abzählen ihrer Elemente. Das führt auf die Verwendung der natürlichen Zahlen als Rangplätze bzw. als Ordnungszahlen.

2.4.3 Zahlen als Rangplätze

Da das Aus- bzw. Abzählen nicht nur ein Mittel zum Benennen von Anzahlen (Kardinalzahlen) ist, sondern auch eine Ordnung in die aus- bzw. abgezählte Menge hineinträgt, wird es auch als Instrument zum Ordnen von Mengen benutzt.

Will man beispielsweise fünfunddreißig Teilnehmer an einem Skirennen für den zeitlichen Ablauf des Starts ordnen, so weist man ihnen umkehrbar eindeutig die Elemente des Abschnitts A^{35} der natürlichen Zahlen zu (z.B. durch ein Losverfahren). Jeder Läufer hat dann eine Startnummer, die seinen Platz in der nunmehr geordneten Menge der Teilnehmer festlegt. Es ist üblich, für solche Startnummern die gleichen Zahlnamen zu verwenden, wie für Kardinalzahlen: "eins" (1), "zwei" (2) "drei" (3), usw. Man kann sie als Rangplätze für die zeitliche Startfolge betrachten.

Andere Rangplätze für die Läufer können sich dann aufgrund der von ihnen benötigten Laufzeit ergeben. Der Läufer mit der kürzesten Zeit erhält den "ersten" (1.) Rang, der Läufer mit der nächstbesten Zeit den "zweiten" (2.) Rang usw. In diesem Fall verwendet man Zahlwörter und Zahlzeichen, die üblicherweise als "*Ordnungszahlen*" bezeichnet werden. Die unterschiedliche Wortwahl darf nicht darüber hinwegtäuschen, daß in bei-

den Beispielfällen die natürlichen Zahlen in genau gleicher Funktion benutzt werden, nämlich als Rangplätze zum Markieren der Ordnung in einer Menge.
Es bleibt festzuhalten, daß die sogenannten Ordnungszahlen nur zur Bezeichnung von Rangplätzen verwendet werden, während man die gewöhnlichen Zahlnamen sowohl zum Benennen von Anzahlen wie auch von Rangplätzen gebraucht. Als Begründung kann man eigentlich nur auf Sprachgewohnheiten verweisen. Sind Objekte nach irgendeinem der möglichen Gesichtspunkte geordnet, z.B.

- nach räumlichen Gesichtspunkten (von links nach rechts oder umgekehrt, von oben nach unten oder umgekehrt, usw.)
- nach Größe (Länge, Flächeninhalt, Volumen, Gewicht, usw.) oder
- nach symbolischen Vereinbarungen (alphabetische Ordnung von Wörtern, usw.),

und möchte man ein Objekt der Menge bezeichnen, so spricht man vom "zweiten von oben", vom "zweit-längsten", oder vom "zweiten Wort der Liste". In Verbindung mit dem Wort "Nummer" werden indes stets die gewöhnlichen Zahlnamen verwendet. Beispiele: " Hausnummer 5", "Kontonummer 430 279", usw. Manchmal bestehen beide Sprechweisen nebeneinander; man spricht beispielsweise vom "3. Punkt" oder vom "Punkt 3" eines gegliederten Textes.
Daß wir beim Auszählen einer Menge die üblichen Zahlwörter verwenden, erscheint insofern plausibel, als wir diese zwar einzelnen Elementen der Mengen zuordnen (und damit, streng genommen, als Rangplätze verwenden), mit jeder Zuordnung aber zugleich die Anzahl der bis dahin "gezählten" Elemente bestimmt ist.

Aufgabe 37.1
In der Cantorschen Mengenlehre werden "Ordinalzahlen" definiert, und zwar als Klassen ähnlicher Mengen. Dabei heißen zwei wohlgeordnete Mengen **A** *und* **B** *"ähnlich", wenn ihre Elemente* a_i *bzw.* b_i *einander so zugeordnet werden können, daß folgendes gilt: Entspricht dem Element* a_1 *aus* **A** *das Element* b_1 *aus* **B** *sowie dem Element* a_2 *aus* **A** *das Element* b_2 *aus* **B** *und steht* a_1 *in der Ordnung von A vor* a_2*, so steht auch in der Ordnung von* **B** *das Element* b_1 *vor dem Element* b_2*.*

a) *Zeigen Sie, daß die Menge M der Monatsnamen und die Menge* **A** *der ersten zwölf natürlichen Zahlen kongruent und ähnlich sind.*
b) *Suchen Sie nach weiteren Mengen, die zu M ähnlich sind.*
c) *Zeigen Sie, daß die folgenden Mengen zwar kongruent, aber nicht ähnlich sind.*
   $\mathbf{N} = \{1, 2, 3, 4, \ldots\}$ *und*
   $\mathbf{N}_1 = \{1, 3, 5, \ldots 2, 4, 6, \ldots\}$
d) *Suchen Sie weitere zu N kongruente, aber nicht ähnliche Mengen.*
e) *Prüfen Sie den Satz: Bei endlichen Mengen sind Kardinal- und Ordinalzahl stets gleich.* ■

2.4.4 Zahlenstrahl

Was mit dem konstruktiven Zahlaspekt gemeint ist, läßt sich besonders prägnant am Modell des sogenannten Zahlenstrahls ausdrücken. Die natürlichen Zahlen werden hier äquidistant ausgezeichneten Punkten auf einer orientierten Halbgeraden zugeordnet:

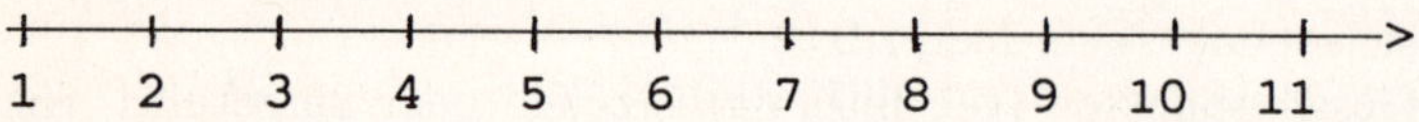

Der Anfangspunkt des Strahls erhält "den Namen" 1. Den weiteren ausgezeichneten Punkten werden in Richtung der Orientierung die jeweils nachfolgenden Zahlnamen der Zählreihe zugewiesen. Der Zahlenstrahl bildet die in den Peano'schen Axiomen formulierten Eigenschaften der natürlichen Zahlen prägnant ab: Den Beginn bei 1, die universelle Nachfolgerbeziehung, von der nur 1 ausgenommen ist, die "Linearität" der Ordnung und das Induktionsprinzip. Mithilfe und anhand des Zahlenstrahls können wir zählen, aber auch aus- bzw. abzählen, indem wir die Elemente der auszuzählenden Menge den numerierten Punkten des Zahlenstrahls zuordnen. Das "letzte" Element markiert das Ende des Abschnitts aus **N** und verweist zugleich auf den Namen für die Anzahl der gezählten Elemente.

2.5 Der algebraische Zahlaspekt

Bei den bisher besprochenen Zahlaspekten liegt der Schwerpunkt auf der Deutung der einzelnen natürlichen Zahl, sei es als Anzahl oder als Operator bzw. als Maßzahl, sei es als Zähl- oder Ordnungszahl. Dabei werden der Deutung andere Begriffe zugrundegelegt, die - z.T. mittels Repräsentanten - auch der Wahrnehmung zugänglich sind, wie der Mengenbegriff, der Größenbegriff oder der Begriff des Zählens bzw. des Zahlenstrahls. Beim konstruktiven Zahlaspekt tritt freilich schon deutlich zutage, daß die natürlichen Zahlen nicht eine strukturlose Menge von Einzelelementen darstellen, sondern, z. B. über den Zählprozeß, untereinander eng verbunden sind. Diese Verbindung begründet einige weitere Beziehungen, die nunmehr in den Mittelpunkt der Betrachtung rücken sollen.

2.5.1 Rechenoperationen

Die wichtigsten Beziehungen zwischen den Zahlen werden durch das gestiftet, was man gängig als "Rechenoperationen" bezeichnet. Grundlegende Operationen, auch Operationen erster Stufe genannt, sind Addition und Subtraktion. Für sie gibt es zwei verschiedene Einordnungen in fachliche Begriffe, nämlich in den Zuordnungs- und in den Verknüpfungsbegriff.

a) Rechenoperationen als Zuordnungen

Die Addition 5 + 3 = 8 läßt sich in der Weise als Zuordnung zwischen zwei Zahlmengen **D** und **W** auffassen, wobei man 5 als Element des Vorbereichs D (Definitionsbereichs), + 3 als Zuordnungsvorschrift und 8 als Element des Nachbereichs **W** (Wertebereichs) betrachtet. Symbolisch läßt sich diese Deu-tung so ausdrücken:

$$5 \xrightarrow{+\ 3} 8$$

Sogleich wird deutlich: Die Vorschrift + 3 ordnet jeder natürlichen Zahl umkehrbar eindeutig eine zweite natürliche Zahl zu. Entsprechendes gilt für jede Vorschrift + n mit n aus den natürlichen Zahlen.
Die Addition stellt, so gesehen, eine umkehrbar eindeutige Zuordnung dar. Durch Umkehrung erhalten wir zu jeder Additon eine Subtraktion, etwa zur Addition 5 + 3 = 8 die Subtraktion 8 - 3 = 5, die sich als Zuordnung in folgender Weise symbolisieren läßt:

$$8 \xrightarrow{-\ 3} 5$$

Will man die Subtraktion generell als eigenständige Zuordnung deuten, so kann es zu Schwierigkeiten kommen. Beispiel:

$$4 \xrightarrow{\;-\;7\;} ?$$

In diesem Fall gibt es im Nachbereich (Wertebereich), selbst wenn man ihn auf alle natürlichen Zahlen ausdehnt, kein Element, das zugeordnet werden könnte. Allgemein gesagt: Zuordnungen der Form -b haben in den natürlichen Zahlen keinen Wert c, falls a < b gilt. Um die Schwierigkeit zu beheben, müßte der Nachbereich auf die Menge der (positiven und negativen) ganzen Zahlen erweitert werden.

Aufgabe 40.1

a) Betrachten Sie die Multiplikation als Zuordnung und die Division als deren Umkehrung.

b) Wie stellt sich die entstehende Schwierigkeit dar, wenn man auch die Division generell als eigenständige Zuordnung auffassen möchte, und wie läßt sie sich in diesem Fall beheben? ■

b) Rechenoperationen als Verknüpfungen

Die vorhin diskutierte Addition 5 + 3 = 8 läßt sich noch in anderer als in der beschriebenen Weise als Zuordnung auffassen. Dabei wählt man das Paar (5;3) als Element eines Vorbereichs (Definitionsbereichs) von Paaren natürlicher Zahlen, + als Zuordnungsvorschrift und 8 als Element eines Nachbereichs (Wertebereichs) einzelner natürlicher Zahlen.In symbolischer Darstellung:

$$(5;3) \xrightarrow{\;+\;} 8$$

Sogleich wird deutlich: Die Vorschrift + ordnet jedem Paar natürlicher Zahlen eine dritte natürliche Zahl zu. Die Zuordnung ist in diesem Fall allerdings nicht eindeutig umkehrbar, z. B. gilt neben

$$(5;3) \xrightarrow{\;+\;} 8 \text{ auch } (7;1) \xrightarrow{\;+\;} 8 \text{ und } (4;4) \xrightarrow{\;+\;} 8$$

Eine Zuordnung zwischen Paaren und Einzelelementen heißt eine (zweistellige) Verknüpfung. Im Fall der Addition hat man es speziell mit der Verknüpfung

$$\mathbf{N} \times \mathbf{N} \xrightarrow{\;+\;} \mathbf{N}$$

zu tun. Sie heißt zudem eine innere Verknüpfung, weil die beiden Koordinaten des Paares derselben Menge entnommen sind.

Aufgabe 41.1

a) Inwiefern läßt sich die Volumenberechnung beim Quader als "dreistellige" Verknüpfung auffassen?

b) Welche Beispiele würden Sie dem Begriff "äußere Verknüpfung" zuordnen? ■

Da die Addition als Verknüpfung keine eindeutig umkehrbare Zuordnung darstellt, ist sie im strengen Sinn des Wortes auch nicht umkehrbar. Indes kann man sich für den Einzelfall die Aufgabe stellen, zu einer vorgegebenen natürlichen Zahl Paare zu finden, denen diese Zahl durch die Verknüpfungsvorschrift + zugeordnet ist. Es sei etwa nach den Paaren (x;y) gefragt, für die gilt:

$$(x;y) \xrightarrow{+} 9, \text{ in Gleichungsform } x + y = 9.$$

Gesucht seien also Zerlegungen der Zahl 9 in zwei Summanden. Gibt man sich dann einen der beiden Summanden vor, so bezeichnet man die Suche nach dem zweiten Summanden üblicherweise als Ergänzungsaufgabe. Beispiel:

$$(6;y) \xrightarrow{+} 9, \text{ in Gleichungsform } 6 + y = 9.$$

Der gesuchte Summand ist wertgleich mit dem Ergebnis der Subtraktion 9 - 6. Dies muß auch so sein, denn $6 + y = 9$ und $9 - 6 = y$ sind äquivalente Gleichungen, d.h. Gleichungen, welche die gleiche Lösungsmenge haben.

Aufgabe 41.2

a) Deuten Sie die Multiplikation natürlicher Zahlen als Verknüpfung.

b) Wie stellt sich in diesem Fall das Problem der Umkehrung dar? ■

2.5.2 Eigenschaften der Rechenoperationen

Für die Deutung der Zahlen unter algebraischem Aspekt sind nicht nur die Rechenoperationen selbst bedeutsam, sondern auch ihre wichtigsten Eigenschaften. Sie sollen deshalb nachfolgend zusammengestellt werden:

a) Kommutativität

Addition und Multiplikation sind kommutativ. Das will sagen, daß für alle Paare (a;b) **N** x **N** gilt: $a + b = b + a$ und auch $a \cdot b = b \cdot a$. Mit anderen Worten: Vertauschung der Summanden bei der Addition bzw. der Faktoren bei der Multiplikation ändert das

Resultat nicht.Man weiß, daß die Kommutativität für Subtraktion und Division nicht gilt.

b) Assoziativität

Addition und Multiplikation sind assoziativ. Das bedeutet, daß für alle Tripel (a, b, c) natürlicher Zahlen gilt:
$(a + b) + c = a + (b + c)$ und $(a \cdot b) \cdot c = a \cdot (b \cdot c)$
Addition und Multiplikation sind ja zunächst nur für Paare erklärt. Sollen daher drei Zahlen addiert bzw. multipliziert werden, so muß man zuerst mit zwei Zahlen rechnen und dann aus dem Ergebnis und der dritten Zahl erneut ein Paar bilden. Die Assoziativtät besagt, daß es keinen Einfluß auf das Ergebnis hat, mit welchen beiden Zahlen man das erste Paar bildet.

Aufgabe 42.1
Untersuchen Sie die Frage der Assoziativität für die Ausdrücke
a) $a + b - c$ *und* $a \cdot b : c$
b) $a - b + c$ *und* $a : b \quad c$
c) $a - b - c$ *und* $a : b : c$ ■

c) Monotonie

Hat man eine Summe a + b, so bleibt ihr Resultat unverändert, wenn man zu a eine Zahl x addiert und von b die gleiche Zahl x subtrahiert oder umgekehrt. In Zeichen:
$a + b = (a + x) + (b - x)$ bzw. $a + b = (a - x) + (b + x)$
Das Resultat einer Subtraktion a - b ändert sich nicht, wenn man zu a und b die gleiche Zahl x addiert oder von a und b die gleiche Zahl x subtrahiert. In Zeichen:
$a - b = (a + x) - (b + x)$ bzw. $a - b = (a - x) - (b - x)$.
Man spricht bei diesen Eigenschaften von der Monotonie der Addition bzw. von der Monotonie der Subtraktion.

Aufgabe 42.2
a) Wie lauten die Monotoniegesetze der Multiplikation?
b) Formulieren Sie auch die Monotoniegesetze der Division. ■

2.5.3 Rechenoperationen und algebraischer Zahlaspekt

Die Idee des algebraischen Zahlaspekts besteht nun darin, jede Zahl in der Hauptsache als Ergebnis von Rechenoperationen mit (in der Regel) anderen Zahlen aufzufassen. Am Beispiel der Zahl 6 läßt sich das so darstellen:

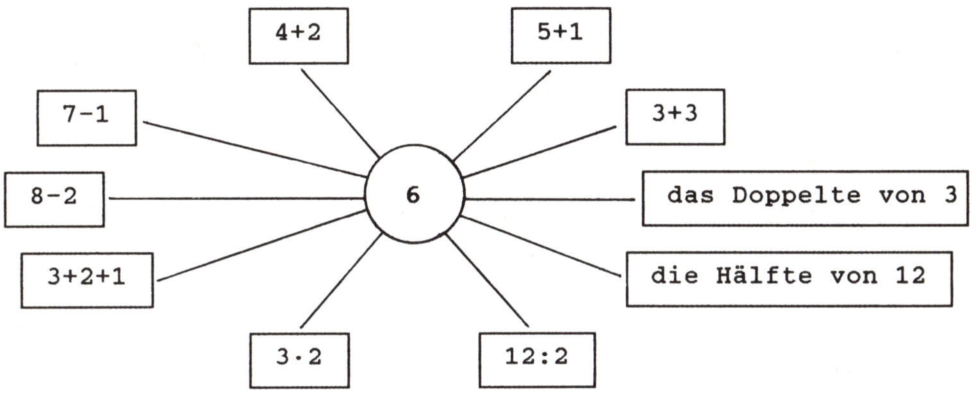

Aufgrund der Kommutativität und der Monotonie können, von bekannten Ausdrücken ausgehend, weitere gefunden werden. Beispiele:

6 = 5 + 1 ——> 6 = 1 + 5 (Kommutativität der Addition)
6 = 3 · 2 ——> 6 = 2 · 3 (Kommutativität der Multiplikation)
6 = 3 + 3 ——> 6 = 2 + 4 (Monotonie der Addition)
6 = 8 - 2 ——> 6 = 10 - 4 (Monotonie der Subtraktion)

Der algebraische Zahlaspekt faßt die einzelne Zahl, bildhaft gesprochen, als Knoten im Netz der übrigen Zahlen auf, mit denen sie über Rechenoperationen verbunden ist.
Dieser Aspekt kann beim Aufbau des Zahlbegriffs sehr wohl schon herangezogen werden, bevor die Schüler explizite oder gar formalisierte Kenntnisse von Rechensätzen und Rechengesetzen besitzen. Die durch Rechenoperationen gestifteten Zahlbeziehungen wie auch die Eigenschaften der Operationen lassen sich nämlich durchaus mittels Wahrnehmung erkennen. Zu diesem Zweck muß allerdings auf früher besprochene Zahlaspekte zurückgegriffen werden. In welcher Weise das geschehen kann, wird nachfolgend gezeigt.

a) Rechenoperationen nach dem kardinalen Zahlaspekt

Gegeben sei folgender Grundbereich roter (r),blauer (b) und gelber (g) Formenplättchen:

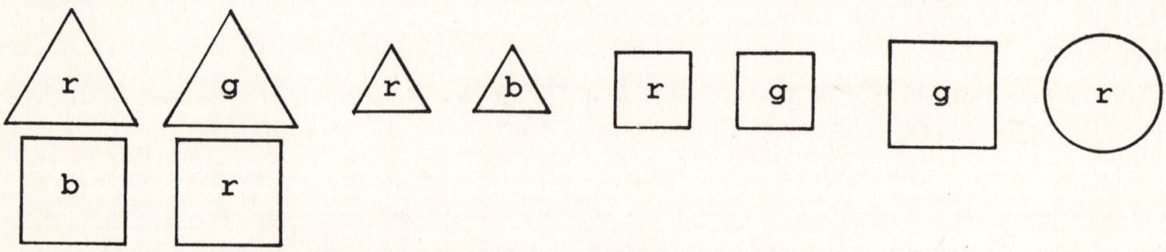

Wir bilden dann folgende Mengen:

A = {rote Plättchen} **D** = {dreieckige Plättchen}
B = {gelbe Plättchen} **E** = {quadratische Plättchen}
C = {blaue Plättchen} **F** = {runde Plättchen}

Die Kardinalzahlen dieser Mengen sind:

|**A**| = 5 |**B**| = 3 |**C**| = 2 |**D**| = 4 |**E**| = 5 |**F**| = 1

Mithilfe dieser Mengen erhält man Modelle für Additionen, indem man die Vereinigung von zwei Mengen bildet, die keine Elemente gemeinsam haben, d.h. wenn wir elementefremde Mengen vereinigen. Beispiele:

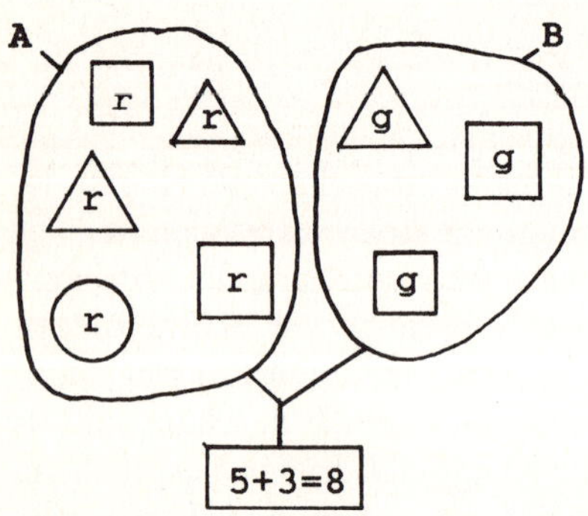

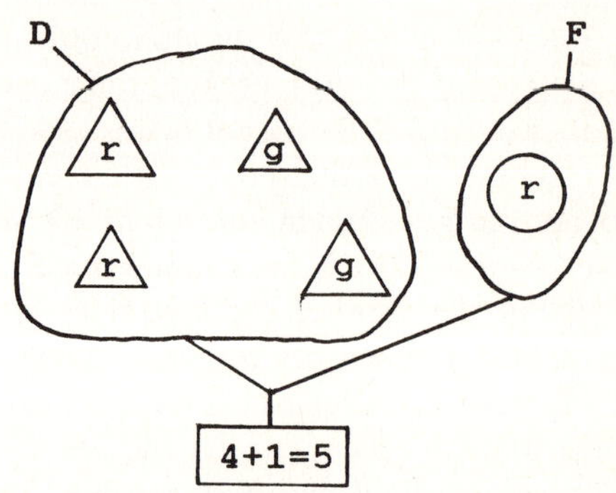

A U **B** = {Plättchen, die rot oder gelb sind}

D U **F** = {Plättchen, die dreieckig oder rund sind}

|**A** U **B**| = |**A**| + |**B**| = 5 + 3 = 8

|**D** U **F**| = |**D**| + |**F**| = 4 + 1 =5

Im Rahmen des Schülerhandelns gibt es zwei unterschiedliche Realisierungsformen für die Vereinigung von Mengen konkreter Objekte: die Elemente der beiden Mengen werden "zusammengelegt" oder die Elemente der einen Menge werden zu denen der anderen hinzugefügt. Die erste Handlung spiegelt mehr den Verknpüpfungscharakter, die zweite mehr den funktionalen Charakter der Addition wider.

Aufgabe 45.1

a) Untersuchen Sie den Fall der Vereinigung nicht elemente fremder Mengen, z.B. **A** *U* **D** *oder* **A** *U* **F**.

b) Warum eignen sich diese Fälle nicht als Modelle für die Addition? ■

Um Modelle für eine Subtraktion zu gewinnen, muß in einer vorgegebenen Menge eine geeignete Teilmenge gebildet und dann zu den beiden Mengen die Restmenge bestimmt werden. Beispiele:

A = {rote Plättchen}; |**A**| = 5
G = {rote, dreieckige Pl.}; |**G**| = 2

A \ **G** = {rote, nicht dreieckige Pl.}
|**A** \ **G**| = |**A**| - |**G**| = 5 - 2 = 3

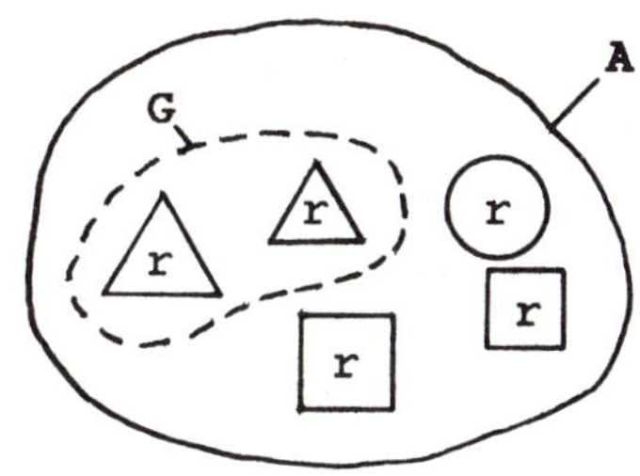

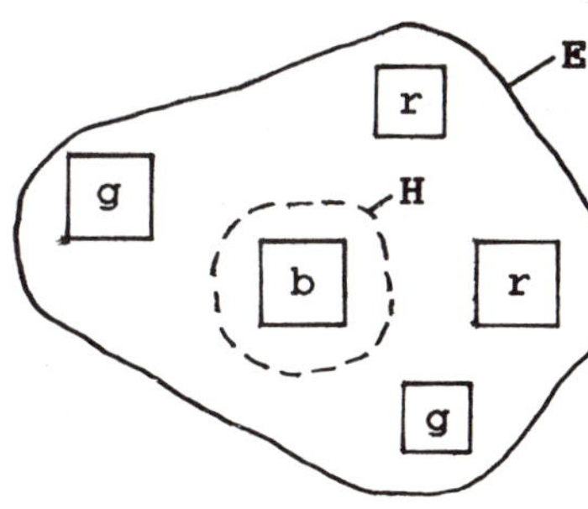

E = {quadratische Plättchen}
H = {blaue, quadratische Pl.}

E \ **H** = {nicht blaue, quadratische Plättchen}
|**E** \ **H**| = |**E**| - |**H**| = 5 - 1 = 4

Im Handlungvollzug der Schüler läßt sich die Subtraktion als "Wegnehmen" von Elementen aus einer Menge darstellen.

Aufgabe 45.2

Die kardinale Darstellung der Rechenoperationen wurde im Text anhand spezieller Zahlbeispiele gezeigt. Versuchen Sie die Modellbildung allgemein für Zahlen a, b, c zu formulieren, und zwar

a) für die Addition $a + b = c$,

b) für die Subtraktion $a - b = c$ ■

b) Rechenoperationen nach dem Operatoraspekt

Um die Rechenoperationen nach dem Operatoraspekt der Zahlen darzustellen, soll hier der Größenbereich Längen beigezogen und speziell von einer Einheitslänge e ausgegangen werden. Die Addition a + b = c läßt sich dann durch Zusammenfügen der a-fachen und der b-fachen Einheitslänge so ins Modell bringen:

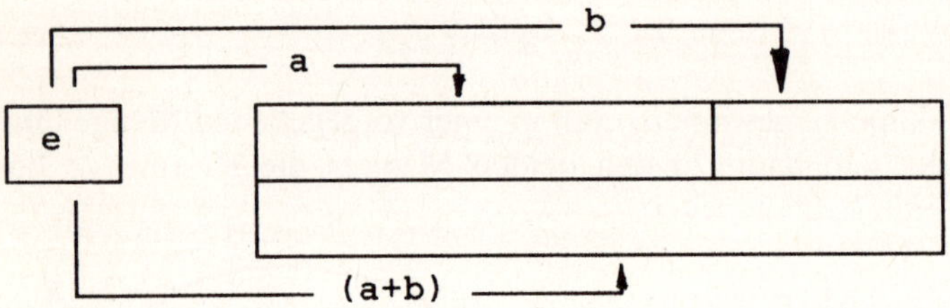

$$a \cdot e + b \cdot e = (a + b) \cdot e = c \cdot e$$

(Man beachte, daß in dieser Formel zwei verschiedene Additionen auftreten: Die Addition der Längen a e + b e, die durch Zusammenfügen realisiert wird, und die Addition von Zahlen im Ausdruck (a + b), deren Äquivalent c dann wieder durch die Länge c • e dargestellt wird.)
Die Subtraktion c - b stellt sich ganz entsprechend dar:

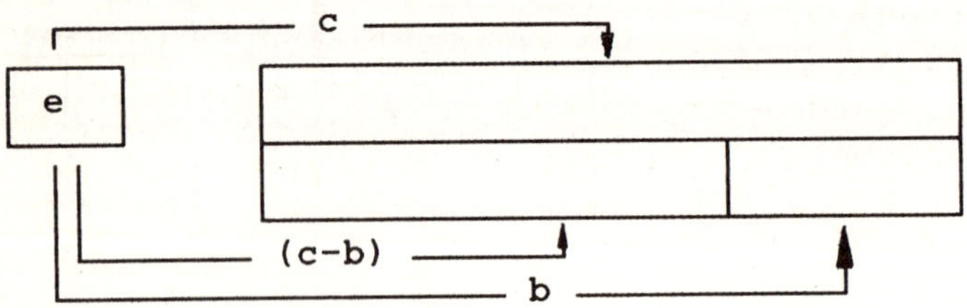

$$c \cdot e - b \cdot e = (c - b) \cdot e = a \cdot e$$

Aufgabe 46.1
Stellen Sie die Rechnungen 5 + 1 = 6 und 7 - 3 = 4 nach dem Operatoraspekt dar, und zwar
a) mit Streifen (für Längen);
b) mit Rechteckflächen (für Flächeninhalt);
c) mit Mengen (für Anzahlen). ▪

Aufgabe 47.1
Welche Beziehung besteht zwischen dem Zusammenfügen von Größen und der Mengenvereinigung? ▪

c) Rechenoperationen nach dem konstruktiven Zahlaspekt

Die konstruktive Deutung der Rechenoperationen läßt sich am besten mithilfe des Zahlenstrahl-Modells verdeutlichen. Für die Addition 5 + 3 = 8 eignen sich folgende Beschreibungen:

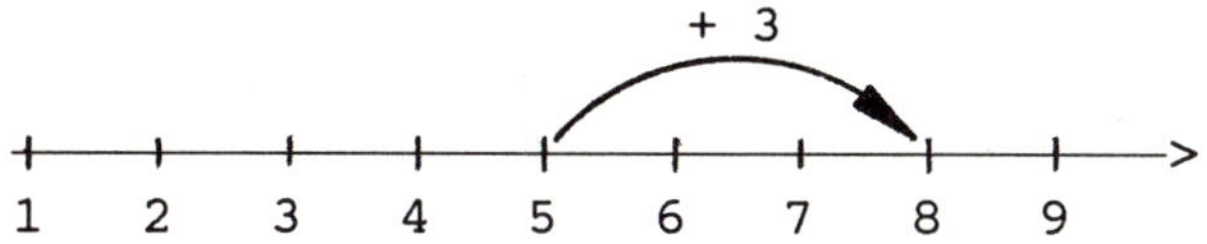

- Von 5 aus 3 Punkte vorwärtsschreiten;
- von 5 aus 3 Zahlnamen weiterzählen;
- 3 zu 5 dazuzählen.

Die analogen Beschreibungen für die Subtraktion 8 - 3 = 5 lauten:

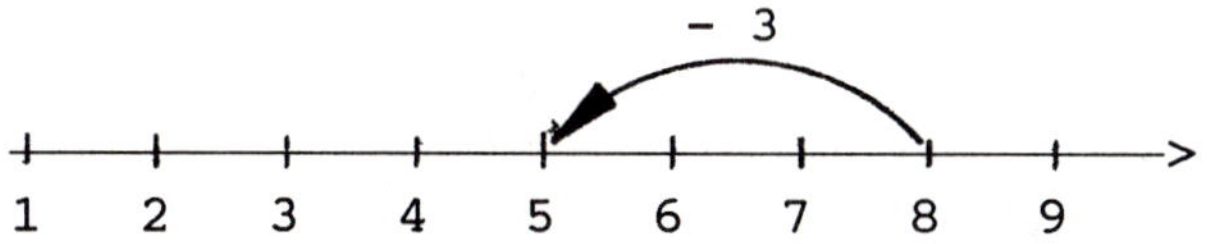

- Von 8 aus 3 Punkte rückwärtsschreiten;
- von 8 aus 3 Zahlnamen zurückzählen;
- 3 von 8 wegzählen.

2.6 Der ordinale Zahlaspekt

Wie der algebraische so macht auch der ordinale Zahlaspekt Beziehungen zwischen den Zahlen zum Kernpunkt der Betrachtung. Diesmal sind es allerdings nicht die durch Rechenoperationen gestifteten Beziehungen, sondern die in der Ordnung der natürlichen Zahlen begründeten. Nachfolgend sollen zuerst diese Beziehungen selbst besprochen und dann gezeigt werden, wie auch sie durch Rückgriff auf den kardinalen Zahlaspekt, den Operatoraspekt der Zahlen und den konstruktiven Zahlaspekt der Wahrnehmung erschlossen werden können.

2.6.1 Ordnungsbeziehungen und ordinaler Zahlaspekt

a) Relation "kleiner als"

In der Menge **N** der natürlichen Zahlen ist eine Ordnungsrelation "kleiner als" (<) erklärt. Sie ist irreflexiv, weil für keine natürliche Zahl a gilt: $a < a$. Sie ist asymmetrisch, weil für zwei Zahlen a und b die Beziehung $a < b$ die Beziehung $b < a$ ausschließt. Und sie ist transitiv, denn für drei Zahlen $a,b,c \in$ **N** gilt stets: Wenn $a < b$ und $b < c$, dann $a < c$. Daher heißt sie eine strenge Ordnungsrelation. Zudem ist sie noch linear, denn für zwei (ungleiche) Zahlen $a,b \in$ **N** gilt stets entweder $a < b$ oder $b < a$. Und schließlich ist sie eine Wohlordnungsrelation, weil jede Teilmenge von **N** bezüglich der Relation < ein kleinstes Element besitzt. Man faßt alle Eigenschaften zusammen, wenn man von einer *strengen Wohlordnungsrelation* spricht.
Besteht für zwei Zahlen $a,b \in$ **N** die Beziehung $a < b$, so sagt man, es bestehe gleichzeitig die Beziehung $b > a$ ("b ist größer als a"). Diese Festlegung ist aufgrund der Linearität der Relation < möglich.
Es gibt nun auch die Möglichkeit, in **N** eine Relation zu definieren, welche durch die Aussageform "$x < y$" oder "$x = y$", kurz "$x \leq y$" beschrieben ist. Diese Relation ist, im Gegensatz zu der durch $x < y$ beschriebenen Relation, reflexiv, denn bei ihr gilt für alle $a \in$ **N** die Aussage $a \leq a$. Sie ist identitiv, weil aus der Gültigkeit $a \leq b$ und $b \leq a$ zwingend $a = b$ folgen würde. Wie ist es mit anderen Eigenschaften bestellt?

> *Aufgabe 48.1*
> *a) Prüfen Sie, ob die Relation $\leq$ asymmetrisch, linear und transitiv ist.*
> *b) Warum kann man < eine nicht-strenge Wohlordnungsrelation nennen?*
> *c) Was heißt $c \geq d$?* ■

b) Relation "zwischen"

Sagt man von einer natürlichen Zahl a, sie liege zwischen b und c, so ist damit eine Und-Verknüpfung von zwei Elementaraussagen gemeint. Und zwar bedeutet für $b < c$

die Aussage "a liegt zwischen b und c" in der Regel "b < a und a < c". Beispielsweise liegt 5 in diesem Sinn zwischen 2 und 6, weil die Aussagen 2 < 5 und 5 < 6 wahr sind. Seltener meint man mit "a liegt zwischen b und c" die Aussageverknüpfung b a und a c. In diesem Sinne würden zwischen 2 und 6 nicht nur die Zahlen 3, 4 und 5 liegen, sondern auch 2 und 6 selbst (Die Grenzen wären also hinzugenommen.)
Keineswegs bedeutet die Aussage "a zwischen b und c", daß a Nachfolger von b und Vorgänger von c sein muß. Am Beispiel: 17 liegt nicht nur zwischen 16 und 18, sondern auch zwischen 10 und 20, zwischen 1 und 100, usw.

c) Relationen "ist Vorgänger" und "ist Nachfolger"

Gemäß der axiomatischen Beschreibung nach Peano hat jede natürliche Zahl n einen Nachfolger $n' = n + 1$. Zwischen n' und n besteht also die Relation "ist Nachfolger von". Gilt für eine Zahl m, daß n ihr Nachfolger ist, gilt also $m' = n$ oder $m + 1 = n$, so nennen wir m Vorgänger von n. Zwischen m und n besteht dann die Relation "ist Vorgänger von".

d) Ordinaler Zahlaspekt

Die Rede vom ordinalen Zahlaspekt meint im Kern, daß jede natürliche Zahl in ihren Ordnungsbeziehungen zu den übrigen Zahlen gesehen und betrachtet wird. Über die Zahl 6 kann beispielsweise ausgesagt werden:
- 6 ist Nachfolger von 5
- 6 ist Vorgänger von 7
- 6 > 4
- 6 ≤ 9
- 6 liegt zwischen 1 und 10
- 6 liegt zwischen 5 und 7

Um die Beziehungen der Wahrnehmung zu erschließen, können sie mithilfe des kardinalen Zahlaspekts, des Operatoraspekts der Zahlen oder des konstruktiven Zahlaspekts verdeutlicht werden.

2.6.2 Rückführung auf andere Zahlaspekte

a) Darstellung der Ordnung mithilfe von Mengen

Soll für zwei verschiedene Zahlen a und b entschieden werden, ob a < b oder b < a gilt, wählt man für a und b Mengenrepräsentanten **A** bzw. **B**. Gibt es dann eine paarweise Zuordnung zwischen **A** und einer echten Teilmenge von **B**, so gilt a < b bzw. b > a. Ist umgekehrt **B** äquivalent zu einer echten Teilmenge von A, so gilt b < a bzw. a > b.

Anders gedeutet: Muß man zu **A** weitere Elemente hinzufügen, um eine zu **B** äquivalente Menge zu erhalten, so gilt a < b bzw. b > a. Muß man speziell ein Element hinzufügen, so ist a Vorgänger von b bzw. b Nachfolger von a. Oder: Muß man von **A** Elemente wegnehmen, um eine zu **B** äquivalente Menge zu erhalten, so gilt a > b bzw. b < a. Hat man genau ein Element zu entfernen, so liegt speziell wieder die Nachfolger- bzw. Vorgängerrelation vor.
Die zuletzt erwähnte Deutung zeigt, daß man die Kleinerbeziehung auch mithilfe von Addition und Subtraktion definieren kann.

Aufgabe 50.1
Wie kann man mittels Addition und Subtraktion entscheiden, ob für zwei Zahlen a, b ∈ N die Beziehung a < b oder die Beziehung b < a gilt? ▪

b) Darstellung der Ordnung mithilfe von Größen

Faßt man die natürlichen Zahlen als Operatoren auf, die eine als Einheit vorgegebene Länge vervielfachen, so spiegelt sich ihre Ordnung in den so erhaltenen Längen wieder.

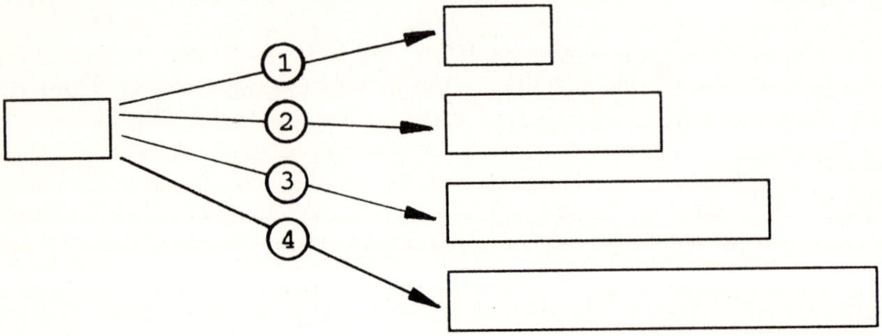

Der Vergleich der Längenrepäsentanten läßt unmittelbare Rückschlüsse auf die Ordnung der zugehörigen Zahlen zu. Die längere Strecke repräsentiert die größere Zahl. Unterscheiden sich zwei Strecken in ihrer Länge nur um die Einheitslänge, so liegt eine Vorgänger- bzw. Nachfolgerbeziehung vor.
Was soeben für Längen gesagt wurde, trifft auch für andere Größenbereiche zu. Die Ordnungsbeziehung zwischen 7 und 5 kann, wie unter a) ausgeführt, mithilfe von Mengen als Repräsentanten für Anzahlen entschieden werden:

7 > 5 oder 5 < 7

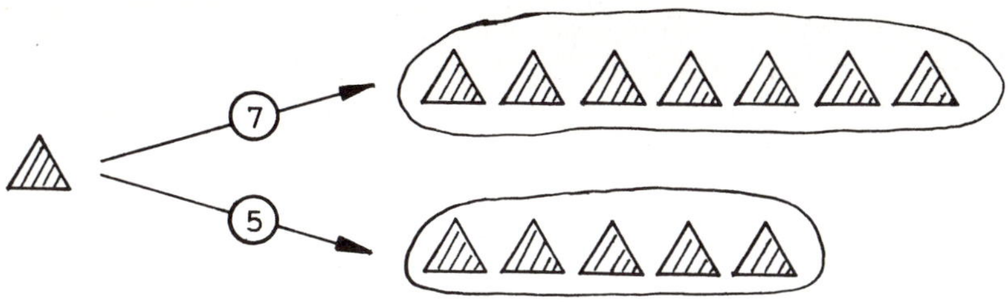

Auch hier zeigt sich der kardinale Zahlaspekt als spezielle Ausprägung des Operatoraspekts.

Aufgabe 51.1
Versuchen Sie, folgende Graphik zu erläutern:

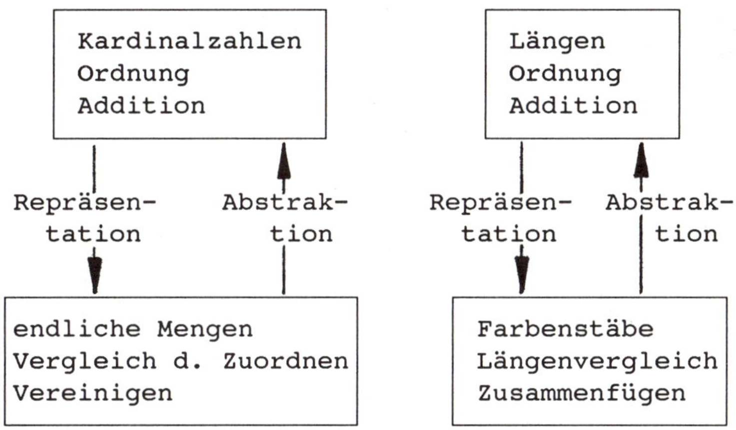

■

c) Ausdruck der Ordnung in der Zählreihe

In sehr natürlicher Weise läßt sich die Ordnung der Zahlen aus der Zählfolge ablesen. Beim Zählen erscheinen die Zahlnamen ja in zeitlicher Abfolge geordnet. Befindet sich daher eine Zahl a in der Zählfolge hinter b, so ist a größer als b. Erscheint a früher als b, so gilt a < b. Da man den Zahlenstrahl von links nach rechts zu orientieren pflegt, kann man mit Bezug auf ihn sagen: Von zwei Zahlen ist diejenige die größere, die auf dem Zahlenstrahl weiter rechts liegt.

2.7 Zusammenfassung

Die natürlichen Zahlen wurden vorausgehend unter fünf verschiedenen Aspekten betrachtet. Der kardinale Aspekt faßt jede Zahl n als Anzahl, d.h. als gemeinsame Eigenschaft einer Klasse äquivalenter Mengen auf. Der Operatoraspekt deutet die Zahl n als eine Vorschrift, die Elementen eines Größenbereichs das n-fache dieser Größe umkehrbar eindeutig zuordnet bzw. das zwischen Größen bestehende Maßverhältnis ausdrückt. Der konstruktive Aspekt betrachtet die Zahlen als Elemente einer Zählreihe, deren Eigenschaften axiomatisch beschrieben werden, die sich aber auch zum Auszählen von Mengen und zum Ordnen von Mengenelementen nach Rangplätzen verwenden läßt.

Diese drei Auffassungen kann man insofern als *fundamentale Zahlaspekte* betrachten, als sie drei voneinander verschiedene Weisen verkörpern, die Zahlen mit der physikalischen Wirklichkeit in Verbindung zu bringen bzw. ihr Verständnis auf Realerfahrungen zu gründen. Der algebraische und der ordinale Zahlaspekt müssen auf diese zurückgreifen bzw. sich ihrer mittelbar einsetzen, wenn sie sich des Instruments der wahrnehmungsbezogenen Erkenntnis bedienen wollen. Für sich gesehen betrachten sie nämlich die Zahlen als Menge bereits konstituierter begrifflicher Objekte in ihren strukturellen Eigenschaften. Man könnte daher im Zusammenhang mit ihnen vielleicht von *strukturellen Zahlaspekten* reden.

Im einzelnen richtet der algebraische Zahlaspekt den Blick auf die Tatsache, daß in **N** zwei kommutative und assoziative Verknüpfungen "plus" und "mal" erklärt sind, die es erlauben, die Zahlen als Wert von Rechenausdrücken aufzufassen. Der ordinale Aspekt hingegen stellt die in **N** definierte Relation "kleiner als" ins Zentrum der Betrachtung, welche die Zahlen als Elemente einer sog. strengen Wohlordnung erscheinen läßt.

Alle fünf Aspekte stehen für fachliche, im einzelnen begründbare Zugänge zu den natürlichen Zahlen, die zugleich die Komplexität und Vielfalt ihrer begrifflichen Gestalt verdeutlichen. Es wird zu prüfen sein, in welcher Weise sie dem Aufbau eines flexiblen Zahlbegriffs im Mathematikunterricht zugrundegelegt werden können und müssen.

3. Der Zahlbegriff beim Kind

Für den Lehrer der ersten Klasse, dem es vor allem aufgegeben ist, den Schülern einen Begriff von den ersten natürlichen Zahlen zu vermitteln, muß es von großem Interesse sein, auf welche Voraussetzungen er sich bei dieser Aufgabe stützen kann. Gehört es doch zu den zentralen didaktischen Prinzipien, daß der Unterricht an das Vorwissen und die Vorerfahrungen der Schüler anzuknüpfen und diese in das Neuerkannte zu integrieren habe. Es dürfte sogar eine beträchtliche Gefahr für die Erzeugung von Lernschwierigkeiten bestehen, wenn die Schüler beim Aufbau neuer Begriffe gleichsam als "tabula rasa" behandelt werden.
Jeder, der Kinder des Vorschulalters in ihrem alltäglichen Leben aufmerksam beobachtet, weiß, daß sie gerade bezüglich des Zahlhaften durchaus keine tabula rasa sind, sondern spätestens ab dem 3. Lebensjahr anfangen, mit Quantitäten umzugehen; sie hören Zahlwörter und beginnen, sie auch selbst zu verwenden.
Was wissen wir also über die Vorerfahrungen von Schulanfängern mit Zahlen und über die Entwicklung ihres Zahlverständnisses? Diese Frage läßt sich eigentlich nur individuell, für jeden einzelnen Schüler gesondert, beantworten. Jedoch liefern kollektive Untersuchungen und Befunde zur Entwicklung des Zahlbegriffs beim Kind, wie sie nachfolgend referiert werden, zum einen Ideen für geeignete, auch systematische Beobachtungen und zum andern Rahmeninformationen über die im Einzelfall zu erwartenden Ergebnisse. Jedenfalls sind sie geeignet, Problembewußtsein zu wecken und die Wahrnehmung zu schärfen.

3.1 Ältere Untersuchungen zur Entwicklung des Zahlbegriffs

A. RIESS stellte in ihrer Schrift "Psychologie der Zahl" (1973) einige Texte zusammen, in denen über ältere Untersuchungen zur Zahlauffassung bei Kindern berichtet wird.

a) A. BINET (1890)

Als erstes ist über die Fallstudie von A. BINET zu berichten, die sich mit der Zahlwahrnehmung eines vierjährigen Mädchens beschäftigt. Das Kind konnte zu Beginn der Beobachtung bis zu drei Objekte zählen und z.B. drei Bücher von zwei Büchern unterscheiden. Bei Kollektionen von mehr als drei Objekten nannte es Zahlwörter, die ihm gerade in den Sinn kamen, konnte also das Zählen nicht verwenden, um Anzahlen von mehr als drei Objekten zu bestimmen oder voneinander zu unterscheiden.
BINET legte dem Kind dann auf der linken bzw. auf der rechten Seite eines Tisches zwei Haufen verschiedenartiger Objekte vor und fragte, welcher Haufen mehr Objekte enthalte. Durch systematisches Variieren der Unterschiede zwischen den beiden Mengen wollte er sich an den kleinsten, für das Kind noch wahrnehmbaren Unterschied herantasten. Bei den Versuchen mit einem Anzahlverhältnis von 16 zu 18 irrte sich das

Mädchen kein einziges mal. Beim Verhältnis 17 zu 18 gab es unter neun Versuchen einmal eine falsche Antwort, beim Verhältnis 21 zu 22 unter acht Versuchen viermal. Die Zahl der Fehler erhöhte sich sprunghaft, falls für die beiden Haufen nicht Gegenstände ähnlicher Größe verwendet wurden, sondern z.B. runde Spielmarken unterschiedlichen Durchmessers. Das Mädchen hielt 14 größere Spielmarken für "mehr" als 18 kleinere, auch, nachdem es in einem Versuch mit wesentlich kleineren Anzahlen auf die Irrelevanz der Größe der Marken für ihre Anzahl aufmerksam gemacht worden war.
Dem Autor schien nach der Untersuchung bewiesen, daß das Kind Anzahlen von mehr als 6 Dingen wirklich nicht wahrnehmen konnte und größere Anzahlen lediglich auf Grund eines globalen Wahrnehmungseindrucks miteinander verglich. Weitere Fallstudien mit anderen Kindern schienen diesen Befund zu bestätigen.

b) H. GAST (1954 und 1957)

Eine ganz ähnliche Aufgabenstellung wie bei BINET lag der Untersuchung von GAST "Zur Frage der Mengenunterscheidung bei drei- bis achtjährigen Kindern" (1954) zugrunde. Er ließ mehrere Vpn zwei Schachteln von Murmeln auf ihre Anzahl hin miteinander vergleichen. Die Kinder sollten auf jene Schachtel zeigen, in der mehr Murmeln sind.
Bei Anzahlen bis zu 20 bemerkten die drei- bis vierjährigen Kinder das Fehlen einer einzigen Murmel mit Sicherheit, während für die sieben- bis achtjährigen wie auch die acht- bis neunjährigen Schulkinder dies nur für das Fehlen von 3 bis 4 Murmeln gesagt werden konnte. Auch bei einer Anzahl von 50 Murmeln lag die mittlere Unterscheidungsdifferenz im Kindergartenalter bei einem Verhältnis von 49 : 50, d.h. daß sie das Fehlen einer einzigen Murmel bemerkten. Im Schulalter wurde der Unterschied erst bei einem Verhältnis von 44 : 50 erkannt. Bei Schachteln mit 100 Murmeln bewältigten Kindergartenkinder das Verhältnis von 98 : 100 noch sicher, die Schulkinder jedoch erst ein Verhältnis zwischen 93 : 100 bzw. 94 : 100.
GAST erklärt diesen erstaunlichen Unterschied mit einer "Wahrnehmung der ganzheitlichen Mengengestalt", einer "primitiv-globalen Auffassung" der jüngeren Kinder, die eine feinere Unterscheidung ermögliche. Die Schulkinder hingegen gehen seiner Meinung nach mit einer mehr analytischen Auffassung an das Problem heran; diese verlangt höhere geistige Leistungen und verursacht daher größere Schwierigkeiten.

In einer zweiten Untersuchung zum "Umgang mit Zahlen und Zahlgebilden in der frühen Kindheit" (1957) arbeitet GAST für das "zahlenmäßige Erfassen von Dingen und Mannigfaltigkeiten" drei Entwicklungsstufen heraus:

- Die erste Stufe (Alter: 3;3 bis 4;11) ist durch ein "feldverhaftetes Zahlendenken" gekennzeichnet. Die Kinder können eine vorgegebene Kollektion von Gegenständen nur dann anzahlgleich nachbilden, wenn die zur Nachbildung verwendeten Objekte von gleicher Qualität wie die vorgelegten sind. Sie vermögen auch die Anzahl einer Menge nur dann richtig anzugeben, wenn diese aus gleichartigen Dingen gebildet ist.

- Auf der zweiten Stufe (5;0 bis 6;5) herrscht ein "anschaulich-gegenständliches Zahldenken" vor. Die Kinder können jetzt zwar von der anschaulichen Qualität und Verschiedenheit der Dinge absehen, sich aber nicht von funktionellen Unterschieden und Beziehungen der "Zahldinge" freimachen.
- In der dritten Stufe (ab 6;6) sind die Kinder durch "Beliebigkeit" der Zahlbetätigung zu charakterisieren. Sie besitzen eine operative und abstrakte Zahlauffassung, mit der sie sich in jedem Material zurechtfinden. Anzahlen können nun für beliebiges Material festgestellt, miteinander verglichen oder nachgebildet werden.

Seine Befunde faßt der Autor selbst in folgender Weise zusammen: "Die Zahlbegriffe entstehen vielmehr durch ein Freimachen des Kindes von seinem anschaulichen und natürlichen Dingerleben, so daß am Anfang der Entwicklung des Umgangs mit Zahlgebilden nicht alles zählbar ist und auf der letzten Stufe alles beliebige in Zahlen gefaßt werden kann." (RIESS 1973, S. 145)

c) A. DESCOEUDRES (1957)

Als drittes seien Untersuchungen von A. DESCOEUDRES über "Die Entwicklung des Kindes von zwei bis sieben Jahren" erwähnt. Die Autorin entwickelte für Vorschulkinder verschiedenartige Aufgaben, die sich auf ihre Zahlvorstellung beziehen:

- Man zeigt dem Kind Mengen von 1, 2, 3 oder 4 Gegenständen und fordert es auf, eine andere Menge mit gleich vielen Gegenständen zu zeigen. Diese Aufgabe wird solange wiederholt, bis das Ergebnis eindeutig ist.
- Das Kind soll mit Hilfe der Finger zeigen, wieviele Gegenstände vorhanden sind. Man zeigt ihm nacheinander 2, 1, 4, 3 bzw. 5 Steine (Spielmarken, Münzen, Knöpfe, usw.) und versucht, auf diese Weise die Grenze seiner "Mengenwahrnehmung" festzustellen.
- Das Kind soll so viele Gegenstände zeigen, wie man ihm Finger zeigt. In dieser wie in der vorausgehenden Aufgabe tritt zutage, daß manche Kinder nur die Bezeichnungen "zwei", "drei" und "viele" kennen.
- Das Kind soll eine Anzahl von Klopfzeichen wiedergeben. Auch hier findet man Kinder, denen es zwar gelingt, ein oder zwei Klopfzeichen zu wiederholen, die aber bei höheren Anzahlen mit einer ganzen Reihe von Klopfzeichen reagieren.

Nähere Angaben über ihre Befunde macht die Autorin leider nicht, so daß die gestellten Aufgaben mehr oder weniger nur als Anregung für eigene systematische Wahrnehmung betrachtet werden können.

d) H. BECKMANN (1923)

Schließlich sei noch kurz über die Untersuchungen von H. BECKMANN über "Die Entwicklung der Zahlleistung bei zwei- bis sechsjährigen Kindern" berichtet. Er bemühte sich um eine qualitative und quantitative Analyse der Zahlauffassung von Kindern des angegebenen Alters. In der qualitativen Betrachtung stellt er verschiedene Arten von "Zahlakten" heraus, zu denen Kinder fähig sind und die voneinander unterschieden werden müssen:

- Der "Zahlhörakt" funktioniert dann, wenn ein Kind z.B. die Aufforderung "Nimm dir drei Klötzchen" korrekt befolgt.
- Beim "Zahlsprechakt" ist zu unterscheiden zwischen "unbewußten Sprechakten" - solche liegen vor, wenn ein Kind beispielsweise auf eine "Wieviel-Frage" in einer Art von Reiz-Reaktions-Schema mit einem beliebigen Zahlwort reagiert - und "zahlbewußten Sprechakten", bei denen das Kind reflektiert mit einem der Vorgabe angemessenen Zahlwort antwortet.
- Der "Zahlherstellungsakt" besteht in einer adäquaten Reaktion auf Fragen der Art "Gib mir drei Würfel". Dabei kann es vorkommen, daß das Kind hastig zugreift und anschließend probierend zum Ergebnis zu kommen versucht, daß es einen Gegenstand nach dem anderen ergreift, bis die richtige Anzahl erreicht ist, daß es mit einem Griff die richtige Anzahl als Ganzes auswählt oder daß es mehrere Gruppen herausgreift und aus ihnen die richtige Anzahl zusammensetzt.
- Im "Zahlunterscheidungsakt" stellt das Kind eine Beziehung zwischen zwei Mengen oder zwei Zahlnamen her.
- Im "Zahlfindeakt" geht es um das Herausfinden einer Menge von vorgegebener Anzahl.
- Beim "Zahlbenennungsakt" soll das Kind die Anzahl einer Menge sprachlich angeben.

In der quantitativen Analyse stellt nun BECKMANN fest, bei wie vielen Kindern der verschiedenen Altersgruppen die genannten Akte für die Zahlen 2 bis 5 funktionieren. Die folgende Tabelle gibt einen Auszug für die Kinder des zweiten, vierten und sechsten Lebensjahres (siehe RIESS, S. 125). Dabei steht H für Zahlherstellungsakt, U für Zahlunterscheidungakt, F für Zahlfindeakt und B für Zahlbenennungsakt.

Zahl der Kinder		20	46	41	56	155
Alter der Kinder		2;0	3;0	4;0	5;0	6;0
				Erfolgsquote in %		
Zahl 2	H	30,0	69,6	90,2	100,0	100,0
	U	5,0	47,8	87,8	94,6	100,0
	F	-	23,9	75,6	92,9	100,0
	B	-	21,7	63,4	91,5	100,0
Zahl 3	H	-	19,6	63,4	82,1	96,1
	U	-	6,5	63,4	78,6	90,3
	F	-	4,4	46,3	71,4	87,1
	B	-	2,2	34,1	54,0	87,1
Zahl 4	H	-	4,4	39,0	64,3	92,2
	U	-	2,2	36,6	57,1	74,2
	F	-	-	24,4	46,4	67,7
	B	-	-	19,5	37,7	69,0
Zahl 5	H	-	-	17,1	44,6	74,4
	U	-	-	21,9	39,3	50,3
	F	-	-	14,6	28,6	41,9
	B	-	-	12,2	21,4	47,1

(Lesebeispiel: Von 20 Kindern des vollendeten zweiten Lebensjahres beherrschen 30,0 % den Zahlherstellungsakt, 5 % den Zahlunterscheidungsakt usw.)

Aufgabe 57.1
Vergleichen Sie die bisher referierten Untersuchungen auf das ihnen zugrundeliegende Verständnis vom Zahlbegriff hin. Beachten Sie insbesondere, welche der im 2. Kapitel entwickelten Zahlaspekte jeweils zum Tragen kommen. ■

3.2 PIAGETs Untersuchungen zur Entwicklung des Zahlbegriffs

Es gehört zu den unbestreitbaren Verdiensten des berühmten Schweizer Psychologen Jean PIAGET, im Rahmen seiner genetischen Erkenntnistheorie eine prägnante, empirisch fundierte Theorie zum Aufbau von Begriffen bei Kindern entworfen zu haben. Ein eigenes Werk hat er dabei der "Entwicklung des Zahlbegriffs beim Kinde" (1965) gewidmet. Über dessen zentrale Inhalte soll nachfolgend ausführlich berichtet werden.

3.2.1 Zum Begriff der Invarianz

Kinder wie Erwachsene verdichten ihre Welterfahrungen aufgrund eines lebendigen Wechselspiels von Sinneswahrnehmungen und manuell-geistiger Auseinandersetzung mit der Realität. Sie gelangen dabei von imitativer Übernahme von Verhaltensformen bzw. deren situativer Anpassung an die Wirklichkeit nach und nach zu begrifflichen Konzepten. Eine solche Verdichtung ist freilich nur dadurch möglich, daß das Denken aus der großen Flut von Sinneseindrücken und Erfahrungen bestimmte wiederkehrende oder gleichartige als Konstanten herauszuheben vermag.
Schon die Bildung einfacher Objektbegriffe wie "Ball", "Vogel", "Vater" setzt hohe geistige Leistungen voraus. Fürs erste muß einzelnen Bällen, Vögeln bzw. Vätern eine von eigener Wahrnehmung unabhängige Dauerexistenz zugeschrieben werden. Kleine Kinder entdecken sehr früh, daß ein unter das Sofa gerollter Ball dort weiterexistiert, auch wenn sie ihn augenblicklich nicht sehen können, und sie suchen deshalb nach ihm. Sie wissen auch, daß ein den Blicken entschwundener Vogel zurückkehren kann. Und ein Vater wird beim Kuckuckspiel rasch bemerken, ob sich das Kind von seinem Wiederauftauchen noch überrascht zeigt, oder ob es nach ihm zu suchen anfängt, weil es weiß, daß er auch in seinem Versteck weiterhin präsent sein muß.
Eine zweite wichtige Voraussetzung für den Aufbau von Ding- und Eigenschaftsbegriffen stellt die sogenannte *Konstanz* der (optischen) Wahrnehmung dar. Gegenstände ändern zwar, rein physikalisch gesehen, für das wahrnehmende Auge ihre Form, wenn dieses in eine andere Position zu ihnen gelangt; und sie ändern "objektiv" bei jedem Wechsel der äußeren Lichtbedingungen ihre Farbe. Da aber unsere Wahrnehmung offenbar mehr als ein physikalischer Abbildungsvorgang ist, können wir z.B. eine Kreisscheibe auch dann als solche erkennen, wenn sie uns wegen schräger Draufsicht eigentlich elliptisch erscheint und wir können ein Auto auch dann noch mit Hilfe seiner Farbe identifizieren, wenn dieses nach den Gesetzen der Optik aufgrund mangelhafter Beleuchtung Lichtwellen von ganz anderer Farbe reflektiert (Form- und Farbkonstanz).
Schließlich sei als dritte Voraussetzung für Begriffsbildung noch die Einsicht erwähnt, daß mit einer anderen Benennung nicht notwendig ein anderes Objekt oder eine andere Objekteigenschaft verbunden sein muß. Auch hier lernen Kinder sehr bald, daß z.B. dasselbe Tier von verschiedenen Personen bzw. in unterschiedlichen Situationen mit den Namen "Vogel", "Meise", "Blaumeise", "Hansi" usw. bezeichnet und derselbe Mann abwechselnd "Vati", "Papa", "Karl", "Herr Huber", "Herr Direktor" oder "Herr Doktor" gerufen werden kann.

Generell kann man, PIAGET folgend, feststellen: Wenn ein Kind Begriffe bilden soll, muß es gewisse Objekte bzw. Objekteigenschaften als unverändert erkennen können, auch wenn diese ihre äußere Erscheinungsform (oder auch ihren Namen) ändern. Denn nur auf der Grundlage einer solchen bezeichneten Objekt- oder Eigenschaftskonstanz können gleiche Objekte bzw. Merkmale zu Klassen zusammengefaßt und damit begriffliche Abstraktionen vollzogen werden.

Um Größen- und Zahlbegriffe erwerben zu können, muß ein Kind in der Lage sein, die Erhaltung von Längen, Flächeninhalten, Volumina, Gewichten usw. sowie von Anzahlen bei nur qualitativen Veränderungen ihrer gegenständlichen Repräsentation zu erkennen. Die Konstanz der Quantität gegenüber nur qualitativen Veränderungen nennt PIAGET "*Invarianz*".
Im Zusammenhang mit der Einsicht in die Invarianz der Quantität spielt zunächst die *Größenkonstanz* eine wichtige Rolle. Sie ermöglicht uns, die (bekannte) Größe eines Gegenstandes in unserer Wahrnehmung relativ konstant zu halten. Genauer gesagt: Wenn sich dieser von unserem Auge entfernt oder sich ihm nähert, verändert sich für uns seine Größe keineswegs im gleichen Maße wie sein Projektionsbild auf unserer Netzhaut.
Diese Größenkonstanz ist für den Aufbau des Zahlbegriffs zwar wichtig, jedoch keineswegs ausreichend. Zum einen darf das Verständnis der Invarianz nicht auf geometrische Größen (Längen, Flächeninhalte und Volumina) eingeengt bleiben. Vielmehr muß es auch die der unmittelbaren optischen Wahrnehmung entzogenen Größen (z.B. Gewichte) umfassen. Und sie muß sich neben dem Bereich der *kontinuierlichen Quantitäten* auch auf die Anzahlen als *diskontinuierliche Quantitäten* erstrecken. Zum zweiten müssen Größenverhältnisse mit Hilfe bestimmter Maßzahlen ausgedrückt werden können; und dies gibt nur einen Sinn, wenn die Kinder Größen nicht nur relativ, sondern absolut konstant halten können.
Anders ausgedrückt: Das Kind muß verstanden haben, daß sich jeglich Art von Quantität nur durch quantitative Vermehrung bzw. Verminderung verändern läßt und nicht durch qualitative Veränderungen im Erscheinungsbild ihrer Repräsentanten. Dann und nur dann hat es die Invarianz der Quantität erfaßt. Wie ist es um diese Invarianz der Quantität bei Kindern tatsächlich bestellt?

Aufgabe 59.1:
Überlegen Sie, was Invarianz der Quantität jeweils heißen könnte
a) für eine Menge von acht Kreisscheiben (Chips),
b) für ein Drahstück von 13 cm Länge,
c) für eine Rechteckfläche von 24 cm2,
d) für ein Viertel Liter Apfelsaft. ■

3.2.2 Untersuchungsansatz und Untersuchungsmethode

Um der Frage der Invarianz der Quantität bei Kindern nachzugehen, hat PIAGET viele Jahre hindurch umfangreiche empirische Untersuchungen angestellt. Als er im Jahre 1920 seine ersten psychologischen Artikel veröffentlichte, bediente sich die Entwicklungspsychologie ausschließlich der Interpretation von nicht-teilnehmenden Beobachtungen über das Verhalten von Kindern und Jugendlichen verschiedenen Alters. Daneben gab es zu dieser Zeit viele Forschungsansätze, die sich vornehmlich von den Normen des naturwissenschaftlichen Experiments leiten ließen. Beide Methoden erachtete PIAGET seinem Untersuchungsziel nicht angemessen.
Im Bereich der Psychiatrie wurde damals schon die Methode des individuellen Gesprächs bzw. des gezielten Einzelinterviews angewendet, die ihm offenbar eher erfolgversprechend schien. So entwickelte er nach und nach aus Elementen der hermeneutisch-interpretativen, der experimentellen und der klinischen Psychologie eine Untersuchungsmethode eigener Prägung, die als "*klinisches Gespräch*" (methode clinique) weltweite Beachtung und auch viel Anerkennung fand. PIAGET selbst hat sich in zwei Werken zu dieser Methode geäußert, nämlich in "Le jugement et le raisonnement chez l'enfant" (1924) und in "La représentation du monde chez l'enfant" (1926).
Das klinische Gespräch ist im wesentlichen durch folgende Merkmale gekennzeichnet:

- Es handelt sich um eine Einzeluntersuchung, d.h. daß sich der Experimentator nacheinander mit einzelnen Versuchspersonen beschäftigt. (Damit steht sie im Gegensatz zur sogenannten Gruppenuntersuchung, wie sie vielfach in der experimentellen Psychologie angewendet wird.)
- Grundlage für die Untersuchungen sind möglichst natürliche, materialgebundene Situationen, mit denen die Versuchspersonen nacheinander konfrontiert werden. Jede Versuchsperson wird durch verbale Fragen und Impulse angeregt, sich handelnd mit den Materialien auseinanderzusetzen und sich auch verbal zu äußern. (Es handelt sich also um eine Verbindung der bloßen Verhaltensbeobachtung mit der Technik des Interviews.)
- Das zwischen dem Experimentator und der Versuchsperson geführte Gespräch ist auf Interaktion angelegt. Zwar hat der Experimentator einen auf ein Ziel gerichteten Gesprächsplan, doch er versucht, in dessen Rahmen den Gesprächsverlauf weitgehend an die Reaktionen bzw. das Verhalten der Versuchsperson anzupassen. Insbesondere bemüht er sich, das Kind durch alle vertretbaren Nachhilfen zu einer positiven Beantwortung der gestellten Fragen bzw. zur Lösung des aufgegebenen Problems hinzuführen und damit den augenblicklichen Stand seiner einschlägigen Fähigkeiten möglichst optimal auszuloten. (Das Gespräch steht damit im Gegensatz zu standardisierten, auf Leistungsstreuung angelegten Testaufgaben.)
- Der Gesprächsverlauf wird wörtlich protokolliert und die erstellten Protokolle dienen der Unterstützung der an schließenden Interpretation. Der Forscher versucht, aus dem Verhalten und den Äußerungen der Versuchsperson Rück schlüsse auf die abgelaufenen Denkprozesse zu ziehen und diese erklärend in ein Gesamtbild vom Entwicklungsstand der Versuchsperson einzufügen.

PIAGET trug mit dieser individualisierten Untersuchungsmethode seinem Mißtrauen gegenüber einer damals weit verbreiteten Grundannahme der Entwicklungspsychologie Rechnung, dergemäß sich das Denken der Kinder von dem der Erwachsenen nur quantitativ unterscheide. Man meinte, das Kind verfüge grundsätzlich über die gleichen Denkfunktionen wie die Erwachsenen, diese seien nur noch nicht oder nicht so gut ausgeprägt. Statt dessen kam es ihm darauf an, im Anschluß an Rousseau und andere Pädagogen auch qualitative Unterschiede zwischen dem Denken von Kindern und Erwachsenen herauszuarbeiten. Er stellte schließlich nicht nur ein qualitativ andersartiges Denken bei Kindern fest, sondern eine ganz andere Art, die Welt zu betrachten und die physischen Erscheinungen zu erklären. Dies soll im Einzelnen später noch deutlich gemacht werden.
Die Einbeziehung von Experimentiermaterial in die Gesprächssituation sollte die Aufmerksamkeit auf die Interaktion zwischen den Kindern und realen Objekten lenken. Damit trug PIAGET seiner Auffassung Rechnung, daß sich das Denken und die Intelligenz des Kindes nicht in passiver Aufnahme von Sinneseindrücken entwickelt, sondern in aktiver Auseinandersetzung mit der Wirklichkeit und durch Anpassung seines Verhaltens an die Situationsbedingungen. Besonders bei jüngeren Kindern schien PIAGET das Denken eng mit dem konkreten Tun verknüpft zu sein.

Aufgabe 61.1
Planen Sie klinische Gespräche zur Invarianz
a) von Mengen von Kreisscheiben (Chips),
b) der Länge von Drahtstücken,
c) des Inhalts von Rechteckflächen,
d) von Flüssigkeitsquanten.
Überlegen bzw. notieren Sie Fragen zu verschiedenen Varianten der Problemstellung. ■

3.2.3 Invarianz der Anzahl: Defizite

Als erstes soll über klinische Gespräche berichtet werden, mit deren Hilfe die Versuchsleiter das Verständnis für die Invarianz der Anzahl zu erkunden versuchten. Bei jüngeren Kindern wurden dabei z. T. gravierendere Defizite entdeckt.

a) In einem ersten Aufgabentyp sollten die Kinder vorgegebene *Anzahlen nachbilden*. Man stellt z.B. sechs kleine Flaschen aus einem Puppengeschirr in einer Reihe nebeneinander auf den Tisch. Die Versuchsperson sollte nun auf ein danebenstehendes Tablett aus einem größeren Vorrat ebenso viele Gläser stellen, wie Flaschen da waren. Jüngere Kinder konnten diese Aufgabe nicht bewältigen. Man hatte den Eindruck, daß sie die Frage gar nicht anzahlbezogen interpretierten. Viele versuchten, mit einer

scheinbar beliebigen Anzahl von Gläsern die Länge der Flaschenreihe ungefähr nachzubilden.
In analogen Aufgaben stand vor der Versuchsperson eine Reihe von Blumenvasen bzw. Eierbechern. Das Kind wurde aufgefordert, aus einem Blumenstrauß für jede Vase eine Blume zu holen bzw. aus einem Eierkorb für jeden Becher genau ein Ei. Es schien naheliegend, daß gerade bei diesen Objekten die Versuchspersonen eine paarweise Zuordnung herstellen, indem sie vor jede Blumenvase eine Blume bzw. vor jeden Eierbecher ein Ei legen. Doch auch hier konnte es vorkommen, daß diese Zuordnung nicht gelang und daher die Aufgabe falsch gelöst wurde.
Wie gering bei jüngeren Kindern das Verständnis der paarweisen Zuordnung als Maß für gleiche Anzahl sein kann, zeigt folgender Versuch: Der Vl sagt dem Kind, daß er mit ihm Kaufmann spielen wolle. Er gibt ihm einige Groschen und vereinbart, daß jede Blume bzw. jedes Bonbon einen Groschen kostet. Zunächst soll das Kind ohne Handlungsbezug vorhersagen, wieviele Dinge es für eine vorgegebene Anzahl von Groschen kaufen kann. Daraufhin erfolgt eine Nachprüfung dadurch, daß der Tausch von Groschen gegen Blumen bzw. Bonbons Stück für Stück durchgeführt wird. Wie mit den anderen Formen gab es auch mit dieser dynamisierten Form der Zuordnung Schwierigkeiten. Jüngere Kinder schienen zwar im Stande, ihre Groschen Stück für Stück gegen die vorgeschlagenen Dinge zu tauschen, erwiesen sich jedoch als unfähig, durch spontane Zuordnung die Quantität der Elemente, die gegen die Groschen getauscht werden sollen, vorauszusehen. Auch zogen sie nicht den Schluß, daß nach dem Stück-für-Stück-Tausch die Anzahl der Groschen und der Blumen bzw. Bonbons gleich ist. Selbst wenn der Tausch mit lautem Zählen verbunden wurde, führte dies zu keinen anderen Ergebnissen.Die Aufgabe, eine vorgegebene Anzahl nachzubilden, fiel den Kindern noch schwerer, wenn die paarweise Zuordnung nicht durch eine reihenartige Anordnung nahegelegt war. Wurden beispielsweise runde blaue Plättchen in willkürlicher Anordnung oder so auf dem Tisch ausgelegt, daß sie zusammen die Form eines Kreises, eines Kreuzes, eines Hauses, eines Dreiecks, eines Quadrats oder auch nur einer schräg verlaufenden Reihe bildeten, so konnten die Vpn noch schwerer den Auftrag erfüllen, aus einem Vorrat gleich viele rote Plättchen auf den Tisch zu legen. Statt dessen bildeten sie mit den roten Plättchen die vorgelegten Figuren bzw. die gebrauchte Gesamtfläche nach, ohne im einzelnen auf die Anzahl der verwendeten Plättchen zu achten. Beispiele:

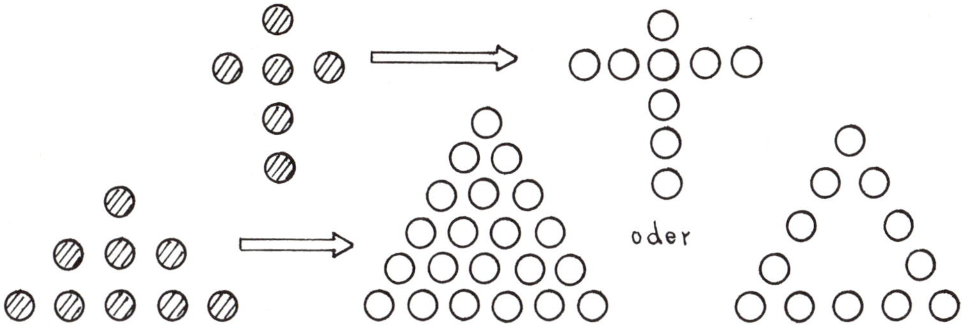

b) Auch wenn es den Kindern lange Zeit Schwierigkeiten zu bereiten scheint, eine paarweise Zuordnung spontan herzustellen, so kommen sie doch relativ bald dahin, eine bestehende Zuordnung als Gewähr für Anzahlgleichheit anzuerkennen. Wenn also z.B. jeder Flasche genau ein Glas zugeordnet ist, wenn in jeder Vase genau eine Blume steckt und in jedem Eierbecher ein Ei, so gelangen schon recht junge Kinder zu der Überzeugung, daß das gleich viele Gläser wie Flaschen, Blumen wie Vasen und Eier wie Eierbecher sein müssen. Allerdings ist damit noch nicht sichergestellt, daß eine Versuchsperson an diesem Urteil auch dann noch festhält, wenn die Gläser auf einen Haufen zusammengeschoben, die Blumen zu einem Strauß gebündelt oder die Eier in ein Körbchen zusammengelegt werden. Jüngere *Kinder revidieren ihr richtiges Urteil über Gleichzahligkeit* in dem Augenblick, in dem die paarweise Zuordnung nicht mehr realisiert und also für sie nicht mehr direkt wahrnehmbar ist.
Die Schwierigkeit verdeutlicht am besten folgender Versuch:Der Vl legt eine Reihe blauer Plättchen auf den Tisch und bittet die Vp gleich viele rote aufzulegen. Sobald ein Kind diese Aufgabe durch paarweise Zuordnung gelöst und auch verbal festgestellt hat, daß gleich viele rote wie blaue Plättchen auf dem Tisch liegen, verkürzt der Vl die Reihe der roten Plättchen durch Zusammenschieben oder verlängert sie durch Auseinanderschieben der Plättchen. Obwohl alle Vpn diese Manipulation beobachten und sehen konnten, daß keine Plättchen hinzugelegt oder weggenommen wurden, glaubten doch viele, die Anzahl habe sich durch Auseinanderschieben vergrößert bzw. durch Zusammenschieben verkleinert. Sobald der Vl jedoch die ursprüngliche Zuordnung wieder realisierte und auf diese Weise die beiden Reihen wieder gleich lang erschienen, konstatierten dieselben Kinder wieder Gleichzahligkeit. Allerdings, erneute Veränderung der Reihe im o.g. Sinne veranlaßte sie wiederum zu der Feststellung, jetzt seien es mehr bzw. weniger rote Plättchen.

c) Wie wenig jüngere Kinder unter Umständen in der Lage sind, *an gefällten quantitativen Urteilen festzuhalten*, zeigt auch der folgende Versuch: In zwei kongruenten, zylinderförmigen Glasgefäßen befinden sich gleich viele blaue bzw. rote Perlen. Wir stellen uns Kinder vor, welche die Anzahl der roten und der blauen Perlen aufgrund des opti-

schen Eindrucks als gleich groß einschätzen. ("Man könnte mit ihnen zwei gleich lange Ketten machen".) Der Vl schüt tete unter ihren Augen die roten Perlen in ein anderes zylinderförmiges Gefäß von geringerem Durchmesser um, so daß diese eine schmälere, aber höhere Säule bilden. Vpn, welche die Invarianz der Quantität noch nicht erfaßt hatten, behaupteten nunmehr, daß die Anzahl der roten Perlen größer sei als die der blauen (bzw. daß man nun aus den roten Perlen eine längere Kette machen könnte als aus den blauen). Schüttete der Experimentator die Perlen zurück, so konstatierten dieselben Kinder wieder Gleichzahligkeit.
PIAGET wollte auch wissen, ob sich die soeben beschriebene Varianz im Quantitätsurteil dadurch beseitigen ließe, daß man den Schülern die Gleichzahligkeit durch manuelle paarweise Zuordnung erfahrbar macht. Er ließ deshalb den Vl und die Vp jeweils gleichzeitig eine Perle nach der anderen in die verschieden geformten Gläser werfen. Aufgrund des ersten Eindrucks von der paarweisen Zuordnung behaupteten die Kinder, es seien in beiden Gefäßen gleich viele Perlen. Sobald sie aber die Säule der roten Perlen im schmalen Gefäß deutlich höher steigen sahen als die der blauen Perlen, revidierten sie ihr Urteil in der oben beschriebenen Weise.
Was die Perlenversuche hinsichtlich des mangelnden Verständnisses der Invarianz der Anzahl gezeigt hatten, konnte *auch für kontinuierliche Quantitäten* nachgewiesen werden. Der oben beschriebene Umschüttversuch führte nämlich, mit verschieden farbigen Flüssigkeiten durchgeführt, zu gleichen Resultaten. Jüngere Kinder waren sogar der Meinung, daß ein in Kugelform vorgegebenes Quantum Plastilin mehr werden könne, wenn man es in eine längliche Wurst umformt. Ebenso kann offenbar für die Kinder ein Draht seine Länge ändern, wenn man ihn verbiegt.

d) Soll ein Kind die Invarianz der Quantität verstanden haben, so muß es nicht nur unabhängig geworden sein von Veränderungen im räumlichen Bild und in der äußeren Gestalt, in der diese erscheint; es muß auch wissen, daß sich kontinuierliche wie diskontinuierliche *Quantitäten* nicht ändern, wenn sie *unterteilt bzw. aufgeteilt* werden. Jüngere Kinder konnten jedoch ein Flüssigkeitsquantum nicht konstant halten, wenn es in zwei, drei oder mehrere Gefäße umgeschüttet wurde. So meinte ein Teil der Kinder, die aufgeteilte rote Flüssigkeit sei mehr als die nicht aufgeteilte blaue, andere hielten sie für weniger. Sogar dasselbe Kind konnte sein Urteil ändern und z.B. bei Aufteilung der roten Flüssigkeit in zwei Gefäße behaupten, sie sei nun weniger geworden, bei Aufteilung in fünf Gefäße jedoch, jetzt sei sie mehr als die blaue Flüssigkeit.
Was für kontinuierliche Quantitäten gilt, zeigte sich auch bei Anzahlen. Wurden etwa 10 Bonbons, die zunächst in zwei Gruppen zu je 5 Stück aufgeteilt waren, in zwei Gruppen zu 7 bzw. 3 Bonbons umverteilt, so konnte sich dadurch die Gesamtzahl in den Augen von jüngeren Vpn vergrößern oder auch verkleinern.

e) *Zusammenfassend* kann man also festhalten: Kinder, welche sich, wie PIAGET sagt, noch im Stadium der Varianz befinden, also das Verständnis der Invarianz der Anzahl bzw. der kontinuierlichen Quantität noch nicht erreicht haben, können die Quantität nicht konstant halten

- gegenüber Veränderungen in der Art der Elemente,

- gegenüber Veränderungen in der räumlichen Verteilung der Elemente,
- gegenüber dem räumlichen Erscheinungsbild bzw. der äußeren Gestalt,
- gegenüber der Aufteilung im allgemeinen und gegenüber verschiedenen Aufteilungen im besonderen.

Aufgabe 65.1
Vergegenwärtigen Sie sich die vorausgehend beschriebenen Versuche zeichnerisch und versuchen Sie, die erläuterten Invarianzdefizite zu erklären. Was mag wohl die Vpn hindern, die erwünschten Quantitätsurteile zu fällen? ■

3.2.4 Übergang von der Varianz zur Invarianz

a) Ob ein Kind das Verständnis der Invarianz der Anzahl erreicht hat, läßt sich anhand seiner Lösung der Experimentalaufgaben erkennen. Man wird dies annehmen,

- wenn das Kind spontan eine paarweise Zuordnung zwischen zwei Mengen bildet, um Gleichzahligkeit herzustellen oder festzustellen;
- wenn es bei der Herstellung bzw. der Festlegung der Gleichzahligkeit zweier Mengen von der Qualität ihrer Elemente unabhängig geworden ist und diese, ohne Rücksicht auf Form, Größe oder Farbe, als gleichwertige Zähleinheiten auffassen kann;
- wenn es an einem gefällten Urteil der Anzahlgleichheit bzw. der Gleichheit zweier kontinuierlicher Quantitäten auch dann festhält, wenn sich das wahrnehmbare Erscheinungsbild, insbesondere die räumliche Verteilung, ändert.

b) Das zuletzt genannte Kriterium bildet vermutlich das Kernstück der Invarianz. Daher scheint die Frage von Interesse, wie Kinder dieses Stadiums ihre invarianten Quantitätsurteile verbal begründen. PIAGET unterscheidet drei Klassen von Argumenten:

- wenn der Vl Perlen oder Flüssigkeit umschüttet, eine Reihe von Plättchen auseinanderzieht oder zusammenschiebt bzw. Anzahlen oder Quanten unterteilt, so stellt die Versuchs person fest, daß "es immer noch das gleiche" sei (*Identitätsargument*). Sie scheint also zu wissen, daß Anzahlen bzw. kontinuierliche Quantitäten nur durch Hinzufügen oder Wegnehmen verändert werden können und nicht aufgrund qualitativer Umformungen wie Änderung der räumlichen Verteilung, der äußeren Gestalt oder der Aufgliederung.
- Das Kind stellt fest, daß jede der vorgenommenen Umformungen rückgängig gemacht und dadurch der alte Zustand wieder hergestellt werden kann: "Man kann die Limonade wieder zurückschütten", "Man kann die Plättchenreihe wieder zusammenschieben", usw. (*Reversibilitätsargument*).
- Beim Umschüttversuch sagt das Kind, daß die Säule zwar höher, aber dafür auch dünner geworden sei. Beim Auseinanderziehen der Plättchenreihe stellt es fest, daß nun die Reihe zwar länger sei, dafür aber die Plättchen weiter auseinanderliegen. Beim Umschütten von Flüssigkeit in mehrere Gefäße argumentiert das

Kind, daß die größere Anzahl der mit Flüssigkeit gefüllten Gefäße durch das kleinere Quantum in den einzelnen Gefäßen ausgeglichen (*Kompensationsargument*) werde. Bei der unterschiedlichen Aufteilung der Bonbons sagt das Kind, daß man nun zwar für den einen Tag weniger, für den anderen Tag aber entsprechend mehr zu essen habe. Die Vpn sehen offenbar ein, daß bei der Beurteilung von Quantitäten verschiedene Gesichtspunkte bwz. Dimensionen zu berücksichtigen sind und man sich nicht auf einen einzigen Gesichtspunkt bzw. auf die Betrachtung einer einzigen Dimension verlassen darf. Die Anzahl einer Reihe ist abhängig von der Länge der Reihe und den Abständen zwischen den einzelnen Plättchen. Ein Flüssigkeitsquantum in einem zylinderförmigen Gefäß ist sowohl durch dessen Durchmesser als auch durch die Höhe der Flüssigkeitssäule bestimmt. Und bei Aufteilungen kommt es auf die Anzahl der Teile wie auch auf das Quantum in den Teilen an.

c) Nun springt selbstverständlich kein Kind unmittelbar vom Stadium einer konsequent durchgehaltenen Varianz in das Stadium einer vollständig ausgeprägten Invarianz. Zum einen kann es vorkommen, daß dasselbe Kind in manchen Situationen die Invarianz erkennt, während es in anderen Situationen an der Varianz festhält. Dies kann daran liegen, daß ihm die Situationen, mit denen es der Versuchsleiter konfrontiert, in unterschiedlichem Maße vertraut sind (Vorerfahrungen) oder daß diese unterschiedliche Komplexität aufweisen. Zum anderen kommt es auch vor, daß ein und dasselbe Kind in der gleichen Versuchssituation zwischen Varianz und Invarianz hin und her zu schwanken scheint.

Allgemein beobachtete PIAGET bei den Kindern ein längeres *Übergangsstadium*, in dem sich die Erkenntnis der Invarianz schrittweise anbahnt. Dieses Stadium ist für den Beobachter deshalb besonders aufschlußreich, weil es am ehesten Gründe und Faktoren zu enthüllen vermag, die für das Verharren auf der Varianz bzw. für das Verständnis der Invarianz entscheidend sind. Die wesentlichen Einzelbeobachtungen lassen sich unter drei Kategorien typisieren:

- Die Vp wird in ihrem Quantitätsurteil unsicher. Sie behauptet nicht mehr mit der gleichen Selbstverständlichkeit wie auf der Stufe der Varianz, daß die Flüssigkeit bzw. die Anzahl der Perlen durch das Umschütten mehr geworden seien, daß eine lange Reihe von Plättchen mehr enthalte, daß verschieden unterteilte Mengen unterschiedliche Anzahlen haben müßten, usw. Es hat den Anschein, als ob das Kind die Situation kritischer beurteilen würde, und es läßt sich vor allem durch wiederholte Nachfragen des Vls rascher in seinem Urteil unsicher machen.
- Die Vp achtet abwechselnd auf verschiedene Dimensionen, die für die Beurteilung der Quantität von Bedeutung sind und wird dadurch in ihrem Urteil schwankend. Wird z.B. Flüssigkeit in ein schlankeres Zylindergefäß umgefüllt, so blickt das Kind vielleicht zunächst auf die Höhe der Flüssigkeitssäule und kommt zu der Aussage, es sei mehr geworden. Lenkt nun aber der Vl die Aufmerksamkeit auf den kleineren Durchmesser des Gefäßes, so kann es sein Urteil umstoßen und zu der Behauptung kommen, daß die Flüssigkeit weniger geworden sei. Teilt man die Flüssigkeit in mehrere Gefäße auf, so kann sich im Übergangssta-

dium folgendes ereignen: Bei Aufteilung auf zwei Gefäße achtet das Kind auf das geringere Flüssigkeitsquantum im einzelnen Gefäß und urteilt mit "weniger". Wird jedoch in mehrere, z.B. in vier oder fünf Gefäße umgefüllt, so läßt sich die Vp von der großen Anzahl der Gefäße beeindrucken und urteilt mit "mehr". Typisch für das Stadium des Übergangs ist auch, daß die Vp selbst Änderungen ihres Urteils zunehmend als Widerspruch empfindet.
Schließlich kann es im Stadium des Übergangs von der Varianz zur Invarianz vorkommen, daß ein Kind - vermutlich aus der oben beschriebenen Unsicherheit heraus - spontan das Bedürfnis hat, sein Urteil durch Rückkehr zum Ausgangszustand zu überprüfen. Es möchte z.B. die Flüssigkeit wieder zurückschütten oder die auseinandergezogenen Plättchen wieder zusammenschieben und der Musterreihe zuordnen dürfen. Ob ein Kind in das Übergangsstadium eingetreten ist, kann der Vl dadurch prüfen, daß er selbst in relativ rascher Folge die Veränderung vornimmt und wieder rückgängig macht und das Kind dadurch anzuregen versucht, von einem varianten zu einem invarianten Urteil überzugehen.

Aufgabe 67.1:
Woran erkennen Sie in den folgenden Protokollen, daß es sich um Kinder im Übergangsstadium von der Varianz zur Invarianz handelt?

SIM (5;7) Er läßt 6 Eier 6 Eierbechern entsprechen und steckt sie dann hinein. Man nimmt sie heraus und rückt die Eier auseinander: „Ist das gleich viel an Eiern und Bechern? – *Nein.* – Wo ist am meisten? – *Hier* (Eier). – Wenn man in jeden Becher wieder eins von diesen Eiern hineinstecken will, wird das gehen? – *Ja ... Ich weiß nicht.*“

DUM (5;8) Er läßt gleichfalls 6 Eier 6 Bechern korrespondieren und steckt sie selber hinein. Wenn man die Eier herausnimmt und auf einen Haufen vor die Becher legt, meint Dum, es sei nicht mehr dasselbe. – „Warum?“ – *Weil man ‚so‘ gemacht hat* (Bewegung des Zusammenrückens). – Gibt es genug Eier für die Becher? – *Nein.* – (Man rückt die Becher zusammen und die Eier auseinander.) Und jetzt geht es? – *Nein, weil es mehr Eier gibt.*“

DU (5;8) bleibt in bezug auf den Versuch mit Gläsern und Flaschen im zweiten Stadium. Die Blumen bringt er in genaue Korrespondenz zu den Vasen, und wenn man sie herausnimmt, um sie auf einen Haufen zu legen, sagt er zunächst: *„Es gibt mehr Vasen.“* Wenn man die umgekehrte Operation vornimmt, sagt er entsprechend: *„Es gibt mehr Blumen.“* Dann aber geben wir Du einen neuen Strauß Blumen von anderer Farbe: „Du sollst davon auch je eine in eine Vase stecken. – (Er tut das; darauf nimmt man sie heraus und legt sie vor den Vasen zusammen.) Und jetzt? Ist das noch gleich viel an Blumen und Vasen? – *Ja.* – Warum? – *Weil man sie alle dort* (in die Vasen) *hineingesteckt hatte.*“ Wenn man aber dann die Vasen zusammenrückt und die Blumen in einiger Entfernung davon auseinanderlegt, fällt er wieder in seinen Irrtum zurück.

GIN (4;11) „Du sollst auf dieses Tablett genau ein Glas für jede Flasche stellen. – (Er nimmt alle.) – Glaubst du, daß das gleich viel ist? – *Nein.* – Dann nimm fort, was zu viel ist. – (Er nimmt die Stück-für-Stück-Korrespondenz allein mit dem Auge vor und läßt 6 Gläser auf dem Tablett, aber ohne zu zählen!) Ist das gleich viel? – *Ja.* – Dann stelle sie hin, um zu sehen, ob es richtig ist. – (Er stellt sie genau vor die Flaschen.) *So.* – Ist das gleich viel? – *Ja.* – (Man rückt die Gläser auf einen Haufen zusammen.) Ist das gleich viel? – *Nein.* – Wo ist mehr? – *Es gibt mehr Flaschen.* – Warum? – *Weil hier mehr sind.* (Er zeigt auf die 6 aufgereihten Flaschen.) – (Man rückt die Gläser auseinander und stellt die Flaschen auf einen Haufen.) Ist das gleich viel? – *Nein.* – Wo ist mehr? – *Hier* (die Gläser)."

NIC (4;1) zählt 10 Blumen und 10 Groschen, zählt sie aber nicht zu einer einzigen Kardinalzahl zusammen: „Also, wie viele Groschen hast du? – *Eins, zwei, drei, vier ... zehn* (Aufzählung nach dem Gedächtnis). – Also, nun kaufe! – (Er gibt einen Groschen für eine Blume, usw. bis zu 10, aber wir haben die Groschen in einer Reihe aneinandergereiht, während die Blumen in seiner Hand bleiben.) – Ist das gleich viel an Blumen und Groschen? – *Es gibt mehr Groschen.* (Er stellt dann aber spontan die Korrespondenz her, indem er vor jeden Groschen eine seiner Blumen legt.) *Ach ja, es ist gleich viel!* – (Man legt die Blumen auf einen Haufen.) Und jetzt? – *Es gibt mehr Groschen.* – (Man legt die Groschen auf einen Haufen und reiht die Blumen auf.) Und jetzt? – *Nein, weil es viele Blumen gibt.*"

MAW (6;0) gelingt es ebenfalls fehlerlos, komplexe Figuren vom Typus V wiederzugeben, bei der Kontrolle aber vertraut er nur der Korrespondenz. „Ist das gleich viel? – (Er zählt 12 und 13.) *Eine ist zu viel.* (Er nimmt zu Unrecht eine Marke fort, da er sich einfach beim Zählen getäuscht hat.) – Warum ist dann aber hier ein leerer Platz (bei der fortgenommenen Marke)?" Maw tut nun dasselbe wie Fav: Er zerstört seine eigene Figur und legt die Münzen in eine Reihe, dann stellt er mit dem Finger die Korrespondenz mit den an ihrem Platz gebliebenen Teilen der Modellfigur her. Da sieht er, daß eine Spielmarke fehlt, die er endlich hinzufügt.
Ebenso zählt er, wenn er 22 Spielmarken mit 22 Zündhölzern, die in einer komplexen Figur angeordnet sind, korrespondieren läßt, mit leiser Stimme die Hölzer: „Sind es ebenso viele? – *Ja.* – Wieviel? – *Ich weiß nicht.* (Er hat die letzte Kardinalzahl vergessen.) – Woher weißt du also, daß es gleich viel ist? – *Jedesmal, wenn ich ein Streichholz hingelegt habe, habe ich eine Spielmarke genommen* (= mit dem Finger darauf getippt). – Und woher weißt du, daß du dich nie geirrt hast? – (Daraufhin legt er alle Gegenstände in eine Reihe und legt ein Streichholz auf jede Spielmarke.)"

Aufgabe 68.1:
Welchen Klassen gehören die Argumente an, welche die Vpn in den folgenden Protokollen benutzen, um ihr Invarianzurteil zu begründen?.

PEL (5;6) Er fängt damit an, 5 Gläser und 6 Flaschen einander gegenüberzustellen, und fügt dann ein Glas hinzu: „Ist das gleich viel? – *Ja.* – Und jetzt? (Man rückt die Gläser zusammen.) – *Ja, es ist dasselbe an Gläsern.* – Warum? – *Das hat nichts geändert.* – Und so? (Man rückt die Flaschen zusammen und stellt die auseinandergerückten Gläser in einer Reihe auf.) – *Ja, es ist gleich viel.*"

SUM (6;10) vergleicht die Gefäße L und P (die jeweils 18 Perlen enthalten, jedoch ohne daß das Kind sie gezählt hätte, noch miteinander hätte korrespondieren lassen). „Glaubst du, daß das gleich viel ist, oder nicht? – ... – Wie fängt man es an, um das zu wissen? – *Hier* (in P) *ist mehr.* – Warum? – *Weil es weiter* (breiter) *ist. Hier* (in L) *kann man weniger hineintun.*"
Man entleert L und P, und Sum legt in L eine Perle, jedesmal wenn der Versuchsleiter eine in P legt. „*Das ist ebensoviel!* – Warum? – *Dies* (P) *ist breiter, aber es ist nicht voll, und das ist dünner, aber es ist ganz voll.* – Woher weißt du, daß das gleich viel ist? – *Weil man es so zusammen hineingelegt hat.*"
Dann gibt man Sum ein Glas G, das nur eine Schicht Perlen enthält, und bittet ihn, ebenso viele in L zu legen. Sum füllt L zu $^2/_3$ und sagt: „*Ich weiß nicht, wie ich das machen soll. Ich glaube, da* (in G) *ist mehr.* – (Man füllt L ganz.) – *Ich glaube, es ist ebensoviel.* – Warum? – *Dies* (G) *ist größer, aber wenn man es lang machen würde* (Sum macht die Bewegung, als wollte er G in die Höhe ziehen und die Perlen so senkrecht aufeinanderlegen), *so wäre es ebensoviel wie da* (in L)."

BET (5;8) Nachdem er, ohne zu zählen, die Korrespondenz hergestellt hat, rückt man die Blumen in der Entfernung zusammen: „Ist das ebensoviel? – *Ja.* – Warum? – *Weil das geht.* (= Man kann sie da hineinstecken.)"
Wenn die Eier vor den Bechern zusammengedrängt sind: „Ist das noch ebensoviel? – *Ja.* – Warum? – *Weil es so ist* (Bewegung des Zusammendrängens). – Und jetzt (Eier verteilt und Becher zusammengerückt)? – *Ja.* – Warum? – *Wenn Sie die auseinandergerückten Eier hineinstecken, ist es gleich viel.*"

DUR (7;8) füllt L, nachdem er geglaubt hat, es „macht mehr" als P, in Korrespondenz mit dem, was der Versuchsleiter in P legt. „*Beides ist gleich viel.* – Woher weißt du das? – *Weil man zur selben Zeit aufgehört hat; man hat zur selben Zeit angefangen und zur selben Zeit aufgehört.* – Aber dies (L) ist dünner? – *Es ist dünner, aber höher, und dies hier* (P) *ist niedrig, aber dicker.*"
Man bittet Dur, in G (= 4 E) eine Quantität hineinzulegen, die der von E (gefüllt) gleichkommt. Er zeigt auf etwa $^1/_3$ von G. „Woher weißt du das? – *Ich fülle in Gedanken, und ich sehe, wo das hinkommt.* – Wieso wo? – *Ich lege das Glas* (E) *hin, und dann sehe ich, daß das hier* (in G) *mehr macht, weil noch Platz übrigbleibt.*"

3.2.5 Invarianz der Ordnung: Versuchssituationen

Gemäß PIAGET sind für den Aufbau des Begriffs der natürlichen Zahlen Erfahrungen zur Anzahl von Mengen bzw. das Verständnis von Anzahlen nicht ausreichend. Für ebenso bedeutsam hält er Erfahrungen zur Ordnung von Mengenelementen nach quantitativen Gesichtspunkten bzw. das Verständnis der *Invarianz der Ordnung*. Die Frage, wie sich dieses Verständnis für sich allein wie auch in Verbindung mit dem der Invarianz der Anzahl entwickelt, war für ihn daher ein weiterer wichtiger Gegenstand der Untersuchungen zur Entwicklung des Zahlbegriffs.

a) Für das Verständnis der Invarianz der Ordnung erachtete PIAGET *drei Fähigkeiten* als konstitutiv:

- die Fähigkeit, konkrete Objekte aufgrund unterschiedlicher Größen linear zu ordnen (einfache, "qualitative" Reihenbildung),
- die Fähigkeit, die Elemente zweier geordneter Mengen einander umkehrbar eindeutig zuzuordnen ("qualitative Korrespondenz" zwischen Reihenbildungen) und

- die Fähigkeit, Anordnungen von Mengen bzw. Ordnungszahlen zu beschreiben (numerische "ordinale" Korrespondenz).

b) Um Kindern verschiedenen Alters diese Fähigkeiten zu-schreiben bzw. absprechen zu können, konfrontiert sie PIAGET im Rahmen seiner klinischen Methode mit speziell ausgewählten "realen" Situationen, die geeignete Gesprächsanlässe bieten. Versuchsmaterial ist z. B. eine Serie von 10 Holzpuppen, die in ihrer Größe so abgestuft sind, daß jede von ihnen von der benachbarten gut unterschieden werden kann und die größte mindestens doppelt so groß ist wie die kleinste. Außerdem sind jeweils 10, in den Portionen der Puppengröße entsprechende, verschieden lange Spazierstöcke und verschieden große Rucksäcke vorhanden. Mit diesem Material werden den Kindern Aufgaben folgender Art gestellt:
(1) Ordne die Puppen und die Spazierstöcke (Rucksäcke) so an, daß jede Puppe rasch ihren Stock (Rucksack) finden kann.
(2) Mit welchem Stock (Rucksack) geht diese Puppe spazieren? Oder: Zu welcher Puppe gehört dieser Stock (Rucksack)?
(3) Die Puppen gehen spazieren, aber nicht alle, sondern nur diejenigen, die kleiner (größer) sind als diese (gezeigte) hier. Suche die Spazierstöcke (Rucksäcke) für die Puppen heraus, die fortgehen.

Die Aufgaben (2) und (3) werden auf verschiedene Arten von situativen Vorgaben bezogen.
- Zuerst ordnet sie der Vl so an, daß jeder Spazierstock (Rucksack) der zugehörigen Puppe direkt gegenüberliegt, also die Zuordnungen optisch wahrnehmbar sind.
- Später beziehen sich die Aufgaben auf eine Anordnung, wo die Reihe der Puppen und die Reihe der Spazierstöcke (Rucksäcke) zwar parallel liegen, aber in räumlich umgekehrter Ordnung, so daß der größten Puppe der kleinste Spazierstock (Rucksack) gegenüberliegt, der zweitgrößten Puppe der zweitkleinste Spazierstock (Rucksack), usw.
- Dann wird die Situation so gewählt, daß die Ordnung einer der beiden Reihen völlig durcheinander gebracht ist, während die der anderen Reihe erhalten bleibt.
- Schließlich werden die Aufgaben auch unter einer Vorgabe gestellt, bei der Puppen und Spazierstöcke (Rucksäcke) völlig ungeordnet liegen.

3.2.6 Invarianz der Ordnung: Ergebnisse

Die Lösung der oben skizzierten Probleme (1), (2) und (3) gelang unter den verschiedenen situativen Vorgaben im Laufe der kindlichen Entwicklung nach und nach. PIAGET ordnete die Beobachtungen drei verschiedenen Stadien zu, die eine deutliche Analogie zu den bei der Entwicklung der kardinalen Korrespondenz gefundenen Stadien zeigen. Wie stellen sich diese Stadien bei den verschiedenen Aufgaben dar?

a) Im Fall der *Konstruktion der Reihenkorrespondenz* zeigten sich Kinder des ersten Stadiums nicht fähig, die Reihe der Puppen und die Reihe der Spazierstöcke (Rucksäcke) einander richtig zuzuordnen. Sie entwickelten auch keinen Plan und kein Konzept für eine solche Zuordnung. Meist waren die Kinder nicht einmal in der Lage, die Puppen bzw. Spazierstöcke für sich in eine richtige Ordnung zu bringen, womit von vorneherein die Voraussetzung für eine Zuordnung der beiden Reihen fehlte.
Kinder des zweiten Stadiums waren in der Lage, nach tastenden Versuchen und Korrekturen, spontan richtige Reihen aufzubauen und zugleich eine Reihenkorrespondenz herzustellen. Doch blieben sowohl die Reihenbildung selbst, wie auch die Zuordnung, noch sehr von der Anschauung abhängig. Die Kinder waren darauf angewiesen, daß die Zuordnung durch räumliche Nähe der Objekte sichtbar war und daß es diese wahrnehmungsgebunden konktrollieren und evtl. korrigieren konnte.
Im Zuge der empirischen Versuche des zweiten Stadiums entdeckten die Kinder dann nach und nach die Gesamtheit der für die Reihenbildung erforderlichen Beziehungen. Sie konnten die Stellung jeder Puppe innerhalb der Reihe der Puppen genau orten, ebenso die Stellung jedes Spazierstocks (Rucksacks) innerhalb der Reihe der Spazierstöcke (Rucksäcke). Darüber hinaus waren sie fähig, die Rangplätze von Objekten aus verschiedenen Reihen in die richtige Beziehung zueinander zu setzen. Die Korrespondenz wurde operatorisch und damit vervollständigt durch eine "ordinale", d.h. im Sinne von Piaget, durch eine "numerische" Korrespondenz.

b) Wie weit ein Kind bereits über die Fähigkeit zur *numerischen (ordinalen) Korrespondenz* verfügt, ließ sich am besten erkennen, wenn man es aufforderte, zu einzelnen Puppen den Spazierstock (bzw. Rucksack) zu suchen. Ein Kind des ersten Stadiums verlor jede Vorstellung von einer Zuordnung zwischen Puppen und Stöcken, sobald man eine der beiden Reihen umgruppierte; sei es, daß man durch Auseinanderziehen die Reihen verlängerte, sie durch Zusammenschieben verkürzte, sie umkehrte oder sie gar völlig durcheinanderbrachte. Auf Verlangen hin ordnete das Kind des ersten Stadiums einer Puppe jenen Stock zu, der ihr gerade zufällig gegenüberlag.
Auch Kindern des zweiten Stadiums gelang es nicht ohne weiteres, die verlangte Zuordnung zu finden. Da sie noch stark von der Anschauung abhängig waren, konnten sie kaum größere Wahrnehmungskonflikte überwinden. Sie mußten daher, um die gestellte Aufgabe zu lösen, die ursprünglich vorhandene, durch räumliche Nähe der Objekte sichtbare Zuordnung wiederherstellen. Manche Kinder bedienten sich dabei eines empirischen Verfahrens, manche versuchten es auch mit Zählen. Im letzten Fall wurde jedoch häufig die gesuchte Rangstufe mit der des benachbarten Objekts in der Ordnung verwechselt. Das Kind ordnete also z.B. der vierten Puppe den dritten oder fünften Spazierstock zu.
Erst Kinder des dritten Stadiums lösten einzelne Zuordnungsaufgaben ohne größere Schwierigkeiten fehlerfrei. Sie stellten den genauen Rangplatz der fraglichen Puppe in ihrer Reihe fest und suchten für sie den Spazierstock (bzw. den Rucksack) des entsprechenden Rangplatzes auf.

c) Es versteht sich von selbst, daß Kinder des ersten Stadiums nach Zerstörung der Reihenbildung Zuordnungsaufgaben nicht mehr lösen können. Wie aber gelingt es, Kindern des zweiten, vor allem des dritten Stadiums, die zerstörte *Korrespondenz zu rekonstruieren*?
Die meisten Aufschlüsse darüber gaben Kinder des zweiten Stadiums. Einige von ihnen ordneten nur eine Reihe und nahmen dann die Zuordnung ratend vor. Manche Kinder beachteten nur die Anzahl jener Puppen, die vor bzw. nach der fraglichen standen. Sie vernachlässigten dagegen die Anordnung der Puppen. Umgekehrt gab es Kinder, die Fehler machten, weil sie nur auf die Ordnung achteten und vergaßen, auch die Anzahl zu berücksichtigen. Doch selbst wenn sie gleichzeitig auf Anordnung und Anzahl achteten, konnten ihnen in diesem Stadium noch Fehler unterlaufen. Ein Mädchen zählte z.B., um die sechste Puppe zu finden, die Puppen zehn, neun, acht und sieben, zeigte dann aber auf den Stock sieben, also auf den letzten jener vier Stöcke, die ebenfalls vom zehnten an gezählt worden waren.

Beobachtungen dieser Art zeigen nach PIAGET, daß es für die Entwicklung des Zahlbegriffs nicht ausreicht, wenn ein Kind die Invarianz der Anzahl und die Invarianz der Ordnung als getrennte Operationen versteht. Erst wenn es diese beiden Invarianten miteinander zu verknüpfen und zu kombinieren vermag, besitzt es den vollen Zahlbegriff. Piaget kommentiert daher die Zuordnungsaufgabe zwischen Puppen und Spazierstöcken so: "Es wird vorausgesetzt, daß die Glieder zugleich als Glieder von Klassen und als Glieder von Relationen aufgefaßt werden, und zwar nicht mehr abwechselnd für sich betrachtet wie im vorigen System, sondern gleichzeitig und als ein operatorisches Ganzes - und das ist, wie erinnerlich, unsere Definition des Zahlbegriffs selbst." (1965, S. 163).

Aufgabe 72.1
Ordnen Sie die folgenden Gesprächsprotokolle dem ersten, zweiten oder dritten Stadium zu.

HOC (4;3) „Hier, das sind Flaschen in einem Café. Du bist der Kellner und mußt Gläser aus dem Schrank nehmen. Zu jeder Flasche gehört ein Glas." Er stellt genau ein Glas vor jede Flasche und läßt die übrigen Gläser beiseite. „Ist das gleich viel? – *Ja.* – (Dann rückt man die Flaschen auf einen Haufen zusammen.) „Ist das gleich viel an Flaschen und Gläsern? – *Nein.* – Wo ist mehr? – *Es gibt mehr Gläser.*" Dann stellt man die Flaschen wieder den Gläsern gegenüber, genau Stück für Stück, und danach rückt man die Gläser auf einen Haufen zusammen: „Ist das gleich viel an Gläsern und Flaschen? – *Nein.* – Wo ist am meisten? – *Mehr Flaschen.* – Warum gibt es mehr Flaschen? – *Eben darum* (mit Bestimmtheit)."

PEL (5;6) Er fängt damit an, 5 Gläser und 6 Flaschen einander gegenüberzustellen, und fügt dann ein Glas hinzu: „Ist das gleich viel? – *Ja.* – Und jetzt? (Man rückt die Gläser zusammen.) – *Ja, es ist dasselbe an Gläsern.* – Warum? – *Das hat nichts geändert.* – Und so? (Man rückt die Flaschen zusammen und stellt die auseinandergerückten Gläser in einer Reihe auf.) – *Ja, es ist gleich viel.*"

GIN (4;11) „Du sollst auf dieses Tablett genau ein Glas für jede Flasche stellen. – (Er nimmt alle.) – Glaubst du, daß das gleich viel ist? – *Nein.* – Dann nimm fort, was zu viel ist. – (Er nimmt die Stück-für-Stück-Korrespondenz allein mit dem Auge vor und läßt 6 Gläser auf dem Tablett, aber ohne zu zählen!) Ist das gleich viel? – *Ja.* – Dann stelle sie hin, um zu sehen, ob es richtig ist. – (Er stellt sie genau vor die Flaschen.) *So.* – Ist das gleich viel? – *Ja.* – (Man rückt die Gläser auf einen Haufen zusammen.) Ist das gleich viel? – *Nein.* – Wo ist mehr? – *Es gibt mehr Flaschen.* – Warum? – *Weil hier mehr sind.* (Er zeigt auf die 6 aufgereihten Flaschen.) – (Man rückt die Gläser auseinander und stellt die Flaschen auf einen Haufen.) Ist das gleich viel? – *Nein.* – Wo ist mehr? – *Hier* (die Gläser)."

BON (4;0) „Du siehst alle diese Fläschchen. Was fehlt noch, wenn man trinken will? – *Gläser.* – Gut. Hier sind viele Gläser. (Man stellt sie auf den Tisch.) Du stellst nun diese Gläser hierhin, aber nur ein Glas für jede Flasche. – (Er nimmt die 12, rückt sie aber so dicht zusammen, daß die 6 Flaschen eine etwas längere Reihe bilden.) – Wo ist am meisten? – *Da* (die Flaschen). – Nimmst du jetzt ein Glas für jede Flasche? – (Er reiht die 12 Gläser in eine Reihe von derselben Länge wie die locker aufgestellten Flaschen.) – Ist das gleich viel? – *Ja.* – (Man rückt die Flaschen auseinander.) Ist das gleich viel an Gläsern und an Flaschen? – *Ja.* (Er rückt jedoch die Gläser leicht auseinander.) – (Man vergrößert erneut den Abstand zwischen den Flaschen.) – *Hier ist wenig* (die 12 Gläser), *hier ist viel* (die 6 Flaschen)."

3.2.7 Ordnung und Anzahl (Ordination und Kardination)

Der oben besprochene Zusammenhang zwischen Kardination und Ordination schien PIAGET so bedeutsam, daß er ihm einige eigene Versuche widmete. Von den drei Versuchen, die er zu diesem Problembereich referiert, sollen hier zwei herausgegriffen und, zusammen mit den dabei gefundenen Ergebnissen, erläutert werden.

a) Im ersten Versuch werden als *Material* rechteckige Pappkartons verwendet. Der Karton A ist ein Quadrat und stellt die Einheit dar. Die Rechtecke B, C, D usw. haben die gleiche Breite wie A, jedoch die zweifache, dreifache, vierfache, usw. Länge. Insgesamt gibt es 10 solcher Streifen, die in Form einer Treppe angeordnet werden.
Zunächst wird jede Vp aufgefordert, die zehn Kartons zu ordnen und zu zählen. (Zeigt sich, daß ein Kind noch nicht bis 10 zählen kann, werden die größeren Kartons weggenommen.) Die gestellte Frage lautet: Wie viele Kartons der Größe A könnte man aus B oder C machen? Diese Frage wird solange erörtert, bis die Vp begreift, daß der zweite Karton in zwei A zerschnitten werden kann, der dritte in drei A, usw. Sobald sie das Gesetz verstanden hat, zeigt der Vl auf einen beliebigen Karton in der Treppe und fragt, wie viele Einheiten man aus diesem Karton herstellen könne. Damit soll geprüft werden, ob die Vp ohne weiteres vom "kardinalen" Wert eines Kartons auf dessen Rangplatz in der Treppe schließen kann und umgekehrt.
Die drei oben genannten *Stadien* stellen sich bei dieser Aufgabe wie folgt dar: Während des ersten Stadiums bleibt die Reihenbildung global und die Beziehung zwischen Ordnung und Anzahl wird noch nicht begriffen, sobald man über drei oder vier hinausgeht.

Während des zweiten Stadiums führt die anschauliche Reihenbildung nach einigen Versuchen zum richtigen Ergebnis und die Beziehung zwischen Ordination und Kardination wird erkannt. Dies allerdings nur, solange die Kartons in der Treppe geordnet und nicht vermischt liegen.Für PIAGET bildet sich die anschauliche Ordnung der Kartons erst in dem Augenblick zu einer wirklichen Ordination aus, wenn sie "operatorisch" wird; und sie wird erst operatorisch, wenn sie sich mit der Kardination verbindet. Gleiches gilt auch umgekehrt.
PIAGET fiel auf, daß die Stadien für das Problem Puppen und Spazierstöcke und das Problem der Kartons zeitlich synchron verlaufen. Zu beiden Leistungen scheint das Kind erst dann fähig, wenn es Kraft rationaler Analyse über Wahrnehmungskonflikte hinweggehen und seine Aussagen auf Denkprozesse stützen kann. In diesem Fall bestehen die Denkprozesse im wesentlichen in einer Verknüpfung zwischen Rangplätzen und Kardinalwerten. Bezogen auf die Kartons heißt das: Greift man in der Reihe den fünften Karton heraus, so läßt er sich auch in fünf Einheiten zerlegen. Hat man einen Karton, der aus acht Einheiten zusammengesetzt werden kann, so nimmt er auch in der Reihe die achte Position ein.

b) Besonders deutlich wird die *Beziehung zwischen Ordnung und Anzahl* in Situationen, in denen die unmittelbare Zuord-nung gestört scheint. PIAGET greift dieses Problem mit der Situation eines Hürdenlaufs auf. Kleine Hürden sind der Höhe nach von der ersten bis zur siebten gestuft. Vor und hinter jeder Hürde liegt eine kleine Matte zum Zweck des Absprungs bzw. des Aufsprungs. Eine Puppe stellt den Turner dar. Steht sie auf der dritten Matte, so hat sie zwei Hürden übersprungen. Wenn sie fünf Hürden übersprungen hat, steht sie bereits auf der sechsten Matte, usw. Der Vl läßt jedes Kind zuerst die Folge von Matten und Hürden konstruieren. Dann zeigt er, wie die Puppe springt und stellt nach einigen Sprüngen die Frage: "Wie viele Hürden sind übersprungen und wie viele Matten berührt worden?" Es geht hier also jeweils um eine Zuordnung zwischen n Hürden und n+1 Matten.
Für die nächste Frage nimmt der Vl alle acht Matten und einige Hürden fort und fragt, wieviele Matten für die übrigbleibenden Hürden erforderlich sind. Auch hier geht es noch um das gleiche Problem der Zuordnung von n Hürden zu n+1 Matten. Bei der vierten Frage werden die Hürden durcheinandergebracht, dann eine ausgewählt und gefragt, wie viele Hürden vor dieser zu überspringen seien. Die Vp muß also von der Rangstufe einer Hürde auf die Anzahl der vor ihr liegenden Hürden schließen. Bei der fünften Frage werden die Hürden durcheinandergebracht, aber man reiht z.B. fünf Matten auf und fragt zuerst nach der Zahl der übersprungenen Hürden und dann danach, welche Hürden dies waren. Bei der sechsten und letzten Frage legt man erneut n Matten auf, und das Kind soll angeben, welches die letzte übersprungene Hürde ist. Wieder muß die Vp die durch die Anzahl der Matten bestimmte Ordinal- und Kardinalzahl der Hürden festlegen.

Die hier gestellten Aufgaben erscheinen auf den ersten Blick etwas spitzfindig und niemand wird sich wundern, daß jüngere Kinder mit der doch recht komplexen Beziehung zwischen Ordnung und Anzahl in diesem Fall Schwierigkeiten haben. PIAGET kann aber zeigen, daß selbst 5-jährige Kinder alle diese Probleme fehlerfrei lösen, sofern sie über einen Zahlbegriff verfügen, der Ordnung und Anzahl sinnvoll miteinander verknüpft. Ihm zufolge bilden eben die natürlichen Zahlen nicht eine lineare, sondern eine hierarchische Reihe. Je weiter man in der Reihe fortschreitet, desto größer wird die Anzahl, desto weiter ist man aber auch vom Anfangspunkt der Reihe entfernt. Er faßt seine *Auffassung von den natürlichen Zahlen* in folgendem Zitat zusammen:

> "Eine Kardinalzahl ist eine Klasse, deren Elemente aufgefaßt werden als untereinander äquivalente und dennoch unterschiedene 'Einheiten', deren Differenzen also nur darin bestehen, daß man sie aufreihen, also anordnen kann. Umgekehrt sind die Ordinalzahlen eine Reihe, deren Glieder, obgleich sie aufeinander folgen nach den Ordnungsrelationen, die ihnen ihre jeweiligen Rangstufen zuweisen, ebenfalls Einheiten sind, die einander äquivalent sind und infolgedessen kardinal zusammengefügt werden können. Die finiten Zahlen sind also zwangsläufig zugleich Kardinal- wie Ordinalzahlen; das ergibt sich aus der Natur der Zahl selbst, die ein in ein einziges operatorisches Ganzes verschmolzenes System von Klassen und asymmetrischen Relationen ist." (1965, S. 208).

Aufgabe 75.1:
Versuchen Sie jeden einzelnen Satz des obigen Zitats zu den Experimenten mit Pappkartons in Beziehung zu setzen. ▪

3.2.8 Zu PIAGETs Erklärungshypothesen

Mit Hilfe seiner klinischen Gespräche sammelte Jean PIAGET zur Entwicklung mathematischer Begriffe, insbesondere des Zahlbegriffs bei Kindern, eine Fülle von Beobachtungen, in welche die vorausgehenden Abschnitte einen Einblick geben sollten. Er beschränkte sich freilich keineswegs auf das Sammeln von Daten. Im Gegenteil: Es ist kennzeichnend für PIAGET, daß er alle in seinen ausgedehnten Unteruchungen erhobenen Befunde in eine relativ geschlossene Theorie zur Entwicklung des menschlichen Denkens im allgemeinen und mathematischer Begriffe im besonderen einschmolz, und daß er aus dieser Theorie heraus auch immer wieder neue Experimentalsituationen für klinische Gespräche entwickelte. Sie wird zumeist mit den Bezeichnungen "genetische Psychologie" oder "*genetische Erkenntnistheorie*" markiert und umfaßt die Darstellung der menschlichen Denkentwicklung in einem präzise gefaßten Stufenmodell sowie in einer Reihe von Erklärungshypothesen für das Fortschreiten eines Kindes von einer Stufe zur folgenden. Eine zentrale Stellung nehmen in ihr die Begriffe "Operation" und "Gruppierung" ein, von denen daher zuerst gesprochen werden soll.

a) Begriff "Operation"

In seinen Darstellungen zur genetischen Erkenntnistheorie verwendet PIAGET häufig das französische Wort "operation", das in deutschsprachigen Übersetzungen teilweise mit dem Wort "Handlung", teilweise mit dem Wort "Operation" wiedergegeben wird. Zum Verständnis seiner Theorie erscheint es allerdings nötig, diesen beiden deutschen Bezeichnungen unterschiedliche Bedeutung zuzuordnen. Stellt man, wie hier geplant, den Begriff "Operation" in den Mittelpunkt, so ist eine Abgrenzung nach zwei Richtungen nötig: Zum einen gegenüber dem fachlichen Begriff "Operation", zum anderen gegenüber dem Begriff "Handlung".
Die *Fachwissenschaft* verwendet den Terminus "*Operation*" zumeist synonym zum Terminus "Verknüpfung". Eine (innere) Verknüpfung einer Menge M ist eine Vorschrift, die jedem Paarelement aus M (jedem Element der Produktmenge M x M) genau ein Element aus M zuordnet. Sei M z.B. die Menge der natürlichen Zahlen, so sind die Addition und Multiplikation natürlicher Zahlen ebenso wie die Vorschriften "ggT-Bilden" und "kgV-Bilden" (innere) Verknüpfungen bzw. Operationen auf N. Sie ordnen nämlich jedem Zahlenpaar genau eine natürliche Zahl (als Summe, als Produkt, als größten gemeinsamen Nenner bzw. als kleinstes gemeinsames Vielfaches) zu.
Subtraktion und Division sind in den natürlichen Zahlen keine Verknüpfungen, weil es nicht zu jedem Paar natürlicher Zahlen eine natürliche Zahl gibt, die als Differenz bzw. Divisor gelten könnte. Die Subtraktion wäre nur in der Menge der (positiven und negativen) ganzen Zahlen, die Division nur in der Menge der rationalen Zahlen eine Verknüpfung. Dennoch bezeichnet man im Rahmen der Schulmathematik Subtraktion und Division ebenso wie Addition und Multiplikation als Operationen, wobei man allerdings nur solche Subtraktionen vorsieht, die in N eine Lösung haben, und bei der Division notfalls ganzzahlige Reste zuläßt.

Obwohl, wie erkennbar, der Terminus "*Operation*" in der fachlichen Bedeutung schon mit einem sehr großen Begriffsumfang ausgestattet ist, muß man ihm *im Sinne von PIAGET* eine noch viel allgemeinere Bedeutung zuschreiben. Er umfaßt dann über die mathematischen Verknüpfungen hinaus eine Vielzahl von Aktivitäten, wie z.B. Zuordnen, Unterteilen, Ordnen, Vergleichen, Umformen usw. Dabei können sich die Aktivitäten durchaus verschiedener Darstellungsweisen bedienen. PIAGET unterscheidet sogar ausdrücklich zwischen "konkreten" und "formalen" Operationen. Während konkrete Operationen, zumindest in der Vorstellung, an reale Objekte und Situationen sowie an manuelle Handlungen gebunden sind, liegen den formalen Operationen abstrakte Begriffsobjekte und -beziehungen zugrunde, und sie beziehen sich auf den Umgang mit verbalen und graphischen Zeichen, welche diese Objekte repräsentieren.
Die "konkrete Operation" liegt sehr in der Nähe dessen, was man im Deutschen mit dem Wort Handlung bezeichnet. Freilich muß man die *konkreten Operationen* (wie auch die formalen Operationen) im Sinne von PIAGET eventuell in einigen Punkten von einem alltagssprachlichen Verständnis von (konkreten) Handlungen abheben:

- Die "konkrete Operation" ist nicht auf manuelle Ausführungen eingeschränkt. Sie kann, zumindest neben der Ausführung an konkreten Modellen, auch in der

Vorstellung bzw. im Denken vollzogen werden. Man könnte in diesem Sinne Operationen als internalisierte (konkrete) Handlungen bezeichnen.

- Die "konkrete Operation" ist mit einer Umkehroperation verknüpft, das heißt, daß sich der Ausführende neben der die Operation kennzeichnenden Handlungen auch eine Handlung vorstellen kann, mit der die Wirkung der ersten wieder rückgängig gemacht bzw. aufgehoben wird. Man sagt, eine konkrete Operation muß reversibel sein.
- Eine "konkrete Operation" läßt sich in Teiloperationen zerlegen, die zum gleichen Ergebnis führen, und sie kann mit anderen Operationen zu einer neuen Operation verknüpft werden. Man sagt, die Operation muß kompositionsfähig sein.

b) Begriff "Gruppierung"

Die oben genannten Kennzeichen zur Abgrenzung einer Operation von einer Handlung führen unmittelbar zu jenem Begriff, den PIAGET in den französischen Originaltexten mit "groupement" bezeichnet und der zumeist mit "Gruppierung" ins Deutsche übersetzt wird. Operationen im PIAGET'schen Sinne können sich zu strukturellen Gebilden verbinden, die eine gewisse Ähnlichkeit mit Gruppen im Sinne der mathematischen Gruppentheorie haben. Das Verfolgen dieser begrifflichen Verwandtschaft scheint allerdings für didaktische Fragestellungen wenig fruchtbar. Hier ist allein bedeutsam, was PIAGET meint, wenn er von der *Gruppierung der Operationen* im Denken der Kinder spricht. Diese läßt sich im einzelnen so beschreiben:

- Das Kind ist fähig, zwei oder mehrere Operationen miteinander zu verknüpfen (hintereinander auszuführen) und dann eine Operation zu finden, die das gleiche leistet wie die Verknüpfung. Mit anderen Worten: das Kind vermag Operationsketten durch eine einzelne Operation oder eine andere Operationskette zu ersetzen (*Kompositionsfähigkeit* der Operationen). Beispiele: Das Kind beachtet beim Vergleich von Flüssigkeitsquanten einerseits die Höhe der Flüssigkeitssäule in einem Gefäß, andererseits den Durchmesser dieser Säule und verbindet beide Gesichtspunkte zu einem Gesamturteil. Oder das Kind sucht beim Einordnen von Stäben in einer nach Länge geordneten Reihe zuerst den nächstkleineren Stab, dann den nächstgrößeren Stab und realisiert so die Zwischen-Beziehung. Oder das Kind schließt aus der Beobachtung, daß die Anzahl einer Menge A kleiner ist als die Anzahl einer Menge B und die Anzahl von B kleiner ist als die Anzahl einer Menge C, daß die Anzahl von A auch kleiner sein muß als die Anzahl von C.
- Das Kind ist fähig, zu jeder Operation die Umkehroperation zu finden und weiß, daß die Komposition einer Operation mit ihrer Umkehrung der Identität entspricht. Diese sogenannte *Reversibilität* ist, wie oben ausgeführt, schon ein Kennzeichen der Operation selbst. Beispiele: Wenn der Vl eine Reihe von Plättchen durch Auseinanderziehen verlängert, kann sich das Kind die zugehörige Umkehrhandlung vorstellen, die den ursprünglichen Zustand wiederherstellt. Oder

wenn ein Flüssigkeitsquantum auf mehrere Gefäße aufgeteilt wird, kann sich das Kind die Teilquanten wieder vereinigt denken. Oder ein Kind kann die Vergrößerung der Anzahl einer Menge durch eine entsprechende Verkleinerung kompensieren.

- Das Kind weiß, daß verschiedene Verknüpfungen von Operationen zum gleichen Ergebnis führen können und kann zu einer Operation oder Operationsfolge ergebnisgleiche Operationsfolgen (z.B. Umwege und Wegverkürzungen) finden. PIAGET spricht in diesem Zusammenhang von "*Assoziativität*", wobei dieser Begriff von der algebraischen Bedeutung dieses Wortes zu unterscheiden ist. Beispiele: Ein Kind, das eine Anzahl von Plättchen, die in einem rechteckigen Schema geordnet sind, nachbilden soll, weiß, daß dies auf verschiedene Weise möglich ist: entweder durch Nachbilden einzelner Reihen und Beachten der Anzahl der Reihen oder durch Umordnen der Plättchen in eine lineare Reihe zum Zweck der Herstellung einer paarweisen Zuordnung. Oder ein Kind weiß, daß es eine Addition mit 18 durch verschiedene Operationsketten realisieren kann: Addition von 10 und anschließend von 8, zweimalige Addition von 9, Addition von 20 und anschließende Subtraktion von 2, usw.
- Das Kind weiß, daß es Operationen gibt, die den Zustand, auf den sie angewendet werden, nicht verändern. PIAGET spricht von "*Tautologie*" oder von "besonderen identischen" Operationen. Beispiele: Das Kind weiß, daß sich die Anzahl einer Menge A nicht vergrößert, wenn man sie mit einer Teilmenge von A vereinigt. Oder ein Kind weiß, daß sich eine natürliche Zahl bei Multiplikation mit 1 nicht verändert.

c) Entwicklungsstadien

Auf der Grundlage seiner zahlreichen und vielfältigen Beobachtungen hat Jean PIAGET die geistige Entwicklung von Kindern in Stadien beschrieben, die auch für die Entwicklung der Invarianz und der Ordnung bzw. des Zahlbegriffs von Bedeutung sind. Wie jede entwicklungspsychologische Stufenlehre geht auch die Stadientheorie PIAGETs von der Grundannahme aus, daß sich gewisse unterscheidbare und beschreibbare Verhaltensmuster bei allen Kindern in gleicher Art und Abfolge finden lassen. Diese Muster definieren dann jeweils eines der zeitlich aufeinanderfolgenden Stadien. Das Alter des Eintritts in ein bestimmtes Stadium kann von Kind zu Kind innerhalb eines gewissen Intervalls variieren. Aber jedes Kind durchläuft jedes Stadium in der angegebenen Reihenfolge.

PIAGET unterscheidet fürs erste drei Hauptstadien der geistigen Entwicklung:

- Von der Geburt bis etwa zum 2. Lebensjahr entwickelt sich die sensomotorische Intelligenz. Dieses erste Hauptstadium kann in diesem Zusammenhang außer Betracht bleiben.
- Zwischen dem zweiten und dem 11./12. Lebensjahr entwickeln sich die konkreten Operationen. Dieses zweite Hauptstadium ist hier von größtem Interesse.

- Ab dem 11./12. Lebensjahr folgt in einem dritten Hauptstadium die Entwicklung der formalen Operationen.

Das zweite Hauptstadium der konkreten Operationen zerfällt seinerseits in drei Unterstadien, nämlich
- in das voroperatorische Stadium (ca. 3. bis 5. Lj.),
- in das erste Niveau der konkreten Operationen (ca. 5. bis 8. Lj.) und
- in das zweite Niveau der konkreten Operationen (ca. 7. bis 11. Lj.).

Das *voroperatorische Stadium* ist gekennzeichnet durch den Übergang von der sensomotorischen Intelligenz zum operativen Denken. In ihm werden die konkreten Operationen vorbereitet. Das Kind wird nach und nach fähig, sich Handlungen vorzustellen und ist nicht mehr unbedingt auf deren konkrete Ausführung angewiesen. Freilich sind die Handlungsvorstellungen noch etwas starr und unbeweglich. Sie gelingen zunächst nur für Situationen, die dem Kind sehr gut vertraut sind, zu denen es also schon über ausgiebige und reale Erfahrungen verfügt. Die Vorstellungen beziehen sich mehr auf Zustände und statische Anordnungen, weniger auf Transformationen und dynamische Prozesse. Der bedeutsamste Fortschritt dieses Stadiums liegt in der Entwicklung der semiotischen Funktion, d.h. darin, daß das Kind den Gebrauch von Worten und Zeichen als symbolhafte Vertreter für reale Projekte und Prozesse erlernt.
Auf dem *ersten Niveau des Stadiums der konkreten Operationen* erwirbt das Kind mehrere neue Handlungskompetenzen. Es wird fähig, Objekte nach vorgegebenen Kriterien korrekt zu klassifizieren, die Elemente einer Menge aufgrund einer angegebenen Ordnungsbeziehung bzw. Ordnungsvorschrift korrekt und vollständig zu ordnen. Es versteht die Unabhängigkeit der Anzahl einer Menge von der räumlichen Teilung ihrer Elemente und erkennt durch Anwendung der paarweisen Zuordnung, daß die Anzahlgleichheit (in mathematischer Sprache die Gleichmächtigkeit) zweier Mengen durch Veränderung der räumlichen Lage der Elemente nicht beeinflußt wird. Es vermag einzusehen, daß die auf Objekte angewendeten Handlungen (z.B. Bewegungen, Verformungen, usw.) nur einen Teil ihrer Eigenschaften verändern, andere aber unverändert lassen können (Invarianz).
Auf dem *zweiten Niveau der konkreten Operationen* erwirbt das Kind alle wichtigen Invarianzen in vollkommener Weise. Das Verständnis der Invarianz beschränkt sich nicht nur auf Anzahlen, sondern umgreift nun auch geometrische und physikalische Größenbegriffe wie Länge, Flächeninhalt, Volumen, Zeitdauer, Gewicht, Geschwindigkeit, usw. Der Eintritt in dieses Stadium ist daran zu erkennen, daß die Operationen im Denken der Kinder nunmehr vollständig "gruppiert" sind. Sie sind also im obigen Sinn kompositionsfähig, reversibel und assoziativ. Sie erreichen ihr Höchstmaß an Beweglichkeit und Flexibilität.

Um Fehlinterpretationen zu vermeiden, sind der Stadientheorie PIAGET's noch einige *Bemerkungen* anzufügen:
- Jedes einzelne Entwicklungsstadium ist nicht durch einige wenige Kennzeichen zu beschreiben, sondern durch eine strukturierte Vielfalt von Art und Weisen

bestimmt, in denen das Kind Ausschnitte aus der Wirklichkeit (bzw. Informationen) aufnimmt und sich in seinem Verhalten ihnen anpaßt. Beim Versuch einer bildlichen Vorstellung sollte man die Phasen nicht als Abschnitte (Strecken) auf einer, die zeitliche Ordnung symbolisierenden Halbgeraden sehen, sondern als Flächenausschnitte in einer Ebene von Handlungskompetenzen.

- Durch den Eintritt in ein höheres Stadium werden die Handlungsformen und Handlungsmöglichkeiten des vorausgehenden Stadiums nicht etwa aufgehoben, sondern in die höhere bzw. nächste Stufe integriert. Den Fortschritt der kognitiven Möglichkeiten hat man sich also nicht als Weitergehen auf einem Weg vorzustellen, sondern als Erweiterung der Handlungsmöglichkeiten, etwa nach dem Bild konzentrischer Kreise.
- Wenn sich auch die einzelnen Stadien auf Grund geeigneter Auswahl von Verhaltensmustern relativ deutlich voneinander abgrenzen lassen, so schließt das keineswegs aus, daß der Phasenübergang beim einzelnen Kind, wie PIAGET es nennt, in "funktionaler Kontinuität" erfolgt, d.h. in Form einer kontinuierlichen Steigerung der Angemessenheit und der Vielfalt der Handlungsmöglichkeiten. Die individuelle Entwicklung kann zwar Stellen der Beschleunigung wie des scheinbaren Stillstands aufweisen, sie ist jedoch nicht durch qualitative Sprünge oder gar Brüche charakterisiert.

Insgesamt läßt sich das für den Grundschulunterricht bedeutsame Fortschreiten innerhalb der Stadien der konkreten Operationen mithilfe zunehmender Gruppierung der Operationen und mit der Verbesserung ihrer Flexibilität sowie der Zunahme ihrer Unabhängigkeit von realen Kontexten erklären.

Aufgabe 80.1
Versuchen Sie aus der Sicht der Befunde und der Theorie PIAGETs das Prinzip zu begründen, daß beim Aufbau des Zahlbegriffs die eigene Materialarbeit der Schüler einer Lehrerdemonstration von modellbezogenen Handlungen vorzuziehen ist. ■

3.3 Weitere, auf PIAGET bezogene Untersuchungen

PIAGET hatte mit seinen Untersuchungen zur Entwicklung der "konkreten Operationen" und verschiedener logisch-mathematischer Begriffskonzepte schon 1930 begonnen. Sein Buch über "Die Entwicklung des Zahlbegriffs beim Kinde", das er zusammen mit A. SZEMINSKA herausgab, war in der ersten Auflage 1941 erschienen (französischer Originaltitel: "La genèse du nombre chez l'enfant"). Es blieb nahezu zwanzig Jahre lang ohne nennenswertes Echo. Erst in den 60er Jahren wurde es in andere Sprachen übersetzt und dann auch inhaltlich zur Kenntnis genommen. In Deutschland kommt K.RESAG das Verdienst zu, die Gedanken dieses Werkes in einer 1962 erschienen Monographie mit dem Titel "Kind und Zahl" ausführlich vorgestellt und ihre Bedeutung für den Rechenunterricht der Grundschule aufgezeigt zu haben.
Mitte der 60er Jahre intensivierte sich dann auch die wissenschaftliche Auseinandersetzung mit der genetischen Psychologie von PIAGET. Sie erfaßte nach und nach alle Aspekte dieser Theorie, problematisierte sie und legte Lücken. Einige für die Didaktik des Zahlbegriffs wichtige Gesichtspunkte sollen nachfolgend besprochen werden.

3.3.1 Zu PIAGETs Stufentheorie

PIAGET war zu dem Ergebnis gekommen, daß sich der Zahlbegriff - wie viele andere begriffliche Konzepte - nach Stufen entwickelt, die bei durchaus individuellem Zeitrhythmus für alle Kinder eine konstante Abfolge aufweisen. Die Zahlauffassungen auf den verschiedenen Stufen unterscheiden sich nicht nur nach ihrem Umfang, sondern auch in ihrer Art, also qualitativ deutlich voneinander. Für den mathematischen Anfangsunterricht sind, wie bereits dargelegt, vor allem das voroperatorische Stadium und die verschiedenen Niveaus des Stadiums der konkreten Operationen von Bedeutung. Die Auseinandersetzung mit dieser Stufentheorie schlug zwei verschiedene Richtungen ein. Einige Psychologen versuchten, sie mit statistischen Mitteln zu sichern und zu präzisieren, andere stellten sie grundsätzlich oder doch zumindest in einigen Aspekten in Frage.

a) Statistische Beschreibung der Entwicklungsstufen

Wie dargelegt hatte PIAGET seine Stufentheorie aus Beobachtungen entwickelt, die im Rahmen von Einzelinterviews mit Kindern verschiedener Altersstufe gemacht worden waren (methode clinique). Aufgrund der dabei gewonnen Erfahrungen gab er zwar Altersspannen an, innerhalb derer sich jene Kinder befanden, die er aufgrund der Interviews der jeweiligen Stufe zuordnete. Aber er machte keine statistischen Angaben darüber, welcher Prozentsatz von Kindern eines bestimmten Lebensalters den verschiedenen, von ihm beschriebenen Stadien zugerechnet werden könnte. Hier wurde Ergänzungsbedarf empfunden. Entwicklungspsychologen wollten den Erstklaßlehrern mitteilen können, auf welcher der PIAGETschen Stufen sich der Großteil ihrer Schüler befinden sollte und auf welches Lernniveau sie sich demzufolge einzustellen hätten. Ein aufschlußreiches Beispiel für derartiges Bemühen finden wir bei J. LAUX, der die Ergebnisse einschlägiger Untersuchungen in der Monographie "Die Bildung des Zahlbegriffs in den ersten drei Schuljahren" (1969) zusammenstellte. Der Autor hatte eine Serie von *zwölf Versuchen* entworfen, die sich kurz so charakterisieren lassen:

(1) In zwei gleichförmige, zylindrische Glasgefäße A und B (5 cm Durchmesser) werden je ca. 80 Perlen eingefüllt. Sobald die Vp für die beiden Gefäße Anzahlgleichheit anerkennt, füllt der Vl die Perlen von B in ein schlankeres Gefäß C um (2,5 cm Durchmesser) und läßt das Kind die Anzahl der Perlen in A und C miteinander vergleichen.

(2) Die Gefäße A und B werden zu etwa zwei Dritteln mit gleich vielen Perlen gefüllt. Dann fügt der Vl in B etwa 10 weitere Perlen hinzu. Nachdem die Vp Anzahlungleichheit konstatiert hat, füllt er den Inhalt von B in ein breiteres Gefäß D um (7,5 cm Durchmesser) und verlangt einen Vergleich von A und D.

(3) In zwei parallel nebeneinander liegenden Laufrinnen L_1 und L_2 werden je 20 farbige Holzperlen eingefüllt, wobei die Perlen in L_1 einen Durchmesser von 16 mm haben, die in L_2 jedoch nur einen von 10 mm. Die Perlen liegen zunächst in paarweiser Zuordnung einander gegenüber und zeigen somit den Vpn ihre Anzahlgleichheit an. Sobald diese anerkannt ist, hebt der Vl die Laufrinnen auf einer Seite leicht an, so daß die kleineren Perlen zu einer kürzeren Reihe zusammenrutschen; dann fordert er erneut einen Anzahlvergleich.

(4) Alles verläuft zuerst wie im Versuch (3). Doch nach der Aussage über den Anzahlvergleich fügt der Vl der Reihe in L_2 nach und nach zwei weitere Perlen (gleicher Größe, aber anderer Farbe) hinzu und verlangt jeweils erneut den Anzahlvergleich.

(5) In zwei gleichförmige Schalen (E und F) werden je 50 Klicker eingefüllt. Nachdem die Vp Anzahlgleichheit festgestellt hat, legt der Vl weitere Perlen in die Schale F, so daß nun offensichtlich Anzahlungleichheit herrscht. Sobald diese anerkannt ist, fügt er nacheinander 16 mal jeweils einer Schale einen weiteren Klicker hinzu und läßt schließlich wieder den Inhalt der beiden Gefäße vergleichen.

(6) Die Versuchsanordnung entspricht nahezu völlig der unter (5) beschriebenen, nur daß diesmal aus den Schalen Klikker entnommen werden. Genauer gesagt entnimmt der Vl aus der Schale E nacheinander dreimal einen Klicker und aus Schale F gleichzeitig eine Menge von drei Klickern. Diese Handlung wiederholt er einige Male und verlangt immer wieder den Anzahlvergleich.

(7) Die formgleichen Gefäße A und B werden zunächst beide zur Hälfte mit Perlen gefüllt, dann werden in B weitere Perlen eingelegt, so daß die Vp Zahlungleichheit feststellt. Ist dies geschehen, wird der Inhalt von B in die Schale E umgeschüttet und der Zylinder B wieder mit gleich vielen Perlen, wie in A sind, aufgefüllt. Das Kind soll vergleichende Aussagen über den Inhalt der drei Gefäße machen.

(8) Die Versuchsanordnung ist ähnlich wie in (7). Es wird jetzt aber sowohl mit den beiden Schalen E und F wie auch mit den Zylindern A und D gearbeitet und

dafür gesorgt, daß in E mehr Perlen sind als in F, in F gleich viele wie in A und in A mehr als in D.

(9) und (10) Die Vpn sollen jeweils vier Holzstäbe unterschiedlicher Länge (Längendifferenz ca. 1,5 mm) ihrer Größe nach aufstellen. Einziger Unterschied: Die Stäbeserie des Versuchs (9) ist deutlich kürzer als die im Versuch (10) verwendete.

(11) Die Schüler sollen die beiden geordneten Serien aus Versuch (9) und (10) ineinander verschachteln, d.h. abwechselnd den längsten Stab der größeren Serie und den längsten der kleineren Serie, den zweitlängsten der größeren und den zweitlängsten der kleineren, usw. aufstellen.

(12) Gegeben ist eine Menge von ca.40 runden und viereckigenFormenplättchen. Die Vpn haben die Anzahl aller Plättchen mit derjenigen der runden Plättchen zu vergleichen.

Aufgabe 83.1

a) Versuchen Sie Merkmale herauszufinden, in denen sich die Experimentalaufgaben von LAUX grundsätzlich von den PIAGETschen unterscheiden.

b) Wie könnte sich bei den Aufgaben (2), (4), (7) und (11) an den Reaktionen der Vpn ein Übergang vom Stadium der Varianz zu dem der Invarianz (im Sinne von PIAGET) zeigen? ▪

Indem LAUX nun die in die Untersuchung einbezogenen Kinder nach Vierteljahres-Intervallen in Altersgruppen einteilt, und für jede dieser Gruppen bei jedem Versuch die Quote der erfolgreichen Kinder feststellt, kommt er u.a. zu folgenden *Ergebnissen*:

- Bei den Versuchen (1) und (2) zur Invarianz der Anzahl mit simultanem Vergleich wird die 50 % - Erfolgsgrenze Mitte des 7. und die 90 % - Erfolgsgrenze Ende des 8. Lebensjahrs überschritten.
- Bei den Versuchen (3) und (4) zur Invarianz der Anzahl wird bei Zuordnung die 50 % - Grenze ebenfalls Mitte des 7. Lebensjahrs, die 90 % - Grenze aber schon Mitte des 8. Lebensjahrs überschritten.
- Im Fall der Invarianz der Anzahl sind die Vpn bei den Zuordnungsaufgaben (5) und (6) unterschiedlich erfolgreich. Die 50 % - Erfolgsgrenze wird im Fall des stückweisen Hinzufügens (Versuch 5) schon zu Beginn des 7. Lebensjahrs überschritten, im Falle des stückweisen Wegnehmens (6) jedoch erst Mitte des 8. Lebensjahrs. Die 90 % - Grenze wird in beiden Fällen im 8. Lebensjahr nicht mehr erreicht.
- Der Anzahlvergleich unter Zuhilfenahme der Transitivität gelingt für den leichteren Versuch (7) zu Beginn des 8. Lebensjahres 50 % der Vpn und schon zum Ende dieses Lebensjahres 90 %, während für den zweiten Versuch (8) die 50 % - Grenze erst Mitte des 8. Lebensjahres überschritten und die 90 % Grenze in diesem Lebensjahr gar nicht mehr erreicht wird.
- Die elementare Anordnung, wie sie in den Versuchen (9) und (10) verlangt ist, gelingt schon zu Beginn des 6. Lebensjahres 50 % der Vpn und zu Beginn des 7.

Lebensjahres bereits 90 %. Die verschachtelte Anordnung jedoch, die der Versuch (11) verlangt, schaffen zu Anfang des 7. Lebensjahrs 50 % und erst gegen Ende des 8. Lebensjahrs 90 % der Kinder.

- Die Teil-Ganzes-Beziehung des Versuchs (12) bewältigen Mitte des 8. Lebensjahres erst 50 % der Vpn.

Im *Resümee* findet LAUX die von PIAGET angegebenen Entwicklungsstufen nach Art, Abfolge und Zeitangabe im wesentlichen bestätigt. Allerdings kommt er auch zu der Einschätzung, daß die Zeitangaben "nach Arten des Materials, nach der Größe der verwendeten Mengen, nach Art der Umweltverhältnisse (Schule..) und nach dem Grad der intellektuellen Begabung" (S. 167) differieren. Ebenso stellt er fest, daß die Übergangsstufe vom präoperationalen zum operationalen Stadium "sowohl in der Definition als auch im experimentellen Aufweis immer ein Problem" sei (S. 167). Mit solchen Gedanken nähert sich LAUX jenen Psychologen, die in der Stufentheorie grundsätzliche Probleme sehen. Einige Beispiele der einschlägigen Kritik seien nachfolgend herausgegriffen.

b) Kritik der Stufentheorie PIAGETs

Es gehört zu den Grundannahmen der PIAGET'schen Stufentheorie, daß über den Erfolg eines Kindes beim Lösen einer Experimentalaufgabe ausschließlich die von ihm erreichte Stufe der geistigen Entwicklung entscheidet. Damit wäre es möglich, die Entwicklungsstufe eines Kindes mittels einer Testaufgabe festzustellen und den Lösungserfolg auch für alle anderen Aufgaben vorherzusagen, die mit den, dieser Stufe zugewiesenen geistigen Mitteln gelöst werden können. Zwar anerkennt PIAGET, daß es gewisse zeitliche Verschiebungen im Erwerb logisch gleichwertiger Operationen geben kann, wenn diese auf unterschiedliche Objekte angewendet werden. Z.B. wird die Invarianz des Gewichts später entdeckt als die Invarianz der Anzahl. Er spricht in diesem Zusammenhang von "décalages" (Verschiebungen). Dies hindert ihn jedoch nicht daran, grundsätzlich an der Gleichzeitigkeit des Auftretens analoger Operationen festzuhalten. An diesem Punkt setzt die Kritik vor allem an.
Beispielsweise bezweifelt AEBLI (1963), daß es einen einfachen Zusammenhang zwischen dem Lebensalter von Kindern und der Struktur der Begriffe und Operationen gibt, welche sie jeweils erwerben bzw. anwenden können. Während gemäß PIAGET Aufbau- und Koordinierungsprozesse das Kind im Laufe seiner Entwicklung allmählich in einen Zustand bringen, der es zur Lösung bestimmter Probleme befähigt, lenkt AEBLI die Aufmerksamkeit auf das aktuelle Geschehen im Problemlösungsprozeß selbst. Hatte PIAGET die Möglichkeit, daß sich während der durchgeführten Experimente Lernprozesse vollziehen können, prinzipiell ignoriert, so kommt AEBLI zu der Überzeugung, daß sich der *Fortschritt* in der Entwicklung weitgehend gerade nicht in der Zeit zwischen den Experimenten vollzieht, sondern *in der* strukturierten und zielgerichteten *Lernsituation des Experiments* selbst.

Mit solchen Überlegungen verliert die Entwicklung den Charakter eines rein spontanen, ausschließlich aus sich selbst lebenden Vorgangs. Vielmehr wird angenommen, daß das Kind im Versuch Erkenntnisse gewinnt, die durch die Problemstellung und die Versuchsanordnung hervorgerufen sind. "Die Entwicklung ist nicht mehr ein spontaner Prozeß; in ihren strukturierten und spezifischen Aspekten erscheint sie als provoziert oder doch realisiert durch das Experiment oder durch andere Lernsituationen. Problemstellungen und Versuchsanordnung lenken das Kind dahin, jene Entwicklungsfortschritte zu vollziehen, die gemäß dem Stand seiner Kraft als Möglichkeit in seinem Bereich liegen. Der Versuchsleiter ist zwar kein Lehrer, aber er lenkt das Kind doch so, daß sich sein Denken in der Richtung bewegt, in der eine Struktur aufgebaut werden kann. Damit ist aber nicht nur die Entwicklung des Kindes sowohl zu einem psychologisch als auch pädagogisch verstehenden Arbeitsprozeß geworden, sondern es erweist sich zugleich die enge Verwandtschaft der im genetischen Prozeß provozierten geistigen Prozesse mit den Lernprozessen, welche die Schule und der Unterricht erzeugen." (AEBLI 1963, S. 90)

AEBLI nennt den Prozeß des erfolgreichen Aufgabenlösens "Elaboration" und fragt danach, wovon diese im einzelnen abhängen mag. Er versucht, die bestimmenden *Faktoren* im Rahmen eines Experiments aufzudecken, auf das in diesem Zusammenhang nicht näher eingegangen werden kann. Wichtig erscheinen hier nur die Faktoren selbst, für die sich eine Wirkung auf den Elaborationsprozeß zeigte. Es sind dies:

- Die Strukturhöhe der durchzuführenden Operation; offenbar hat z.B. der Vergleich zwischen der Anzahl einer Menge und der Anzahl einer Teilmenge dieser Menge eine größere Strukturhöhe als der einfache Längenvergleich von Stäben.
- Die Anzahl der am Experiment beteiligten Elemente; es ist also nicht gleichgültig, mit wievielen Plättchen oder Perlen Invarianzversuche durchgeführt werden.
- Die Gestalt des Gegenstandes; die Art des für Invarianzversuche verwendeten Materials kann deutliche Auswirkungen auf die Elaboration haben.
- Die Anschaulichkeit des Gegenstandes; es macht einen Unterschied aus, ob die Vpn eine Aufgabe anhand konkret vorliegenden Materials oder nur in der Vorstellung zu lösen haben.
- Die während der Aufgabenlösung sich vollziehenden Lernprozesse; es kann sein, daß ein Kind während des Versuchs einen Lernschritt vollzieht, der es dann zu einer urprünglich noch nicht möglichen Elaboration befähigt.
- Die Anzahl der Wiederholungen; bei wiederholter Lösung gleicher Aufgaben steigt offenbar die Fähigkeit eines Kindes zur Elaboration.
- Die Motivation; bedeutsam ist auch die Bereitschaft des Kindes, sich mit den ihm gestellten Problemen aktiv auseinanderzusetzen und eine selbständige Lösung zu versuchen.

Aufgabe 85.1
Vergegenwärtigen Sie sich die eben genannten Faktoren möglichst konkret anhand der Aufgaben (8) und (9) aus der Untersuchung von LAUX. ▪

Von allen diesen Faktoren - und nicht nur vom Entwicklungsalter und vom Aufgabeninhalt - hängt es also nach AEBLI ab, ob einer Vp die Lösung einer Experimentalaufgabe gelingt. Damit wird es schwierig, Experimentalaufgaben bzw. logische Operationen in eine lineare Ordnung zu bringen, der gemäß sie im Laufe der kindlichen Entwicklung bewältigt werden. Umgekehrt lassen sich auch zeitliche Abfolgen von Entwicklungsstadien kaum mittels solcher Aufgaben bzw. Operationen definieren. Denn, je nach Ausprägung der genannten Faktoren, wird ein und dieselbe Anforderung unter bestimmten Bedingungen erfüllt und unter anderen nicht.

Ähnliche Feststellungen wie von AEBLI wurden auch von anderen Forschern getroffen. Als Beispiel seien die Untersuchungen von KLAUSMEIER/SIPPLE (1982) herausgegriffen, die mittels einer ganz anderen Methode, nämlich der Faktorenanalyse, zu einem durchaus vergleichbaren Resultat kommen. Im Resümee stellen diese Autoren fest, daß die Aussage, ein Kind sei im Stadium des konkret-operationalen Denkens, keine nützliche Information liefert. Sie fanden nämlich, daß Vpn, die eine der diesem Stadium zugewiesenen Aufgaben bewältigten, deswegen keineswegs auch alle übrigen, ebenfalls diesem Stadium zugewiesenen Aufgaben lösen konnten. Lehrern müsse bewußt gemacht werden, daß der Entwicklungsfortschritt von Kindern bezüglich Aufgaben, deren Bewältigung für gewöhnlich als Nachweis für das Stadium der konkreten Operationen gesehen wird, durchaus nicht synchron, parallel oder konvergent sein muß.
Mittels Faktorenanalyse ließen sich auch aus zwölf klar definierten, für die Untersuchung ausgewählten Aufgaben fünf relativ stabile Faktoren identifizieren, die offensichtlich so organisiert sind, daß sie keines der im Anschluß an PIAGET entwickelten Stadienmodelle (z. B. das von FLAVELL 1968) stützen können.

> "Based on all findings, it appears that substantively and operationally related areas of development emerge from more diffuse areas. Each related set of concrete operations tasks and the groupements has its own developmental pattern, and no one set is highly related to any other set. In essence, then, there is parallel development of sets of related items, rather then parallel development of all the items." (S. 178)

Nun verlieren mit Analysen der beschrieben Art die Befunde PIAGETs zur Entwicklung des Zahlbegriffs keineswegs an Interesse oder müßten etwa gar als wertlos betrachtet werden. Betreffen sie doch weniger die Experimente selbst und die bei ihnen gemachten Beobachtungen, als deren Deutung und die aus ihnen zu ziehenden Konsequenzen. Sicherlich zeigt sich aber, daß mit PIAGETs Befunden etwas differenzierter umgegangen werden muß.

Aufgabe 86.1
Vorausgesetzt, die Kritik an PIAGETs Stufentheorie trifft in der referierten Weise zu: Was würde Sie dann für die Verwendung der PIAGETschen Theorie durch einen Erstklaßlehrer für Konsequenzen ziehen? ■

3.3.2 Zu PIAGETs Erklärungshypothesen

Für den nicht nur an der Beschreibung der kindlichen Entwicklung, sondern auch an pädagogischen Eingriffen in diese Entwicklung Interessierten, erweist sich die Frage als besonders bedeutsam, wie denn das Fehlen bzw. das Auftreten der Invarianz in der Genese des Zahlverstehens zu erklären sei. Mit PIAGETs Erklärungshypothesen zu dieser Frage hat sich vor allem der amerikanische Psychologe J.B. BRUNER (1971) und seine Schule auseinandergesetzt. Aber auch von Untersuchungen und Reflexionen anderer Psychologen zu diesem Punkt wird nachfolgend berichtet.

a) Wahrnehmung und Invarianz

In seinen klinischen Interviews war PIAGET aufgefallen, wie stark sich jüngere Kinder in ihren Quantitätsurteilen von Wahrnehmungseindrücken leiten lassen. Bilden gleich viele Plättchen eine kürzere Reihe, so schätzen die Vpn deren Anzahl als geringer ein, wenn sie kleiner sind oder dichter liegen als die Plättchen der Vergleichsmenge. Erscheint ein Flüssigkeitsspiegel niedriger, so schließen sie auf geringeres Quantum, auch wenn das durch weit größeren Durchmesser ausgeglichen wird.
Die Kinder lassen sich in ihren Quantitätsurteilen so stark von Wahrnehmungseindrükken stören, daß sie ein und dasselbe Quantum anders beurteilen, nur weil es seine Wahrnehmungsgestalt verändert hat. PIAGET folgert im Umkehrschluß, daß ein Kind die Invarianz dadurch erlangt, daß es sich über solche Wahrnehmungsstörungen hinwegzusetzen, sie gleichsam denkend zu korrigieren lernt.
BRUNER ging dieser Hypothese in einer Reihe sogenannter Abschirmversuche nach. Der Inhalt eines Standardgefäßes A wirdnacheinander in Gefäße B, C, D und E umgeschüttet, deren jeweilige Formbeziehung zu A sich folgender Darstellung entnehmen läßt:

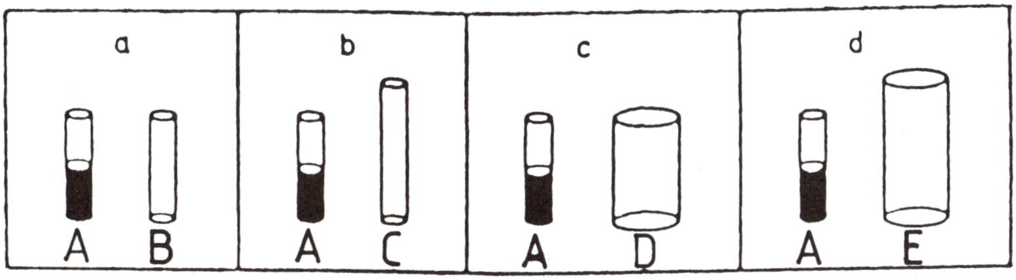

Das Umschütten verbindet sich mit verschiedenen Zusatzbedingungen:

- Einmal deckt der Vl, nachdem er dem Kind die Gefäße gezeigt hat, diese während des Umschüttens mit einer Sichtblende soweit ab, daß nur noch ihr oberer

Rand wahrnehmbar bleibt und die Vp ihre Entscheidung ohne Sicht auf die Flüssigkeiten in den Gefäßen zu fällen hat.

- Im zweiten Versuchsteil stehen die Gläser vor der Sichtblende und die Vpn werden gebeten, mit dem Finger auf der Blende anzuzeigen, wie hoch das Wasser nach dem Umschütten im jeweils anderen Gefäß reichen wird.
- Im dritten Versuch stehen die Gläser zuerst vor der Abschirmung und die Vp soll das Flüssigkeitsniveau im Gefäß A mit einem Bleistiftstrich markieren. Dann stellt der Vl die Gefäße hinter den Schirm (wie im ersten Versuch), gießt um und bittet das Kind, auf dem Schirm mit Bleistift zu markieren, wo es das Flüssigkeitsniveau im anderen Gefäß vermutet. Danach werden die Gefäße hervorgeholt und das tatsächliche Niveau mit der Schätzung verglichen. Der Versuchsablauf in diesem dritten Experiment läßt sich so skizzieren:

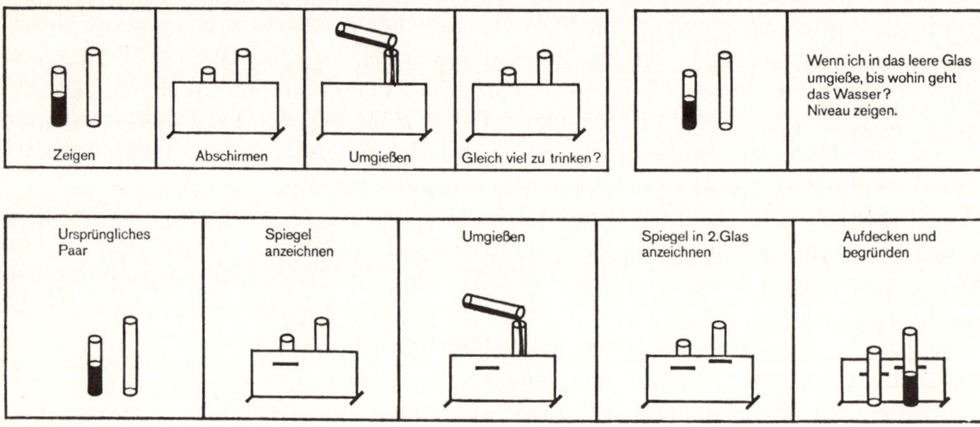

Die *Ergebnisse*, kurz zusammengefaßt:

- Von den vierjährigen Kindern hatte in der Vorprüfung keines Invarianz gezeigt. In den Versuchen mit Abschirmung gelangten 50 % von ihnen zu invarianten Aussagen. Der Anteil fiel allerdings nach dem Aufdecken auf 10 % und in der Nachprüfung wieder auf 0 % zurück.
- Bei den Fünfjährigen hatten in der Vorprüfung 20 % invariante Urteile abgegegeben. Bei den Abschirmversuchenstieg die Quote auf 80 % und nach dem Aufdecken gar auf 100 %. In der Nachprüfung fiel die Gruppe jedoch auf 90 % invarianter Urteile zurück.
- Die siebenjährigen Kinder, die in der Vorprüfung ebenfalls zu 50 % invariante Antworten gegeben hatten, erhöhten ihren Anteil durch die Abschirmung auf 100 % und verblieben dort auch nach dem Aufdecken. Erst in der Nach prüfung fiel der Anteil auf 90 % zurück.

Auch wenn das Experiment auf kontinuierliche Quantitäten beschränkt ist und sich seine Ergebnisse nicht ohne weiteres auf die Invarianz der Anzahl übertragen lassen, dürfte es doch die Annahme von der *Wahrnehmungsabhängigkeit der Quantitätsurteile* bei jüngeren Vpn unterstreichen. Auch scheint es zu belegen, daß die Kinder erst nach und nach lernen müssen, die Wirkung von Wahrnehmungsstörungen mithilfe ihres Denkens zu neutralisieren.

PIAGET stellt sich das Lernen so vor, daß sich Handlungen zu beweglichen Operationen verinnerlichen. Das heißt im einzelnen, daß sich Gestaltveränderungen in der Vorstellung rückgängig machen (Reversibilität) und verschiedene Bewertungsdimensionen wie Höhe und Durchmesser einer Flüssigkeitssäule, Länge und Dichte einer Plättchenreihe zueinander in Beziehung setzen lassen (Komposition). Er schließt dies aus den Argumenten, mit denen ältere Kinder ihre invarianten Urteile zu begründen pflegen.
Diesen Argumenten wollte BRUNER wiederum nachgehen. Ihm war bei den Abschirmversuchen aufgefallen, daß Kinder invariante Urteile sehr häufig mit der *Identität* der Flüssigkeit in beiden Gefäßen begründeten: "Es ist dasselbe Wasser." - "Du hast es nur umgegossen." - "Wenn es immer im ersten Glas wäre, wäre es überhaupt nicht verschieden." - "Du hast kein Wasser weggenommen und keines hinzugetan." Schon logisch erscheint es BRUNER zwingend, daß sich das verinnerlichte Zurückgießen sowie die Kompensation der größeren Höhe mit der kleineren Grundfläche der Flüssigkeitssäule und umgekehrt auf die Invarianz nur dann auswirken können, wenn das Kind erkannt hat, daß die Flüssigkeit auch nach dem Umgießen dieselbe bleibt. Ursprüngliche Flüssigkeit und umgeschüttete Flüssigkeit müssen für das Kind identisch sein. Er behauptet nicht, daß die Erkenntnis der Identität notwendig die Invarianz der Quantität nach sich zieht. Sie sei aber, wenn schon keine hinreichende, so doch eine *notwendige Voraussetzung für invariante Urteile*.

Da nun PIAGET in seinen Versuchen die Identität nicht kontrolliert hatte, wollte BRUNER dieser logischen Argumentation auch empirisch nachgehen. Aus diesem Grunde führt er in den Flüssigkeitsversuch eine hölzerne Ente ein, der das Wasser "gehören" soll, und die ihr Wasser jeweils "mitnimmt", wenn sie von einem See zum anderen "umzieht". Die Kinder werden nach dem Umschütten in ein anderes Gefäß stets zuerst gefragt, ob die Ente noch auf demselben Wasser schwimmt wie vorher, und erst dann, ob sie jetzt noch gleich viel Wasser zur Verfügung habe wie früher. Manchen Gruppen werden die Fragen auch in umgekehrter Reihenfolge gestellt. In der Tat zeigte sich, daß praktisch alle Kinder, die das Wasserquantum als gleich beurteilten, auch von demselben Wasser sprachen. Das Umgekehrte jedoch war nicht der Fall. Vielmehr behaupteten auch Kinder, denen die Identität klar war, das Wasser sei weniger oder mehr geworden.
Als aufschlußreich erwies sich die Wirkung, welche die Reihenfolge der Fragen auf das Ergebnis hatte. Von den Kindern, die im Vorversuch keine Invarianz gezeigt hatten, kamen im Verlauf des Versuchs 65 % zu invarianten Urteilen, wenn man ihnen zuerst die Identitätsfrage und dann erst die Äquivalenzfrage stellte. Auch jene Kinder, die im Vorversuch Invarianz gezeigt hatten, beantworteten die gestellte Aufgabe zu 80 % inva-

riant, wenn man ihnen zuerst die Identitätsfrage stellte, nur zu 50 % hingegen, wenn man mit der Äquivalenzfrage begann. Die Identitätsfrage scheint also Kinder daran zu erinnern, daß auch die Quantität der Flüssigkeit gleich bleibt. Jedenfalls darf man vermuten, daß der Identitätsfrage in der Invarianzentwicklung eine beachtenswerte Bedeutung zukommt.

BRUNER geht schließlich in seiner Piaget-Kritik noch einen Schritt weiter, indem er die Kraft des Reversibiltäts- und des Kompensationsarguments generell in Frage stellt. Als erstes weist er anhand von Protokollen PIAGETs nach, daß seine Vpn häufig solche Argumente gebrauchen, obwohl sie die Größen gar nicht als invariant betrachten. Es stelle sich also die Frage, ob diese beiden Argumente die Invarianz überhaupt begründen können. BRUNER berichtet dann von einer Feldstudie, die von seiner Mitarbeiterin S. Carey durchgeführt wurde. Sie wählte 19 vier- bzw. fünfjährige Kinder aus, von denen keines in einer Vorprüfung Invarianz gezeigt hatte. Das Experiment bestand aus fünf Tests, in denen die Vpn jeweils einem teilweise gefüllten Normalglas und einem gleichförmigen leeren Glas gegenübersaßen. Man zeigte ihnen in jeder Aufgabe ein weiteres Paar teilweise gefüllter Gläser, aus dem sie dasjenige auswählen sollen, mit dessen Inhalt sie das leere Glas gleich stark mit Flüssigkeit füllen können wie das Normalglas. Die Versuchsanordnungen lassen sich zeichnerisch so darstellen:

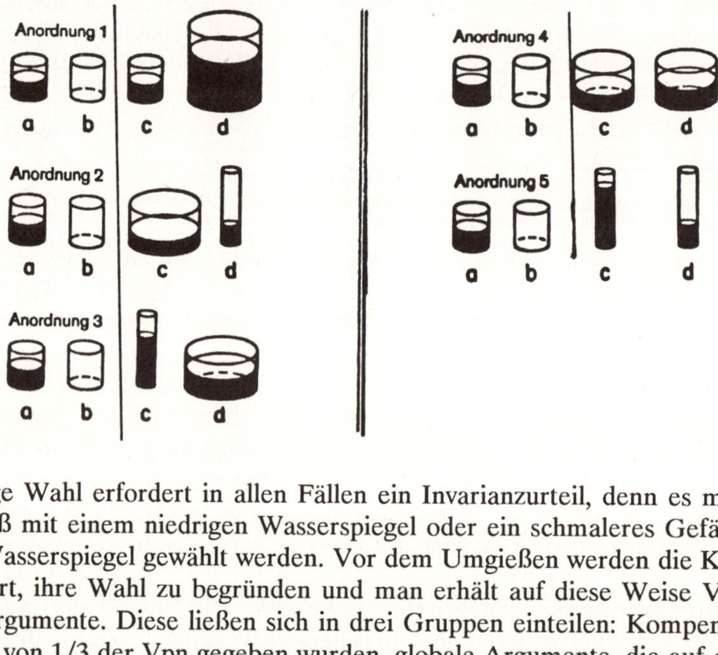

Die richtige Wahl erfordert in allen Fällen ein Invarianzurteil, denn es muß ein breiteres Gefäß mit einem niedrigen Wasserspiegel oder ein schmaleres Gefäß mit einem höheren Wasserspiegel gewählt werden. Vor dem Umgießen werden die Kinder zudem aufgefordert, ihre Wahl zu begründen und man erhält auf diese Weise Varianz- bzw. Invarianzargumente. Diese ließen sich in drei Gruppen einteilen: Kompensationsargumente, die von 1/3 der Vpn gegeben wurden, globale Argumente, die auf dem Leitmotiv des gleichen Aussehens basierten und Verweise auf die Erfahrung (z. B. "So ist es vorher gewesen"). Die letzten zwei Argumentationsarten kamen etwa gleich oft vor.

Schließlich absolvierten die Kinder eine Nachprüfung und die Vierjährigen blieben bei ihren varianten Urteilen; von den Fünfjährigen gingen nur zwei auf Invarianz über. Und dies, obwohl beim Versuch selbst die Hälfte der Vierjährigen und der Fünfjährigen die richtigen Gläser gewählt hatte.
Ein solcher Befund ist in der Tat dazu angetan, das Vertrauen in die Reversibilitäts- und Kompensationsurteile als Indikatoren für das Erreichen der Invarianz zu erschüttern.

b) Sprache und Invarianz

An seine Abschirmversuche schließt BRUNER eine Betrachtung an, die sich mit der Bedeutung der Sprache für das Erkennen der Invarianz befaßt. Er knüpft sie an folgende Beobachtung. Vierjährige und fünfjährige Kinder, die beim Umschüttversuch die Quantität als variant betrachtet hatten, wurden anschließend gefragt: Was wird geschehen, wenn wir den Saft von hier (vom vollen schmalen Glas) in dieses Glas (Normalglas) zurückgießen? 27 von 40 Antworten gingen dahin, daß die Flüssigkeit gleich viel wäre wie zuvor. Sieben Vpn behaupteten, daß es immer noch mehr sein würde als vorher. Die restlichen Kinder gaben keine Antwort.
BRUNER nimmt an, daß hier ein Problem der Übereinstimmung zwischen der Sprache eines Kindes und der Art und Weise vorliegt, wie es seine Erfahrungen organisiert. "Gleich viel haben" und "mehr haben" bedeutet für manche Kinder möglicherweise nicht das gleiche wie in der Sprache der Erwachsenen. Der Sachverhalt ist in der Realität äußerst kompliziert und das Kind ist vielleicht noch nicht im Stande, mithilfe der ihm verfügbaren sprachlichen Muster den gegebenen Zusammenhang sachgerecht zu beschreiben. Dabei ist mit sachgerecht beschreiben hier gemeint, in einer Sprache zu reden, die dem Vl eine Übereinstimmung zwischen dem tatsächlichen Sachverhalt und dem richtigen Verständnis dieses Sachverhalts durch das Kind anzeigen könnte. Vielleicht haben manche Vier- oder Fünfjährige die Identität verstanden, sie jedoch noch nicht hinreichend differenziert, um aus den Sätzen "A ist mehr als B" und "B ist mehr als C" die richtige Beziehung zwischen A und C zu erschließen oder einen Widerspruch zwischen dem Satz "A ist mehr als B" und "B ist mehr als A" zu erkennen. Vermutlich gelingt es ihnen erst nach einigen Erfahrungen und einigem Training, Wirklichkeit, Denkprozesse und sprachliche Äußerung soweit in Übereinstimmung miteinander zu bringen, daß der Erwachsene dasVerständnis der Invarianz als gegeben betrachtet.
Anhand solcher Überlegungen tritt die unterschiedliche Interpretation der kindlichen Entwicklung bei PIAGET und BRUNER deutlich zutage. PIAGET nimmt an, daß die Verinnerlichung von Umkehrhandlungen und die Kompensation durch logische Multiplikation sowohl Invarianz- wie auch Identitätsurteile hervorbringen. Dies betrachtet BRUNER zwar als ein zulässiges logisches Argument, wehrt sich jedoch gegen die Annahme, daß man damit zugleich eine psychologische Begründung gewonnen habe. Er will nicht anerkennen, daß ein Kind die Identität eines Gegenstandes und die Invarianz einer Quantität einfach dadurch erkennt, daß es gleichsam autonom die Umkehrhandlung oder die Kompensation tatsächlich oder verinnerlicht durchzuführen lernt. Viel-

mehr nimmt BRUNER an, daß Invarianz und Identität durch eine Verinnerlichung von kulturellen Techniken zu erklären seien, wobei er die Sprache als die wirkungsvollste unter ihnen ansieht. Und er stützt diese These vor allem durch zwei Untersuchungsberichte.

Der erste betrifft Lernversuche von McKINNON SONSTROEM zur Invarianz. Kinder, die in einem Vorversuch keine Invarianz gezeigt hatten, sollten ein Quantum an Lehm gegenüber Verformung (Kugel - längliche Wurst) invariant zu halten lernen. Dabei erzielten vier Versuchsgruppen sehr unterschiedliche Erfolge. Die Gruppe, denen die Verformung lediglich durch den Vl vorgeführt wurde, kam zu 25 % invarianten Urteilen. Die Gruppe, welche die Verformung "eigenhändig" durchführen durfte, kam auf eine Erfolgsquote von 30 %. Eine weitere Gruppe, die den Lehm zwar nicht selbst manipulieren durfte, aber mit der der Vl intensiv über die Verformung gesprochen hatte, erzielte anschließend 40 % invariante Urteile. Die vierte Gruppe schließlich, bei der das Manipulationstraining mit der sprachbezogenen Reflexion verknüpft war, erzielte eine Erfolgsquote von 78 %. Die Verbindung von Manipulation und Beschreibung zeigte sich demnach in hohem Maße lernwirksam für die Invarianz. Die sprachliche Beschreibung allein brachte zwar weit geringeren Erfolg, jedoch noch immer mehr als die bloße Manipulation.

Der zweite Versuch wurde von BRUNER/KENNEY 1971 durchgeführt und betrifft das Ordnen von Größen nach zwei Dimensionen. Das Versuchsmaterial besteht aus neun zylindrischen Bechern, die einerseits nach drei verschiedenen Höhen, andererseits nach drei verschiedenen Durchmessern so abgestuft sind, daß sie sich alle voneinander wenigstens in einem Merkmal (Höhe oder Durchmesser) unterscheiden. Den Vpn wurden drei Aufgaben gestellt:

1. Aufgabe: Der Vl stellt die Becher in richtiger Anordnung auf eine Drei-mal-drei-Matrix, entfernt dann jeweils einen, dann zwei und schließlich drei Becher und bittet das Kind, diese an den ursprünglichen Ort zurückzustellen. Diese Aufgabe wird kurz als "Ersetzen" charakterisiert.

2. Aufgabe: Der Vl nimmt alle Becher von der Matrix weg und fordert das Kind anschließend auf, die gesamte Anordnung wiederherzustellen. Die Aufgabe wird "Reproduzieren" genannt.

3. Aufgabe: Noch einmal nimmt der Vl alle Becher fort und stellt dann zwei, sich einander diagonal gegenüberliegende so auf die Matrix, daß ihre ursprüngliche Ordnung vertauscht ist. Das Kind soll die gesamte Ordnung wiederherstellen, ohne die beiden aufgestellten Becher zu bewegen. Es muß also dieursprüngliche Aufstellung in der Diagonale spiegeln. Die Aufgabe wird als "Transformieren" charakterisiert.

Die Aufgabe (1) des Ersetzens kann von den Vpn offensichtlich allein mit Hilfe der Wahrnehmung gelöst werden. Sie wurde daher auch schon von Drei- und Vierjährigen zu 20 % , von Fünfjährigen zu 80 %, von den Sechsjährigen zu 100 % und von den Siebenjährigen zu 90 % gelöst. Die Reproduktionsaufgabe (2) jedoch verlangt zumindest ein Vorstellungsbild von der ursprünglichen Matrix. Sie wird von den Vierjährigen nur zu 10 %, von den Fünfjährigen zu 60 % , von den Sechsjährigen zu 70 % und von den Siebenjährigen zu 80 % bewältigt. Und zwar stellten nahezu alle erfolgreichen Kinder die ursprüngliche Matrix in genau der gleichen Form - also ohne Transposition - wieder

her. Eine solche Reproduktion aus der Vorstellung ist in der Aufgabe (3) ausgeschlossen. Sie konnte erst von den Kindern ab dem 6. Lebensjahr und auch hier nur zu 30 % gelöst werden. Die Siebenjährigen lösten die Transformationsaufgabe zu 80 %.
In Verbindung mit dem Lösen der Aufgaben waren die Vpn aufgefordert worden, über die einzelnen Zeilen und Spalten der Matrix zu sprechen. Man beobachtete nun einen aufschlußreichen Zusammenhang zwischen dem Lösungserfolg einzelner Vpn einerseits und ihrer Fähigkeit, Gleichheiten und Unterschiede der Becher zu verbalisieren. Vpn mit sehr globalen sprachlichen Beschreibungen wie "Sie werden in einer Richtung dikker und in der anderen größer" vermochten die Transpostionsaufgabe nicht zu lösen und hatten sogar schon beim Reproduzieren Schwierigkeiten. Auch Kinder, die differenzierte Bezeichnungen wie "dick" und "dünn", "hoch" und "niedrig" mit undifferenzierten Äußerungen wie "groß" und "klein" vermischt benutzten, versagten nahezu immer bei der Transformationsaufgabe. Sechs- und Siebenjährige jedoch, denen es gelang, die Matrix in eine verbale oder symbolische Formel zu fassen, vermochten in der Regel auch diese Aufgabe fehlerfrei zu lösen.
Darf man also vermuten, daß die Verfügung über die geeignete Sprache dem Kind hilft, die Ordnung auch in veränderter Gestalt zu rekonstruieren? Der Vl selbst meint:

> "Die Älteren haben das Bild in einer Form übersetzt, die eine differenzierte Verschlüsselung in die Sprache erlaubt. Sie haben eine Menge von verbalen Regeln formuliert, die sie bei der erforderlichen Transformation leitet. Beide Methoden sind auffällig verschieden." (BRUNER 1971, S. 204).

Ein interessanter Hinweis auf die Bedeutung der Sprache für die Entwicklung der Invarianz findet sich auch bei SEILER, der sich in seiner Monographie "Die Reversibilität in der Entwicklung des Denkens" (1968) kritisch mit der Reversibilitätstheorie von PIAGET auseinandersetzt. SEILER faßt, ähnlich wie AEBLI, die Entstehung der Invarianz als einen Lernprozeß auf und geht empirisch der Frage nach, ob dieser Lernprozeß tatsächlich durch reversible Handlungen vorangebracht werden könne, wie man das gemäß den Erklärungshypothesen von PIAGET vermuten muß. Er unterwarf verschiedene Versuchsgruppen unterschiedlichen Trainingsverfahren und kam dabei, mehr durch Zufall, zu einem überraschenden Ergebnis.
Er hatte nämlich eine Gruppe gebildet, bei der Invarianz durch häufigen und auffallenden Wechsel der Dimension gefördert werden sollte. Beim Flüssigkeitsversuch wurde also die Limonade zuerst in ein sehr schmales und hohes, gleich darauf in ein sehr breites und niedriges Gefäß umgeschüttet, um die Vpn auf eklatante Widersprüche in ihren Quantitätsurteilen aufmerksam zu machen. Für die Hälfte der Gruppe plante er zugleich einen verbalen Stimulus ein, der im wesentlichen jeweils in einem Hinweis auf die von der Vp offenbar nicht berücksichtigte Dimension bestand. Wenn also das Kind sagte "Es ist mehr, weil es höher ist", dann antwortete der Vl "Ja, es ist höher, aber es ist auch dünner." Auch wurden den Vpn Suggestivfragen der Art "Könnte es nicht auch gleich viel sein?" gestellt.
Während nun alle übrigen Versuchsgruppen aufgrund der angewendeten Trainingsverfahren kaum einen nennenswerten Fortschritt im Erlernen der Invarianz verzeichnen konnten, fiel die mit dem verbalen Stimulus versehene Gruppe durch einen überra-

schend hohen Lerneffekt auf. Durch Vergleich mit der Parallelgruppe ohne verbalen Stimulus kommt SEILER zu der Überzeugung, "daß nicht der Prozeß der Verunsicherung und der Konflikterzeugung als solcher das ausschlaggebende Moment in diesem erfolgreichen Bildungsprozeß gewesen ist, sondern daß das wirksame Moment in einem direkten oder indirekten Hinweis auf die richtige Antwort gesehen werden muß. Je offener dieser Hinweis - sei es in positiver oder negativer Form - erfolgt, desto stärker wird der Bildungsprozeß der Invarianz gefördert und vorangetrieben. Der Hinweis auf die sich ergänzenden Dimensionen scheint dabei für die Invarianzbildung keine effektive Rolle zu spielen, wohl aber, wenigstens momentan, für die Art, das invariante Urteil zu begründen." (S. 138)
SEILER stellt diesen Befund auch noch in einen größeren Zusammenhang und kommt zu der Behauptung, daß die Erkenntnis der Invarianz in erster Linie auf soziale Einflüsse zurückzuführen sei. Das Kind habe mit der Behauptung der Invarianz im sozialen Raum größeren Erfolg; daher werde diese immer wieder verstärkt und somit schließlich gelernt. "Die Festigung der Invarianzstruktur erscheint durch zwei verschiedene Prozesse zu geschehen: erstens durch einen "reinforcing"-Prozeß und zweitens einen Konflikt- und Entscheidungsprozeß. Im ersten Prozeß überwiegt die bestimmende Aktivität, Einflußnahme des Milieus, im zweiten die Eigentätigkeit des Subjekts, das direkte Einflüsse und eigene soziale Erfahrung verarbeitet." (S. 167).

c) Kultur und Invarianz

PIAGET betrachtet die geistige Entwicklung des Kindes vornehmlich als ein individuelles Geschehen, das seine Dynamik aus der aktiven und autonomen Auseinandersetzung des Kindes mit seiner Umwelt gewinnt, indem es einerseits aus ihr Beobachtungen aufnimmt ("Assimilation") und andererseits seine Verhaltensschemata der jeweiligen Situation anpaßt ("Akkomodation"). Dabei umfaßt Umwelt sicherlich auch den gesamten Bereich der von Menschen geschaffenen Kultur. Die sozial-kulturelle Umwelt stellt jedoch für die individuelle Entwicklung eher ein Erfahrungsfeld bereit, als daß es aktiv in seine Entwicklung eingreifen würde. Wenn nun SEILER dem "sozialen reinforcement" eine wichtige Funktion in der gezielten oder auch ungezielten Förderung der Invarianzstruktur zubilligt, dann wird damit diesem Faktor ein wesentlich höherer Stellenwert zugewiesen als bei PIAGET.

Auch diesem Zusammenhang zwischen der Entwicklung der Invarianz beim Kinde und dem kulturellen Kontext, in dem es lebt, ist die BRUNER-Schule gründlich nachgegangen. Nicht zu Unrecht weist sie darauf hin, daß PIAGET alle seine Versuchsergebnisse mit Kindern westlicher Gesellschaften, und hier sogar speziell mit Oberschichtkindern gewonnen hat. Es wurde also nur der Altersfaktor variiert, der Einfluß der Umwelt auf die Entwicklung aber nicht untersucht. BRUNER formuliert im Gegenzug dazu die Hypothese, daß Variationen der kognitiven Entwicklung maßgeblich durch kulturelle Einflüsse bestimmt sind.

Um diese Hypothese zu prüfen unternahm eine seiner Mitarbeiterinnen, P. M. GREENFIELD, einige Experimente in Senegal, und zwar mit dem Stamm der Wolof. Die Versuchsanordnung stimmte mit den bekannten Flüssigkeitsversuchen von PIAGET überein, wurde dann aber auch nach Art der Abschirmtechnik und des aktiven Umgießens durch die Vpn in der von BRUNER her bekannten Weise modifiziert. Eine erste Versuchsgruppe setzte sich aus ländlichen, ungeschulten Kindern zusammen, die aus einem von etwa 1000 Einwohnern bewohnten Wolofdorf stammten. Die Vpn der zweiten Gruppe stammten weitgehend aus dem gleichen Dorf, jedoch aus Familien, die ihre Kinder in die, an französischer Pädagogik orientierte Schule schickten. Die Vpn der dritten Gruppe kamen aus einer städtischen Umwelt, nämlich aus Dakar, der internationalen Hauptstadt Senegals und hatten dort öffentliche Schulen der Stadt besucht. Jede dieser Gruppen war nach drei Altersabstufungen unterteilt. Die Ergebnisse lassen sich kurz so zusammenfassen:

- Bei den sechs- bis siebenjährigen Kindern besaßen die Invarianz: von den in Dakar geschulten 17 %, von den unbeschulten Buschkindern 22 % und von den im Busch beschulten Kindern 50 %.
- Diese etwas verwunderliche Reihenfolge blieb auch bei acht- bis neunjährigen Kindern erhalten: 38 % Invarianz bei den in Dakar beschulten Kindern, 42 % bei unbeschulten Buschkindern und 80 % bei beschulten Buschkindern.
- Erst bei den elf- bis dreizehnjährigen Jugendlichen änderte sich die Relation schlagartig. Während es bei den Unbeschulten kaum einen weiteren Anstieg gab - nur 50 % von ihnen erreichten die Invarianz -, steigerte sich bei den in Dakar beschulten Kindern der Anteil auf 95 % und bei den im Busch beschulten Kindern sogar auf 100 %.

Auf den gesamten Entwicklungsverlauf bezogen erwies sich also der Unterschied zwischen den unbeschulten und den beschulten Kindern des Wolofdorfes größer als der zwischen den ländlichen und städtischen Schulkindern.

Auffallende Unterschiede zeigten sich in den Begründungen für die Invarianz zwischen den Wolofkindern und den amerikanischen Kindern. Eine Hauptschwierigkeit für die unbeschulten Wolofkinder bestand offenbar darin, daß sie die scheinbar veränderte Wassermenge mit Gründen der Handlungsmagik erklärten. Sie meinten, die Menge verändere sich einfach dadurch, daß der Vl das Wasser umgießt. Ließ man den Kindern das Wasser selbst umgießen, konnte ihnen bei der Korrektur dieser Meinung weitgehend geholfen werden. Für die Schulkinder ergab sich durch diese Handlung kaum eine Veränderung, weil sie diesem magischen, handlungsgebundenen Denken schon von vorneherein nicht unterlagen. Charakteristisch für die unbeschulten Kinder erschien es also zu sein, daß sie ihre Welt in hohem Maße in Begriffen der Handlung darstellten und daß ihre symbolische Darstellung nichts anderes als eine Wiedergabe des Handlungsablaufs war. So hatte bei ihnen auch das Abschirmverfahren einen weit geringeren Effekt als bei den amerikanischen Kindern.
Die auffallendste Differenz zwischen Wolofkindern und amerikanischen Kindern bestand indes darin, daß sich die ersteren außer Stande zeigten, zwischen Erscheinung und Realität zu unterscheiden. Von amerikanischen Kindern häufig gegebene Erklä-

rungen wie "Man meint zwar es sei höher, aber in Wirklichkeit ist es gleich viel" traten bei Wolofkindern nicht auf. Wie kamen sie dennoch dazu, die Identität und schließlich auch die Invarianz festzustellen? Ein für ein Wolofkind typisches Argument lautet: "Dieses da (das gefüllte Normalgefäß) und dieses (das formgleiche leere Gefäß) sind gleich." Das Wolofkind drückt die Identität aus, indem es einen vergangenen und nicht einen gegenwärtig vorliegenden Zustand beschreibt; man könnte von Identität durch Rekapitulation sprechen. Der Konflikt zwischen der ursprünglichen und der späteren Erscheinung ist dadurch aufgelöst, daß das Kind die Identität von etwas augenblicklich und etwas vorausgehend Beobachtetem erkennt. Es kommt also mit Hilfe eines völlig anderen Denkmusters zum gleichen Ergebnis wie das amerikanische Kind.
GREENFIELD faßt den Befund wie folgt zusammen:

> "Wir haben gezeigt, daß ein Identitätsschema für die Erreichung der Invarianz in Senegal ebenso wie für die Vereinigten Staaten entscheidend ist, daß es aber auf verschiedenen Wegen gewonnen werden kann. Senegalesische Kinder verwenden die Sprache der Identität nicht, ebenso wenig wie die Klassifikation der vorliegenden Situation sowohl gemäß ihrer Erscheinung als auch ihrer Wirklichkeit, um Identität auszudrücken. So, wie die amerikanischen Kinder diese beiden Ausdrucksmodi verwenden, realisieren sie gleichzeitig die Gleichheit im vergangenen Zustand und die vorliegende Ungleichheit der Erscheinung. Die Wolofkinder gewinnen die Invarianz dagegen, indem sie eine Identitätsbeziehung zwischen sukzessiven Zuständen des Vergangenen und des Gegenwärtigen herstellen. Die Verbindung kann für sie entweder die Kontinuität der Handlung zwischen dem einen Teil des Experiments und dem anderen oder aber die unveränderte Erscheinung der Normalgefäße sein" (S. 305).

In der Zusammenschau kann man festhalten: Der kulturelle Kontext nimmt vermutlich auf die Entwicklung der Invarianz und damit auf die Genese des Zahlbegriffs in zweifacher Hinsicht Einfluß: Er beschleunigt, verzögert oder beendet sie, und er eröffnet spezifische Wege für das Verstehen bzw. ihre Begründung.

Aufgabe 96.1

a) Was könnten die Befunde von GREENFIELD über den Zusammenhang von Kultur und Invarianz für die Planung des Unterrichts in einer 1. Jahrgangsstufe bedeuten?

b) Wie kann der Lehrer einer 1. Klasse dieser Bedeutung gerecht werden? ■

d) Allgemeine Intelligenz und Invarianz

Wenn man einen Zusammenhang zwischen der sozialen Umwelt eines Kindes und dem Tempo herstellt, indem sich sein Invarianzverständnis entwickelt, so wird man auch nach anderen Einflußfaktoren auf dieses Tempo fragen. Nach üblicher Vorstellung kommt dabei die allgemeine Intelligenz des betreffenden Kindes in Frage.

Den Zusammenhängen zwischen der Entwicklung der allgemeinen Intelligenz und der zahlbegriffsbedeutsamen Faktoren ist J. LAUX (1969) in seinen Untersuchungen nachgegangen und kam dabei zu folgenden Ergebnissen: "Die Leistungen, die stärkstens von der Intelligenzhöhe abhängig sind, zeigen sich in den Versuchen zur Anzahlkonstanz, in der Frage der paarweisen Zuordnung, bei der Herstellung transitiver Ordnungsbeziehungen und alternierender Reihenfolgen. Am wenigsten von der intellektuellen Begabung abhängig erscheinen die Leistungen im Additions- und Subtraktionsversuch, außerdem die Fähigkeit zur Bildung einfacher, qualitativer Reihungen." (S. 156) Insgesamt schlugen für die 12 Versuche die Leistungen seiner sechs, sieben und achtjährigen Vpn stärker zu Buche als ihre Intelligenzleistungen nach dem Ravens-Test. Jedoch verlief der Leistungsanstieg beider Faktoren etwa parallel. Im achten Lebensjahr näherte sich die allgemeine Intelligenz den Leistungen in den Zahlbegriffsversuchen am meisten an.

Auch die beiden holländischen Psychologen HAMEL und DE TOMBE (1972) kommen auf ähnliche Befunde. Am höchsten erwies sich der Zusammenhang zwischen der allgemeinen Intelligenz und dem Anzahlvergleich, gefolgt vom Zusammenhang zur Seriation und den Aufgaben der Kardination und Ordination. Wie von LAUX wird auch von HAMEL und DE TOMBE bestätigt, daß es zwischen den verschiedenen von PIAGET angenommenen Einzelleistungen zum Zahlbegriff enge Beziehungen und Zusammenhänge gibt, so daß man von so etwas wie einem Komplex "Zahlbegriffsentwicklung" sprechen kann. Die Autoren stellen fest:

> "Es zeigte sich, daß die verschiedenen Teilaspekte eng miteinander verbunden sind und hoch auf den Faktor perzeptiv-abstraktes Schlußfolgern des Intelligenztests AKIT laden."

Des weiteren sagen sie aber auch:

> "Es wurde aus den Ergebnissen gefolgert, daß man die Entwicklung des Zahlbegriffs eher im Zusammenhang mit der Entwicklung der allgemeinen Intelligenz als im Sinne einer spezifischen Fähigkeit sehen muß. In Übereinstimmung mit anderen Autoren fanden wir, daß die Entwicklung der Klasseninklusion nicht mit der Entwicklung der anderen Aspekte des Zahlbegriffs (im Sinne von PIAGET) parallel läuft." (S. 77)

Aus dem zuletzt genannten Grund wurden in diesem Arbeitsbuch die einschlägigen Befunde PIAGETs erst gar nicht referiert.

3.3.3 Lernen und Zahlbegriffsentwicklung

Wie schon in den vorausgehenden Abschnitten mehrfach angeklungen, interessierte sich J. PIAGET sehr intensiv für die Genese von Begriffen im kindlichen Denken und stellte mit seiner Äquivilibrations-, speziell seiner Reversibilitätstheorie auch Erklärungsmodelle für den Fortschritt der geistigen Entwicklung bereit. Kaum beschäftigte er sich indes mit Möglichkeiten des aktiven Eingriffs in die Entwicklung durch gezielte pädagogische Förderungsmaßnahmen. Er gibt wohl solchen Eingriffen geringe Erfolgschancen

und vertritt, soweit er überhaupt zu pädagogischen Fragen Stellung nimmt, eher eine Pädagogik des Wachsen-lassens und Nicht-eingreifens.
Für den mit mathematischer Ersterziehung beauftragten Lehrer erscheint eine solche Position deprimierend. Kinder, welche die für den Aufbau des Zahlbegriffs unerläßliche Voraussetzung der Invarianz der Anzahl und der Ordnung in ihrer Entwicklung bereits erreicht haben, könnten ihr zufolge den Zahlbegriff wohl auch ohne seine Hilfe ausbilden. Bei Kindern aber, welche die Stufe der Invarianz noch nicht erreicht haben, wären seine Bemühungen zur Hoffnungslosigkeit verurteilt.
Mit einer solchen Position wollten sich viele Psychologen, vor allem am Lernen interessierte, nicht zufrieden geben. In einer Fülle von Untersuchungen bemühten sie sich um den Nachweis, daß sich die Entwicklung der Invarianz und auch anderer, für den Zahlbegriff bedeutsamer kognitiver Konzepte durch gezielte Eingriffe fördern lassen und wollten auch herausfinden, auf welche Weise dies am besten geschehen könnte. Über die wichtigsten Ergebnisse dieser Bemühungen soll nachfolgend kurz berichtet werden. (Einen tieferen Einblick gewinnt man aus G. STEINER 1973 sowie dem Sammelartikel von BRAINERD/ALLEN 1971.)

Die ersten Untersuchungen, die zu diesem Thema gemacht wurden, verliefen bezüglich der Möglichkeit von pädagogischen Eingriffen in die Entwicklung eher negativ. MORF (1959) befaßte sich in mehreren Versuchsanordnungen mit der Frage, ob und wie im Falle der Klasseninklusion mit konkretem Material operatives Denken erlernt werden könnte. Er vermochte seine Vpn aber nicht zu der Einsicht zu führen, daß die Anzahl einer Obermenge stets größer ist als die jeder echten Teilmenge. Dabei hatte er seine Vpn intensiv in Vergleiche anhand konkreten Materials einzuüben versucht. Ebenso geringen Erfolg hatten SMEDSLUND (1959) und WOHLWILL/LOWE (1962) mit entsprechenden Bemühungen zur Invarianz der Anzahl. Gleichwohl konnte SMEDSLUND zeigen, daß sich bei manchen Kindern die Einsicht in die Invarianz der Quantität dann fördern ließ, wenn es gelang, in ihnen einen kognitiven Konflikt zu erzeugen.

Im Jahr 1963 veröffentlichte AEBLI seine schon oben erwähnte Monographie, in der er die Aufmerksamkeit auch auf die Lernprozesse lenkte, die sich während des Lösens von Experimentalaufgaben bei Kindern ereignen. Schon vorher hatte er in seiner "Psychologischen Didaktik" (1961) didaktische Konsequenzen aus der genetischen Psychologie von PIAGET zu ziehen versucht und das operative Lernprinzip formuliert. Den Kindern sollten subjektive Erfahrungen durch Umgang mit konkretem Material ermöglicht werden. Die Aktivierung des Kindes müßte sich allerdings Methoden bedienen, welche verhindern, daß sich das Kind stereotype Automatismen und Gewohnheiten, starre Lösungsverfahren oder Denkgewohnheiten aneignet. Daher sollte das Operieren mit konkretem Material sowohl die direkten wie auch die inversen Operationen einschließen, verschiedene Wege beschreiten und der Bildung starrer Denkgewohnheiten entgegenwirken.

Ab 1963 beginnt sich allgemein das Berichtbild hinsichtlich Trainingserfolgen bei zahlbegriffsbedeutsamen Operationen deutlich zu verändern und es werden verschiedene

erfolgreiche Trainingsverfahren entwickelt. GRUEN (1965) z.B. legt sein Training vor allem auf Begriffsdifferenzierung an. Er bemüht sich, seinen Vpn beizubringen, daß sich das Wort "mehr" nicht nur auf die räumliche Ausdehnung, sondern auch auf die Anzahl beziehen kann. Auch GELMANN (1969) bemüht sich um eine Differenzierung der Begriffe "Zahl" und "Länge" und kommt auf diese Weise, wie GRUEN, zu deutlich erkennbaren Invarianzerfolgen. GRUEN konnte auch mit konfliktinduzierenden Trainingsmethoden deutliche Lernerfolge bezüglich der Invarianz der Anzahl bewirken.
BEILIN (1968) prüfte mehrere Trainingsmethoden und kam zu der Überzeugung, daß sich die Entwicklung besonders wirksam dadurch fördern lasse, daß man den Kindern verbale Regeln vermittelt. Auch KOHNSTAMM (1965) fand heraus, daß der Vl wesentliches zur Lösung logischer Probleme beitragen könne. Er müsse falschen Überlegungen Widerstand entgegensetzen, auf die vom Kind nicht beachteten Kriterien hinweisen und Konflikte erzeugen, kurz das Integrationsfeld erweitern und dadurch Gruppierungen ("Äquivilibrationsprozesse") einleiten. Der überwiegenden Zahl seiner Vpn gelang nach einer rund halbstündigen intensiven Lernphase solcher Art ein wesentlich früherer Eintritt in die Stufe des operativen Denkens.
Eindeutige Lernerfolge zeigten sich des weiteren in der Untersuchung von WALLACH und SPROTT (1964), wo Kinder anhand von Reihen einanderzugeordneter Gegenstände Erfahrungen in der Reversibilität der Anordnung machen konnten. Nahezu alle Kinder erkannten daraufhin im Nachtest die Invarianz der Anzahl, und zwar auch bei solchen Gegenständen, die in der Lernphase nicht verwendet worden waren. Der Lernerfolg war auch einige Wochen später noch erhalten und erwies sich sogar gegenüber irreführenden Suggestionen des Vl als stabil.

MONTADA/SCHULZE (1972) erprobten vier verschiedene Trainingsmethoden. Mit der ersten wurden, ähnlich wie bei SMEDSLUND und GRUEN, kognitive Konflikte erzeugt. Behauptet etwa ein Kind, daß in einer längeren Reihe mehr Elemente seien, so nimmt der Vl nach und nach aus dieser Reihe einzelne Elemente fort und fragt die Vp, ob sie die Anzahl noch immer als größer einschätzt. Sie soll in Konflikt geraten zwischen der Beachtung der Länge und der Dichte der Reihe. Bei der zweiten Methode wurde ein solches Konflikttraining mit einem Reversibilitätstraining verknüpft, indem der Vl die vorher weggenommenen Elemente einzeln wieder zurücklegte und erneut fragte, in welcher Reihe mehr Plättchen seien. Mit der dritten Methode wurde auf eine Mobilisierung des Denkens hingearbeitet, indem der Vl durch einen raschen Wechsel in der Beachtung von Länge und Dichte einer Reihe schließlich die Berücksichtigung beider Dimensionen zu erreichen versuchte. In der vierten Methode wurde versucht, durch Ausnützen von Analogien einen strukturellen Transfer zu erzeugen. Hatten Kinder in einer Situation die Invarianz der Anzahl entdeckt und in einer anderen nicht, so wies der Vl das Kind auf die Vergleichbarkeit der beiden Situationen hin.
MONTADA/SCHULZE fassen ihre Resultate so zusammen:

> "Die Ergebnisse des Versuchs zeigen eindeutig, daß durch geeignete Lernsituationen die Entwicklung der Zahlkonstanz beschleunigt werden kann. Ein Großteil der Pbn unserer Experimentalgruppen gaben Zahlkonstanzurteile ein bis zwei Jahre früher als man dies nach PIAGET erwarten kann." (S. 262)

Die statistische Auswertung erwies den strukturellen Transfer durch Analogie als die erfolgreichste Methode. Auch die Konfliktinduktion und das Reversibilitätstraining brachten ähnlich gute Erfolge. Beide Methoden unterschieden sich jedenfalls in ihrer Wirksamkeit deutlich von den anderen beiden.

Wie läßt sich nun erklären, daß einige Forscher gezielten Lernanregungen keine Erfolgschancen bei der Förderung der Entwicklung einräumen, während andere für ihre Trainingsmethoden Erfolge verbuchen? BRAINERD und ALLEN fiel zu dieser Frage auf, daß die erfolgreichen Experimente sich sehr streng an die Kriterien der Invarianz hielten, während die nicht erfolgreichen Experimente viel einfachere Kriterien verwendeten. Außerdem bemerken sie in ihrem Sammelreferat, daß allen erfolgreichen Zahltrainingsprozeduren mindestens eines gemeinsam ist: Sie konfrontieren die Vpn mit Situationen, die ihnen spezielle Erfahrungen zu objektgebundenen Formen der operationalen Reversibilität ermöglichen. Jedenfalls steht es für BRAINERD/ALLEN nach Auswertung aller einschlägigen Untersuchungen fest, daß die Invarianz der Quantität wie die der Ordnung durch geeignete Trainingsmethoden beschleunigt werden können. Geeignet scheinen dabei vor allem solche Methoden, die sich an den strukturellen Kennzeichen der Invarianz orientieren und diese allgemeinen Einsichten materialgebunden und zielgerichtet trainieren. Das sind Methoden, wie sie z.B. MONTADA anwendete. Anhaltspunkte für geeignete Methoden zur Förderung der Begriffsbildung lassen sich auch aus den Befunden und Theorien von J. B. BRUNER gewinnen. Danach geht es darum, daß die Kinder lernen, begriffsbildende Erfahrungen von der handlungsgebundenen und bildhaften Darstellung in eine symbolische Darstellung zu übertragen und daß sie umgekehrt fähig werden, symbolische Repräsentationen mit Realitäts- und Bildvorstellungen zu verknüpfen.

Aufgabe 100.1
Konstruieren Sie, auf der Grundlage des vorausgehend Beschriebenen, eine Folge von Aufgaben, mit deren Hilfe das Erreichen der Invarianz bei Kindern der 1. Jahrgangsstufe gefördert werden kann, und zwar
a) drei Aufgaben zur Invarianz der Anzahl und
b) zwei Aufgaben zur Invarianz der Ordnung. ■

3.4 Untersuchungen zum Zählen

Die Psychologie zeigte traditionellerweise kaum Interesse für die Entwicklung des Zählens. Man schien es als einen rein verbalen Mechanismus zu betrachten, der ohne das geringste Verständnis für die ihm zugrundeliegenden begrifflichen Konzepte abläuft und daher für den Aufbau des Zahlbegriffs bedeutungslos ist. Auch der mathematische Anfangsunterricht, der sich einmal ausschließlich auf das Zählen gestützt hatte ("Zählmethode"), eliminierte dieses (Übergang zu "Zahlbildmethode" und anderen Methoden) völlig. Vermutlich wurden damit aus der sicher richtigen Erkenntnis, daß das Zählen allein noch keinen Zahlbegriff sicherstellen kann, zu weitreichende Konsequenzen gezogen. In jüngster Zeit wird dem Zählen wieder deutlich höhere Aufmerksamkeit geschenkt, und zwar gleichermaßen in der Psychologie wie in der Mathematikdidaktik. Nachfolgend sollen zunächst einige psychologische Befunde zu seiner Entwicklung vorgestellt und dann auf den Zusammenhang zwischen Zählen und Zahlbegriff eingegangen werden.

3.4.1 Zur Entwicklung des Zählens

a) R. DROZ (1981) faßt Ergebnisse einer Fallstudienuntersuchung in einem Beitrag zur Psychogenese des Zählverhaltens zusammen. Folgendes erscheint bedeutsam:

- Schon in sehr frühem Alter (ab 1;6) entwickeln Kinder in Verbindung mit dem Auftreten der Sprache ein "Zeige-Verhalten". Sie zeigen nacheinander auf gleichartige Gegenstände und sprechen zu jedem dieser Gegenstände ein gleiches Wort oder eine gleiche Silbe (z.B. "ta-ta-ta" oder "tok-tok-tok"). Die Gegenstände werden also nacheinander bezeichnet und gleichsam in ihrer materiellen Existenz identifiziert. Und zwar geschieht das nicht für irgendwelche Gegenstände, sondern für solche, die wir als Erwachsene als zu einer Klasse gehörig bezeichnen würden. Das Kind scheint sich auf die (simultane oder sukzessive) Gegenwart gleichartiger Objekte zu konzentrieren, ohne freilich dabei deren Einheit und Individualität aus dem Auge zu verlieren.
- Bald nach dem Erscheinen der Sprache erlernt das Kind eine mehr oder weniger lange Folge von Zahlnamen, die oft wie ein "Zähl-Gedicht" verwendet wird und als solches ihren Zweck in sich selbst zu haben scheint. Das Kind benutzt dieses "Gedicht" bald auch dazu, etwas zu simulieren, das zwar wie Zählen erscheint, ohne aber tatsächlich ein solches zu sein.
- Das Zählen selbst wird effektiv, sobald es dem Kind gelingt, zwischen dem Zeigeverhalten und dem Zahlengedicht einen Zusammenhang herzustellen. Beim Herstellen dieser Beziehung unterlaufen ihm zwar anfänglich noch Fehler, welche die Vollständigkeit des Zahlengedichts oder die Lückenlosigkeit des Zeigeverhaltens betreffen.

b) H. RADATZ (1982) spricht solche Fehler ebenfalls an. Er gibt für die Beherrschung der Zahlwortreihe drei Vorphasen an, die mit großen individuellen Unterschieden durchlaufen werden:

- Nur der korrekte Anfang der standardisierten Zahlenfolge wird beherrscht. (Das Kind zählt z.B. "eins, zwei, drei, vier" oder "eins, zwei, drei, eins, zwei, drei,...")
- Eine stabile individuelle Zahlenfolge wird benutzt. (Z.B. zählt ein Kind "eins, zwei, drei, fünf, sieben, acht, dreizehn,...")
- Die vom Kind benutzte Zahlenfolge gestaltet sich nach einem richtigen Anfang bei jedem neuen Versuch willkürlich anders. (Sie lautet z.B. in einem Fall "eins, zwei, drei, zwölf, dreizehn, vier" und im anderen "eins, zwei, drei, siebzehn, fünf".)

RADATZ geht davon aus, daß die meisten Schulanfänger die Zahlenfolge bis etwa 20 als sprachliche Kette verwenden können. Das schließt nicht aus, daß sie bei deren Gebrauch zur Anzahlbestimmung (Zählfähigkeit) sowie bei Differenzierungen des Zählprozesses (z.B. beim Rückwärtszählen oder Weiterzählen von einer beliebigen Zahl an) Schwierigkeiten haben. Im Alter von vier bis sechs Jahren werden sich offenbar die meisten Kinder nach und nach der wichtigsten Zählprinzipien bewußt, so daß sich ihre Zählfähigkeit festigen kann. Diese Zählprinzipien sind:

- Jedem der zu zählenden Gegenstände darf nur ein Zahlwort zugeordnet werden.
- Die Reihe der Zahlnamen hat eine feste Ordnung.
- Die zuletzt benutzte Zahl im Abzählprozeß bestimmt die Anzahl der Menge.
- Die Reihenfolge, in der die Gegenstände einer Menge benannt werden und die Anordnung der zu zählenden Elemente sind irrelevant für das Zählergebnis.

c) Die wohl differenzierteste Beschreibung des kindlichen Zählverhaltens hat J. VAN DEN BRINK (1984) vorgelegt. Er unterscheidet deutlich zwischen "einem akustischen Zählen" im Sinne des Rezitierens der Zahlnamen in einer bestimmten Folge - was evtl. auch mit gleichzeitigem Zeigen auf Gegenstände verbunden sein kann - und einem "Zählen von Quantitäten", das der Bestimmung der Anzahl einer Menge dient. Er sieht das "akustische Zählen" dem Zählen von Quantitäten in der kindlichen Entwicklung vorausgehen.

Bei der Untersuchung des akustischen Zählens interessiert sich der Autor zunächst für die Dynamik des Zählprozesses. Dieser kann nämlich monoton oder rhythmisch verlaufen, und es kommt manchmal zu Verschiebungen zwischen der Zeigebewegung und dem Rezitieren der Zahlwortreihe. Sie können darauf zurückzuführen sein, daß Zählen und Bewegung zeitlich nicht hinreichend koordiniert sind, die Zahlenfolge noch nicht voll gemeistert wird oder das Kind mit dem Rezitieren der Bewegung vorauseilt bzw. hinter ihr zurückbleibt.

Neben der Dynamik interessiert sich BRINK auch für die Systematik des akustischen Zählens. Das betrifft die Fragen, ob das Zählen eines Kindes mit der normierten Folge der natürlichen Zahlen übereinstimmt, wie weit das Kind zu zählen in der Lage ist und ob das Zählen auch mit geschriebenem Material (Zahlkärtchen) in Verbindung gebracht werden kann.

Schließlich beschäftigt BRINK der Zusammenhang zwischen dem akustischen Zählen und dem Zählen von Quantitäten. Im einzelnen studiert er dabei die Zeigebewegungen des Kindes, das begleitende Rezitieren der Zählreihe, die Zählgeschwindigkeit und den Abschluß des Zählprozesses. Das akustische Zählen treibt die Kinder zu Bewegungen an, die in folgender Weise charakterisiert sind:

- Alle sichtbaren Objekte werden ohne Ausnahme einbezogen.
- Der Raum nach der Reihe sichtbarer Objekte wird in Einheiten eingeteilt, damit die Zeigebewegung nicht aufhören muß, wenn das akustische Zählen weitergeht.
- Die Dynamik des Zählens wird erkennbar, wenn das Kind seine Zeigebewegungen verlangsamt oder beschleunigt, sobald der Inverviewer sein Zählen verlangsamt oder beschleunigt; ein Steckenbleiben im Rezitieren der Zählfolge verursacht Verschiebungen im Abzählprozeß.

Die Kinder betrachten das Abzählen von Gegenständen oft als einen Vorgang, bei welchem zwar den einzelnen Objekten Zahlnamen zugeordnet werden, nicht aber der gesamten Gegenstandskollektion. Sie lernen erst allmählich, ihre Aufmerksamkeit nach den einzelnen Objekten auch auf die Gesamtheit der Objekte zu richten und so mittels des Zählens deren Anzahl zu bestimmen.

3.4.2 Zählen und Zahlbegriff

Im vorliegenden Zusammenhang ist das Zählen nicht so sehr als isolierte Fähigkeit von Interesse, sondern in seiner Bedeutung für die Entwicklung des Zahlbegriffs.

a) LANGE/MEISSNER (1983) ordnen verschiedene Komponenten des Zählens theoretisch in ein "Modell Zahlbegriff" ein, das aus elementaren und komplexen Fähigkeiten zusammengefügt ist. Zu den elementaren Fähigkeiten gehört das spontane (globale) Vergleichen von Quantitäten, das Nachsagen von Zahlwörtern, die Koppelung von Motorik und Zahlwörtern, das "Unitizing" und das "Subitizing" (im Sinne von GLASERFELD 1981), d.h. das Erkennen von zählbaren Einheiten bzw. das spontane, globale Erfassen einer Einheit, weiterhin das Nachahmen von rhythmischen Signalen und die Zeichenerkennung. Komplexe Fähigkeiten sind das Zählen als fehlerloses Aufsagen der Zahlwortfolge, das Abzählen als Anwenden des Zählens zum Zweck der Anzahlbestimmung, das Vergleichen von Quantitäten mit Hilfe des Zuordnens oder Abzählens und schließlich das Erkennen der Invarianz im Sinne von PIAGET.

b) S. SCHMIDT (1983) stellt das Zählen, im Sinne einer konstruktivistischen Sicht des Zahlbegriffs und seiner Entwicklung, dem in der Folge von PIAGET so stark ausgeprägten "Invarianz-Paradigma" gegenüber. Er fragt nach dessen Position in der Gesamtheit der arithmetischen Kompetenz. Nach Sichtung einer umfangreichen Literatur kommt er zur folgenden Einschätzung der verschiedensten Invarianzexperimente: "Der Einfluß der nichtstrukturellen (Kontext)-Faktoren bei den Invarianz-Aufgaben kann bis dato noch keineswegs befriedigend abgegrenzt werden;

eine Klassifizierung in Konservierer und Nicht-Konservierer allein auf der Grundlage der jeweiligen Standard-Version ist daher inadäquat."
Bezüglich der Zusammenhänge zwischen der Anzahl-Invarianz und der Fähigkeit, arithmetische Aufgaben aus dem Anfangsunterricht zu bewältigen, urteilt SCHMIDT: "So kann denn das Verfügen über die Anzahlinvarianz zwar durchaus als recht zuverlässiger Indikator für eine gute arithmetische Leistungsfähigkeit gelten; hingegen kann diese Disposition keinesfalls als eine conditio sine qua non für den arithmetischen (Anfangs-)Unterricht angesehen werden!" Über den Zusammenhang zwischen der Entwicklung der Zählkompetenz und dem Verfügen über die Anzahlinvarianz schließlich kommt er zu dem Fazit: "Die Entwicklung der Zählkompetenz und ihres 'sinnvollen Gebrauchs' (Anzahlvergleich, Addition/ Subtraktion) geht in der Regel der Anzahl-Invarianz voraus. Inwieweit das Zählen zur Entfaltung der Disposition zur Anzahlinvarianz beiträgt, kann angesichts der vorliegenden Befunde noch nicht befriedigend ausgemacht werden - es gibt z.B. auch Konservierer, deren Sicherheit beim (Aus-)Zählen noch nicht sehr entwickelt ist. Es ist auch keineswegs auszuschließen, daß es verschiedene Wege zur Anzahlinvarianz gibt." (alle Zitate S. 104)

Übereinstimmung scheint also in allen Untersuchungsberichten darüber zu herrschen, daß die Zählkompetenz der Fähigkeit zum Erkennen der Invarianz vorausgeht. Ob sie dann zur Lösung von Invarianzaufgaben vom einzelnen Kind tatsächlich herangezogen wird, scheint von der jeweiligen Versuchssituation abzuhängen sowie von den Instruktionen, die dem Kind gegeben werden.
Zu diesem Punkt macht auch RADATZ eine interessante Bemerkung: "Während für PIAGET die Kinder im präoperationalen Stadium (bis ca. 7. Lebensjahr) Mächtigkeitsvergleiche von Mengen mithilfe der Strategie der Korrespondenz bzw. paarweisen Zuordnung lösen, zeigen die allermeisten Nachfolgeuntersuchungen, daß die Korrespondenzstrategie im Alter von 4 Jahren noch vorherrscht, Schulanfänger aber Mächtigkeitsvergleiche und Reproduktionen von Mengen gleicher Mächtigkeit durchweg zählend lösen." - "Im Gegensatz zu PIAGETs Annahme wird in einer Reihe von Untersuchungen gezeigt, daß eher das Zählen eine grundlegende Bedingung für die Entwicklung des Invarianzbegriffs ist als die Einsicht in bzw. Anwendung der Korrespondenzmethode." (beide Zitate S.160)

c) Schließlich sei noch eine Untersuchung von PRASITSAK (1983) erwähnt, die sich gezielt mit der Beziehung zwischen dem Lösen von Invarianzaufgaben und der Zählfähigkeit von Vorschulkindern im Alter zwischen 5 und 7 1/2 Jahren beschäftigt. In Anlehnung an Grossnickle und Brueckner (1959) unterscheidet der Autor drei Ebenen der Zählfähigkeit, nämlich das bedeutungsfreie Wiederholen von Zahlnamen in sequenzieller Ordnung (rote counting), das Zählen zum Zweck der Anzahlbestimmung (rational counting) und das Zählen zum Zweck der Herstellung einer Menge von vorgegebener Anzahl (reproduction counting). Aufgrund eines Experiments kommt er zu folgenden Beobachtungen:

- Jedes Kind, das dem Stadium der Invarianz zugeordnet wurde, konnte alle drei Zähltypen bis 20 anwenden.
- Invarianz trat nicht vor dem 6. Lebensjahr auf.
- Alle 68 Vpn verstanden die Relationsbezeichnungen "gleich viel" und "mehr", jedoch einige nicht die Bedeutung von "weniger als".
- Kinder, die zählen konnten, besaßen nicht notwendig auch die Invarianz der Quantität.
- 85 % der Vpn beherrschten die drei Zähltypen bis 20.
- Alle Vpn, die das rote counting bis 20 beherrschten, waren auch zum rational counting und zum reproduction counting bis 20 fähig. Andererseits konnten Vpn, die das rote counting nicht bis 20 beherrschten, auch nicht das rational counting und das reproduction counting bis 20.

Aufgabe 105.1
Wie könnte den obigen Berichten zufolge im Unterricht der 1. Jahrgangsstufe das Zählen sinnvoll eingesetzt werden, damit es den Aufbau des Zahlbegriffs fördert? ■

3.5 Zum Zahlbegriff von Schulanfängern

Zwar erscheinen, wie eingangs erwähnt, statistische Angaben über den Stand der Zahlbegriffsentwicklung bei Schulanfängern für die didaktischen Entscheidungen im Einzelfall wenig aussagekräftig und hilfreich. Dennoch seien, über die unter 3.3.1 von LAUX berichteten und zwischendurch auch aus anderen Untersuchungsberichten eingeflossenen Befunde hinaus, hier noch die Ergebnisse von zwei neueren, auf verschiedene Aspekte des Zahlbegriffs bezogene Untersuchungen mitgeteilt, die in oben erwähnter Weise Anregungen geben können für die notwendige individuelle Prüfung der "Ausgangslage".

3.5.1 Untersuchung von R. SCHMIDT (1982)

In den Jahren 1981/1982 führte R. SCHMIDT in Zusammenarbeit mit dem hessischen Institut für Bildungsplanung und Schulentwicklung eine recht gründliche Erhebung über die Zahlenkenntnisse heutiger Schulanfänger durch, in die 1138 Kinder aus Hessen und Baden-Württemberg einbezogen waren. Die gestellten Aufgaben verlangten verbales Zählen (gedächtnismäßiges Aufsagen der Zahlwortfolge), Schreiben von Zahlzeichen (Ziffern), Lesen von Zahlzeichen, Vergleichen von Mengen hinsichtlich ihrer Mächtigkeit, Zuordnen der (Kardinal-) Zahl zu vorgegebenen Mengen und Zuordnen einer Menge zu einer angegebenen (Kardinal-) Zahl. Zu jeder dieser Fähigkeiten wurde eine Aufgabe konstruiert, wobei allerdings die Vergleichs- und Zuordnungsaufgabe in drei Teilaufgaben mit den Zahlen 2 bis 5, 6 bis 9 und 13 bis 16 unterteilt war. Aus den Ergebnissen erscheint folgendes berichtenswert:

- Die Aufgabe "Zähle, soweit du kannst" erbrachte Leistungen, die sich aus folgender Tabelle ablesen lassen:

Es zählten	Anzahl der Kinder	Prozentsatz der Kinder
bis mindestens 5	1131	99,4 %
bis mindestens 10	1102	96,8 %
bis mindestens 15	959	84,3 %
bis mindestens 20	797	70,0 %
bis mindestens 30	509	44,7 %
bis mindestens 40	374	32,9 %
bis mindestens 50	321	28,2 %
bis mindestens 60	259	22,8 %
bis mindestens 70	227	19,9 %
bis mindestens 80	204	17,9 %
bis mindestens 90	183	16,1 %
bis mindestens 100	172	15,1 %

Insgesamt kann man sagen, daß etwas mehr als die Hälfte der Kinder bis 28 korrekt zählen konnte. Schwierigkeiten zeigten sich vor allem beim Weitzählen nach den Zahlen 29, 20, 30, 15, 14 und 12.

- Die Frage "Wo sind mehr Plättchen, hier oder dort?" ergab beim Vergleich von 5 mit 6 Plättchen 95,3 % richtige Antworten, beim Vergleich von 14 mit 13 Plättchen 78,6 % und beim Vergleich von 9 mit 9 Plättchen (Anzahlgleichheit) 19,2 % richtige Antworten. 63,4 % der Kinder gaben zwei richtige Antworten, 15,6 % sogar drei richtige.

- Die Frage "Wie viele Plättchen sind das?" wurde für die Anzahl 5 von 90,8 % der Vpn, für die Anzahl 9 von 63,9 % und für die Anzahl 14 von 44,9 % der Vpn richtig beantwortet.

- Den Auftrag "lege 4 (7, 16) Plättchen dort hin!" erfüllten für 4 Plättchen 96,4 % der Vpn korrekt, für 7 Plättchen 87,1 % und für 16 Plättchen 59,5 % .

- Das Schreiben von Ziffern brachte Ergebnisse, die sich folgender Tabelle entnehmen lassen:

Ziffer	richtig		noch lesbar		spiegelbildl.		falsch/nicht	
	Kinder	%	Kinder	%	Kinder	%	Kinder	%
0	988	86,8	48	4,2	0	0	102	9,0
1	759	66,7	34	3,0	294	25,8	51	4,5
2	566	49,7	141	12,4	150	13,2	281	24,7
3	642	56,4	61	5,4	259	22,8	176	15,5
4	630	55,4	93	8,2	169	14,9	246	21,6
5	547	48,1	64	5,6	173	15,2	354	31,1
6	548	48,2	72	6,3	208	18,3	310	27,2
7	454	39,9	109	9,6	205	18,0	370	32,5
8	708	62,2	157	13,8	0	0	273	24,0
9	381	33,5	98	8,6	225	19,8	434	38,1

- Beim Ziffernlesen (Auftrag: "Wie heißt die Zahl?") erreichten die Kinder folgende Ergebnisse:

Ziffer	richtig		falsch		nicht	
	Kinder	%	Kinder	%	Kinder	%
0	1066	93,7	22	1,9	50	4,4
1	1097	96,4	15	1,3	26	2,3
2	1083	95,2	21	1,8	34	3,0
3	1073	94,3	19	1,7	46	4,0
4	1067	93,8	22	1,9	49	4,3
5	1049	92,2	28	2,5	61	5,4
6	974	85,6	69	6,1	95	8,3
7	1030	90,8	35	3,1	70	6,2
8	1007	88,5	48	4,2	83	7,3
9	983	86,4	67	5,9	88	7,7

78 % aller Vpn konnten alle 10 Ziffern richtig ablesen.

- Einer gegebenen Plättchenmenge das richtige Zahlschildchen (die richtige Ziffer) zuordnen konnten für die Anzahl zwei 93,2 % der Kinder, für die Anzahl sechs 78,6 % und für die Anzahl fünfzehn 42,9 %.

- Die umgekehrte Aufgabe "Lege so viele Plättchen hin, wie auf dem Schild steht!" wurde für die Ziffer 5 von 92,0 %, für die Ziffer 8 von 82,5 % und für die Zahlnotation 13 von 63,1 % der Vpn richtig gelöst.

Einen Überblick über die Fähigkeit, korrekte Beziehungen zwischen Mengen einerseits und Zahlwörtern bzw. Zahlzeichen andererseits herzustellen geben folgende drei Tabellen:

- (An-)Zahlen von 2 bis 5 (jeweils erste Teilaufgabe):

	Aufgabe 3 Menge ↓ Zahlwort	Aufgabe 4 Zahlwort ↓ Menge	Aufgabe 7 Menge ↓ Ziffer(n)	Aufgabe 8 Ziffer(n) ↓ Menge
richtig zugeord.	90,8 %	96,4 %	93,2 %	92,0 %
Abweichung <2	98,3 %	97,7 %	94,8 %	94,8 %

- (An-)Zahlen von 6 bis 9 (jeweils zweite Teilaufgabe):

	Aufgabe 3 Menge → Zahlwort	Aufgabe 4 Zahlwort → Menge	Aufgabe 7 Menge → Ziffer(n)	Aufgabe 8 Ziffer(n) → Menge
richtig zugeord.	63,9 %	87,1 %	78,6 %	82,5 %
Abweichung <2	87,6 %	94,6 %	87,0 %	90,7 %

- (An-)zahlen von 13 bis 16 (jeweils dritte Teilaufgabe):

	Aufgabe 3 Menge → Zahlwort	Aufgabe 4 Zahlwort → Menge	Aufgabe 7 Menge → Ziffer(n)	Aufgabe 8 Ziffer(n) → Menge
richtig zugeord.	44,9 %	59,5 %	42,9 %	63,1 %
Abweichung <2	67,3 %	72,8 %	59,7 %	73,1 %

Alles zusammengenommen zeigt die Untersuchung von R. SCHMIDT, "daß die Kinder bei Schuleintritt bereits beachtliche Fähigkeiten im Umgang mit Zahlen besitzen. Diese be treffen das verbale Zählen, die (kardinale) Anwendung der Zahlen und den Gebrauch von Ziffern." Des weiteren wird deutlich, daß jüngere Schulanfänger durchschnittlich über wesentlich geringere Zahlenkenntnisse verfügen als Ältere, während sich Wiederholer in ihren Leistungen, mit Ausnahme des Ziffernschreibens, nur wenig von den Neuanfängern unterscheiden. Der Vergleich der Ergebnisse nach Nationalität zeigte, daß die deutschen Kinder bei allen Aufgaben signifikant bessere Leistungen erbrachten, als die in die Untersuchung einbezogenen ausländischen Kinder. Als besonders niedrig erwiesen sich die Ergebnisse der türkischen Kinder.

3.5.2 Untersuchungen von LANGE/MEISSNER (1983)

In dem schon in Zusammenhang mit dem Zählen unter 3.4 erwähnten Beitrag "Zum Lernprozeß im Bereich Arithmetik" berichten LANGE/MEISSNER auch über Untersuchungen zum Stand des Zahldenkens von Kindergartenkindern, die kurz vor dem Schuleintritt stehen. Daraus seien noch einige der hier interessierenden Befunde mitgeteilt, obgleich die Autoren zwar Angaben über das Untersuchungsverfahren, nicht aber über die Zahl der einbezogenen Vpn machen:

- Alle geprüften Schulanfänger konnten mindesten bis 15 zählen, viele sogar bis 20 und manche bis 100.
- Alle Kinder konnten auch Ziffernkarten (mit Ziffern 1 bis 9) mühelos lesen.
- Mit Ausnahme einiger jüngerer Kinder (5 Jahre) waren alle in der Lage, einzelne, in der geordneten Folge der Zif fern(-kärtchen) fehlende zu benennen.
- Alle Kinder konnten vier bzw. acht Plastiktiere auf die richtige Ziffernkarte legen.
- Anzahlen von bis zu drei Elementen wurden mühelos simultan erfaßt.
- Die Schulanfänger konnten Spielkarten, auf denen zwischen 0 (leer) und 5 Tieren abgebildet waren, nach der Anzahl ordnen.
- Alle antworteten fehlerfrei, als sie zuerst angesichts einer Reihe von fünf roten Bären und anschließend nach Hinzufügen zweier blauer Bären noch einmal nach der Anzahl gefragt wurden. Desgleichen beim (zunächst verdeckten) Hinzufügen von drei blauen Bären zu vier roten. Dabei zählte etwa die Hälfte der Kinder nach dem Hinzufügen weiter, während die andere Hälfte beim Abzählen wieder mit 1 begann.

4. Zur Geschichte der Zahlbegriffs-Methodik

Es läßt sich wohl kaum ein Thema des schulischen Mathematikunterrichts finden, zu dessen Behandlung im Unterricht mehr methodische Konzepte entwickelt worden wären, als zum Aufbau des Zahlbegriffs im mathematischen Anfangsunterricht. Besonders in Deutschland wurde schon im 19. Jahrhundert immer wieder um einen geeigneten Lehrgang gerungen und auch heftig um einen solchen gestritten, so daß man seitdem durchaus von einer Geschichte der Zahlbegriffs-Methodik sprechen kann.
Diese Geschichte soll hier nicht im Sinne einer lückenlosen historischen Darstellung nachgezeinchet werden. Eine Auswahl an grundlegenden konzeptionellen Ideen kann aber Informationen liefern, mit deren Hilfe heute bedeutsame methodische Konzepte besser verstanden und beurteilt werden können. Die folgende Darstellung beschränkt sich daher im Wesentlichen auf solche Methoden bzw. Methodenkonzepte, die in der Schulpraxis eine bedeutende Rolle gespielt haben oder, wenigstens in Teilaspekten, eine solche Rolle heute noch spielen. Nach ihrer kurzen Beschreibung werden die Methoden jeweils psychologisch und sachlogisch analysiert, damit sich geeignete Anhaltspunkte für ihre Bewertung mit Blick auf einen zeitgemäßen Lehrgang aus ihnen gewinnen lassen.

4.1 Anfänge der deutschen Rechendidaktik: Zahlbegriffsmethoden des 19. Jahrhunderts

Die Bezeichnungen "Rechenunterricht" und "Mathematikunterricht" markierten für lange Zeit historisch bedingte Unterschiede zwischen verschiedenen Schultypen. Mathematikunterricht gab es nur am Gymnasium, das aus den früheren Lateinschulen hervorgegangen war und mit wissenschaftlichem Anspruch an seinen Unterricht die Schüler auf das Universitätsstudium vorbereiten sollte. An der Volksschule, die ihre Wurzel in der deutschen Schreib- und Leseschule des 14. Jahrhunderts hat, wo es von "Rechenmeistern" (z.B. Adam Riese 1492 - 1559) erteilten arithmetischen Unterricht gab, sollten nur grundlegende nützliche Fertigkeiten zur Lebensbewältigung vermittelt werden. Im Rechenunterricht wurden daher den Schülern Rechensätze eingebleut und Rechenverfahren regelhaft antrainiert. Deren Verständnis erschien kaum bedeutsam; es kam lediglich auf ihre richtige Handhabung an. Es stand gleichsam der "handwerkliche Aspekt" des Rechnens im Vordergrund.
Pestalozzi (1746 - 1827) war einer derjenigen, der sich im 18. Jahrhunderet erstmals Gedanken über den Bildungswert auch des Rechenunterrichts machte. Im Anschluß daran mehrten sich dann die Forderungen nach einem einsichtsvollen Rechnen. Zu ihm gehört in erster Linie ein Verständnis für die "Objekte", mit denen der Rechner umzugehen hat, nämlich die Zahlen. Zahlbegriffe wurden als Verständnisbasis für das Rechnen erkannt und so machten sich Psychologen, Pädagogen und Schulmeister Gedanken darüber, wie den Schülern diese Begriffe vermittelt und wie sie mit dem Rechnen verknüpft werden könnten.

Im 19. Jahrhundert prägten die "monographische Methode" von GRUBE (Leitfaden 1842) sowie der Streit zwischen den "Anschauungsmethodikern" (z.B. BORN) und den "Zählmethodikern" (z.B. RITTHALER 1925) die Auseinandersetzungen in der Rechendidaktik.

a) Monographische Methode

Die Grundidee der monographischen Methode besteht in der Betrachtung der Zahlen als "Individuen". Es werden daher nicht nur die Zahlen bis 100 nacheinander einzeln umfassend behandelt, sondern jeweils auch systematisch alle Rechenoperationen besprochen, die sich mit der jeweils neuen Zahl und den schon bekannten Zahlen durchführen lassen.

b) Zählmethode

Die ältesten Methoden, die in der Schule zum Aufbau von Zahlbegriffen angewendet wurden, lassen sich unter dem Terminus Zählmethode subsumieren. Die Zahl wird hier vor allem als Ergebnis einer Konstruktion aus Einheiten aufgefaßt. Einzelne typische Kennzeichen dieser Methode sind:

- Bekanntmachen mit Zahlworten mithilfe von Abzählversen und -reimen. Schrittweise Erweiterung der verbalen Zählfähigkeit im Sinne des Aufsagens der Zahlwortreihe, zuerst bis 10, dann bis 20, bis 50 bis 100, usw.
- Anwendung des Zählens auf Gegenstände im Sinne des Abzählens und Auszählens.
- Verwenden der Finger als Zählobjekte.
- Verweilen bei einzelnen Zahlen im Sinne des wiederholten Zählens bis zu einer bestimmten Zahl n. In Verbindung damit Einführung der Ziffer für n.
- Addieren als Weiterzählen bzw. Dazuzählen; Subtrahieren als Zurückzählen, bzw. Wegzählen.
- Akustisch bestimmtes Einprägen von Rechensätzen.

c) Zahlbildmethoden (Anschauungsmethoden)

In der zweiten Hälfte des 19. Jahrhunderts tauchte eine völlig neue Methode zur Zahlbegriffsgewinnung auf. Ihre Vertreter wollten die Zahlen nicht auf dem akustischen Weg, sondern mithilfe von festen und einprägsamen Bildvorstellungen vermitteln, aus denen die Begriffe abstrahiert werden sollten. Zu jeder einzelnen Zahl sollte dem kindlichen Geist ein ganz bestimmtes Zahlbild eingeprägt werden, das zumeist aus Kreisen für die Einheit (Kringeln) zusammengesetzt war; man spricht deshalb von einer Zahl- oder Anschauungsmethode. Verschiedene Methodiker schlugen dabei unterschiedliche Zahlbilder vor, die sie zum Teil leidenschaftlich als die einzig richtigen anpriesen. Drei Beispiele:

Zahlbilder von HENTSCHEL:

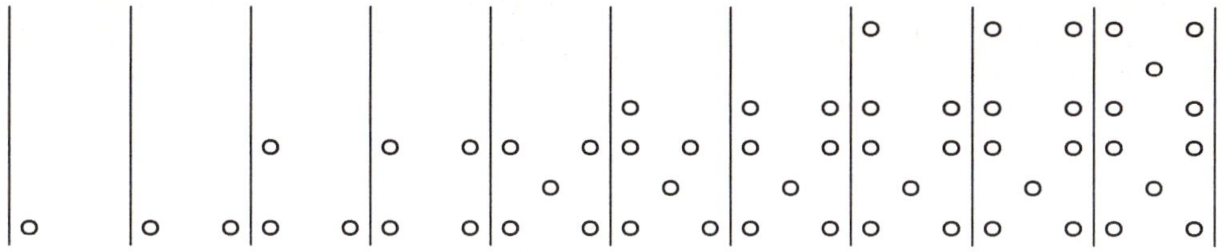

Zahlbilder von BEETZ:

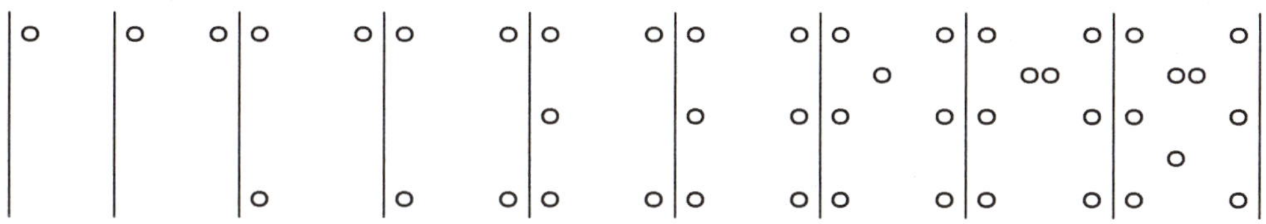

(Jedes Zahlbild geht aus dem vorausgehenden durch Zufügen eines Punktes hervor.)

Zahlbilder nach BORN:

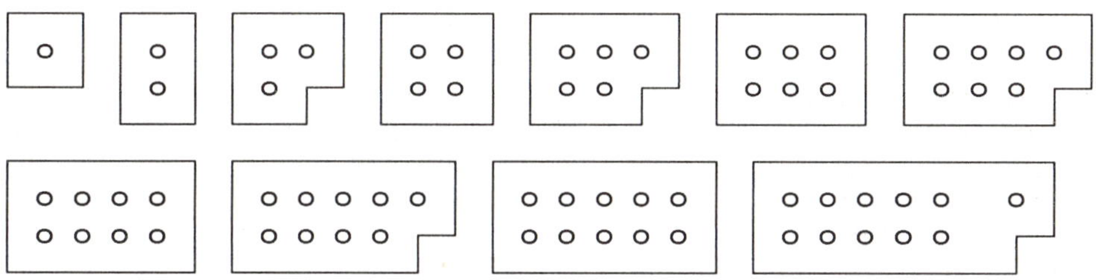

Aus dem Kampf um das "richtige" Zahlbild schälten sich nach und nach die Anforderungen heraus, die man an eine geeignete bildliche Darstellung der Zahlen stellen muß:

- Die Zahlbilder müssen sich dem kindlichen Gedächtnis leicht und deutlich einprägen.
- Jedes Zahlbild muß sich eindeutig und optisch klar von allen übrigen, insbesondere von den ihm benachbarten abheben.
- Die Zahlbilder müssen für die Rechenarbeit eine praktikable Hilfe sein.

Aufgabe 113.1

a) Führen Sie die oben begonnenen Folgen der Zahlbilder von HENTSCHEL, BEETZ und BORN jeweils bis zum Bild für 15 weiter.

b) Wie beurteilen Sie die drei Zahlbildsysteme hinsichtlich der oben genannten Anforderungen? ■

4.2 Rechenunterricht nach KÜHNEL

Der Rechenunterricht in der ersten Hälfte des 20. Jahrhunderts ist vor allem von den Konzepten Johannes KÜHNELs geprägt. Sein "Neubau des Rechenunterrichts" (Leipzig 1919) kann mit Fug und Recht als erste systematische Rechendidaktik bezeichnet werden. Noch heute fließen in die Unterrichtswerke zur Bildung des Zahlbegriffs und zum Rechnen Überlegungen aus diesem Werk ein, deren Gültigkeit außer Zweifel steht.

a) Grundsätzliches

KÜHNEL setzt sich in zehn Thesen kritisch mit dem Rechenunterricht seiner Zeit auseinander.

- Er wendet sich gegen die ausschließliche Orientierung am sachlogischen Aufbau. Wegen der gewaltigen Differenz zwischen der seelischen Entwicklung und den Forderungen der Schule werden im Rechenunterricht weder formale Aufgaben (z.B. Denkförderung, allgemeine Geistesbildung) noch praktische Aufgaben (z.B. Kenntnisse und Fertigkeiten) er reicht. Gedanken Herbarts aufgreifend, fordert KÜHNEL statt dessen eine "ethisch und psychologisch gerichtete Zielbewußtheit".
- Er verwirft das möglichst baldige Verlassen der Anschauung und wünscht "eine wirkliche, allseitige, planmäßige, oft wiederholte Anschauung, eine hundertfältig sich erneuernde, immer genauer und vollständiger werdende Assimilation, eine kontemplative Betätigung aller Sinne mit besonderer Berücksichtigung der Bewegungsvorstellungen, ein handelndes Erleben, ein selbständiges Vertrautwerden mit der Wirklichkeit."
- Anstelle eines raschen Hineilens zur Abstraktion verlangt er "eine weit hinausgeschobene, langsam reifende, vorsichtig prüfende Abstraktionsfähigkeit, die immer wieder von Konkretionen unterbrochen wird und aus ihnen immer von neuem sich aufbaut." Das Konkretisieren habe gleichberechtigt neben der Abstraktion zu stehen.
- Man solle nach KÜHNEL nicht versuchen, mit den Kindern "reine Begriffe" zu erreichen. Auch den frühzeitigen Gebrauch der Ziffern verwirft er. Statt dessen geht die Forderung auf "Betonung und Übung von Raumvorstellungen zu den Zahlbegriffen, von Bewegungsvorstellungen zu den Operationsbegriffen und Gewöhnung an diese greifbaren Begriffssubstrate. Dazu müssen auch die Rechenmittel dienen und sind entsprechend zu gebrauchen. Die Ziffer ist zunächst gar nicht, später als Notizmittel und erst noch später als Begriffssubstrat zuzulassen."

Die weiteren Thesen KÜHNELs beziehen sich auf das Rechnen. Hier wendet er sich gegen das Auswendiglernen von Operationsergebnissen (z. B. Einmaleins) und prangert das Arbeiten nach unverstandenen Merksätzen an. Er fordert im Rechenunterricht eine echte und sinnvolle Übung, die durch Strukturierung Begriffe und Erkenntnisse verbessert und vertieft. Hiermit soll das Anwendungsfeld der Übung vergrößert und die Anwendungsfähigkeit gesteigert werden. Gängelung der Schüler möchte KÜHNEL durch eigenständige und selbständige "Überwindung immer größerer Hindernisse" ersetzt wissen, die Vorgabe eines Normalverfahrens durch selbständiges Suchen nach verschiedenen Lösungswegen. Schließlich verwirft er die katechetische Entwicklung und die fragende Lehrform sowie das "ausnahmslose Darbieten rechnerischer Aufgaben, Bestimmungen und Probleme". Richtig wäre ein dem Schüler und der Sache angepaßtes freies Lehren.

b) Synthese von Zähl- und Zahlbildmethode

Besonderes intensiv setzt sich KÜHNEL mit der Bildung des Zahlbegriffs auseinander. Er meint, daß Kinder beim Schuleintritt zwar Zahlwörter kennen, aber mit ihnen noch keinen echten Zahlbegriff verknüpfen. Begriffe von den Rechenoperationen können seiner Meinung nach erst später erworben werden, da sie sich von den Zahlbegriffen völlig unterscheiden. Eine Konfrontation der Schüler mit Zifferndarstellungen lehnt er so lange ab, als die Schüler Zahlengrößen ausschließlich dinglich erfassen.
KÜHNEL fordert, daß die Schüler den Zahlbegriff nicht über ein mechanisches Zählen, sondern über eine allmähliche Erweiterung des "Aufmerksamkeitsumfangs" erwerben. Die Schüler müßten für die Zahlen ein "Größengefühl" entwickeln. Weiter spielten "der Gedanke des wesentlichen Wertes der Eins-Differenz jeder Stelle des Zahlenraumes" und "endlich der Gedanke der Zahlwörter als Begriffssymbol" eine wichtige Rolle. Dies sei zu erreichen, indem das Zählen zuerst auf reale Dinge bezogen wird, die gemalt oder die sich die Schüler vorstellen, dann erst auf dingliche Symbole (z.B. Legestäbchen, Perlen, Ringe, Spielmarken, usw.). Zur Vorbereitung des dezimalen Aufbaus der Zahlen schlägt KÜHNEL ein rhythmisches Zählen, auch in Verbindung mit gruppierten Darstellungsbildern (z.B. 7: /////// in Zweiergruppen // // // /, oder Dreiergruppen /// /// /) vor.
KÜHNEL bringt das häufig geübte, ausschließlich akustische Zählen in Verbindung zu Gegenständen und Zahlbildern. Er beendet den Streit zwischen Zähl- und Zahlbildmethodikern durch eine Synthese der Ideen beider Gruppen. Für die Zahlen bis 20 schlägt er neben dem Zählen und rhythmischen Zählen die Verwendung der BORNschen Zahlbilder vor. Für größere Zahlen entwickelt er, nach gleichem Aufbauprinzip, eine "Hundertertafel", auf der mittels eines zugehörigen Abdeckblattes jede Zahl im Raum bis 100 gezeigt werden kann. (In der Schulpraxis bürgerte sich auch eine KÜHNELsche Tausendertafel ein, die aus zwei Reihen von je fünf verkleinerte Hundertertafeln aufgebaut war.)

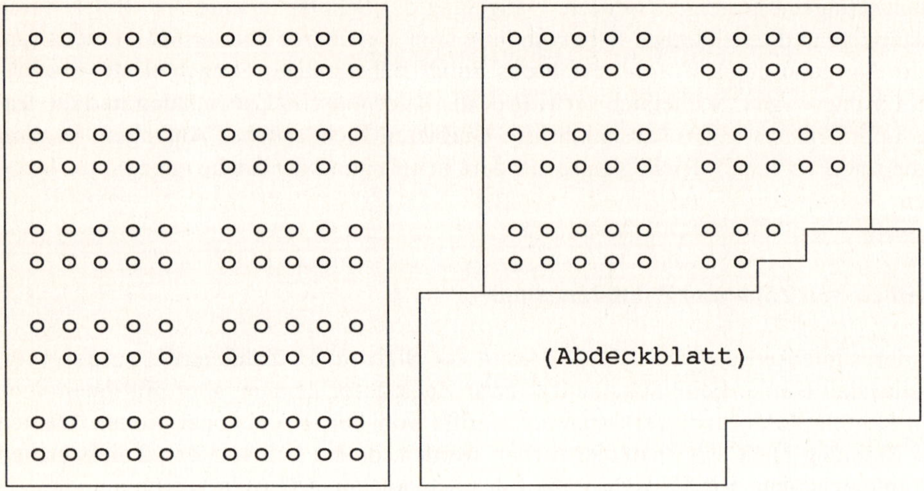

c) Methodischer Aufbau des Erstrechenunterrichts

In der Schulpraxis entwickelte sich für die 1. Jahrgangsstufe als "Methode Kühnel" ein Lehrgang, dessen Aufbau sich kurz folgendermaßen charakterisieren läßt:

1. Roher Vergleich von Mengen mithilfe von nicht numerisch bestimmten Zahlbeziehungen (viele, wenig)
2. Genauer Anzahlvergleich; Gewinnung der Zahlbegriffe 1 bis 4, Vermehrung oder Verminderung um 1 wird, wie KÜHNEL sagt, "lustvoll oder unlustvoll bemerkt"
3. Erwerb der übrigen Zahlbegriffe in der Reihe, soweit das ohne Erfassung des Dezimalsystems möglich ist:
   - Zählen und Ordnen realer Dinge
   - Zählen und Ordnen von Symboldingen
   - Zählen in Verbindung mit Zahlbildern
   - Zuordnen von Zahlbild, Zahlwort und Ziffer (als Notizmittel)
4. Erwerb des Zahlsystems durch Rhythmisierung des Zählens und Gliederung des Zahlbildes.
5. Erwerb der Ziffernschreibweise als sichtbar dargestellter Zahlbegriff.

Aufgabe 116.1

Wie wird wohl eine nach der Methode KÜHNEL gestaltete Unterrichtseinheit zur Einführung in die Zahl 6 aufzubauen sein? Versuchen Sie eine Skizze. ▪

4.3 Ganzheitliches und ganzheitlich-operatives Rechnen

Die "Methode Kühnel" dominierte über viele Jahrzehnte hin unangefochten die schulische Praxis des Rechenunterrichts in der Grundschule. Nur sehr zögernd wurde das bedeutsame, auf die Ganzheitspsychologie von Ehrenstein, Hansen und Metzger gründende Alternativkonzept von Johannes WITTMANN, Direktor des Psychologischen Instituts der Universität Kiel bekannt. Er hatte es erstmals in seinem 1929 erschienen Buch "Theorie und Praxis eines ganzheitlichen, analytisch-synthetischen Unterrichts in Grundschule, Hilfsschule, Volksschule" vorgestellt und später in dem zweiteiligen "Ganzheitliches Rechnen" (1931) sowie in einer Rechenfibel für das 1. und in Rechenbüchern für das 2. und 3. Schuljahr seine Gedanken methodisch ausgeformt. Breiteren Eingang in die Schulpraxis und in die Lehrpläne fand das ganzheitliche Rechnen erst in den 50er und frühen 60er Jahren, in denen die Wittmannschen Schriften Neuauflagen erlebten und vor allem die "ganzheitlichen" Schulbuchwerke von RESAG und BÄRMANN ("Zauberfibel") sowie von Horst KARASCHEWSKI ("Neues Rechnen") an vielen Schulen eingeführt wurden.
Inzwischen lieferte die Psychologie PIAGETs eine zusätzliche Begründung für die Ideen des Ganzheitsrechnens und bildete auch die Grundlage zu dessen Weiterentwicklung zum "ganzheitlich-operativen Rechenunterricht", etwa in dem Schulbuchwerk von FRICKE und BESUDEN ("Mathematik in der Grundschule").

a) Johannes WITTMANN

WITTMANN stimmte mit KÜHNEL mindestens in zwei Punkten überein: Der Rechenunterricht soll nicht vom passiven Aufnehmen und Einprägen vorgeformter Lehrstoffe durch die Schüler gekennzeichnet sein, sondern dadurch, daß diese sich Erkenntnisse aktiv erarbeiten. "Die Haltung des Lehrers muß in allem getragen sein von einem Glauben an die jungen heranwachsenden Menschen, an ihre werdende freie Persönlichkeit und daran, daß er die Möglichkeit und daher auch die Aufgabe hat, die auf das Gute gerichteten schaffenden Kräfte in den jungen Menschen zu entfesseln" (WITTMANN 1959, S. 9) Und: Das Erlernen der Zahlbegriffe und des Rechnens beginnt mit konkreten Erfahrungen und führt über Dingsymbole und zeichnerische Darstellung zur fachlichen Symbolsprache.
In Verbindung mit der zweiten Aussage setzt aber auch schon ein wichtiger Unterschied ein. Will nämlich KÜHNEL die Zahlbegriffe aus der Betrachtung einer immer größeren Anzahl von Einzelobjekten aufbauen, so möchte WITTMANN diesem synthetischen Prozeß einen analytischen vorschalten. Das wird dadurch erreicht, daß an den Anfang des Rechenunterrichts der zunächst spielerische, dann ordnende Umgang mit komplexen Situationen tritt, wie sie sich in einem "ganzheitlichen Gesamtunterricht" ergeben.

Mit Vorliebe wählt WITTMANN die Kinder selbst als Gegenstand einer quantitativen Analyse. "Rechnen darf und kann nur verstanden werden als ein in der Anschauung sich vollziehendes Ordnen und Zuordnen von in der Wirklichkeit gegebenen Mengen und denkendes Darstellen dieser Ordnungen und Zuordnungen mit Hilfe der Zahlbegriffe" (S. 10).

"Mengen" sind dabei zunächst nichts anderes als Kollektionen realer Dinge, die entweder für sich selbst stehen oder andere reale Objekte vertreten (Bohnen, Maiskörner, Stäbchen, Plättchen u.ä.). Es gilt, in ihnen zunächst die Struktur des "Zusammen", dann die des "stimmigen Zusammen" zu entdecken. Das "Zusammen" wird als "ungeordnete Menge" oder als "Haufen" erlebt. Das "stimmige Zusammen" ergibt sich, wenn die Kinder die ungeordnete Menge in unterschiedlicher Gestalt ordnen und beschreiben, z. B.

- als (gerade) "Reihe", wenn die Objekte linienhaft ange ordnet sind;
- als "Schlangenlinie", wenn die Objekte einer Kurvenlinie folgen;
- als "Kreisreihe", wenn die Objektanordnung einen Kreis bildet;
- als (wohlgeordnete) "Doppelreihe", wenn zwei Reihen von gleich vielen (aber mehr als zwei) Objekten einander zugeordnet sind;
- als "Feld", wenn mehr als zwei Reihen von Objekten nach einem rechteckigen Schema geordnet sind;
- als "Treppen", wenn "Säulen" nach Anzahl geordnet nebeneinanderstehen;
- als "Male", wenn mehrfach gleich viele Objekte einer räumlich ungeordneten Kollektion mit einer geschlossenen Linie abgegrenzt sind.

Beispiele:

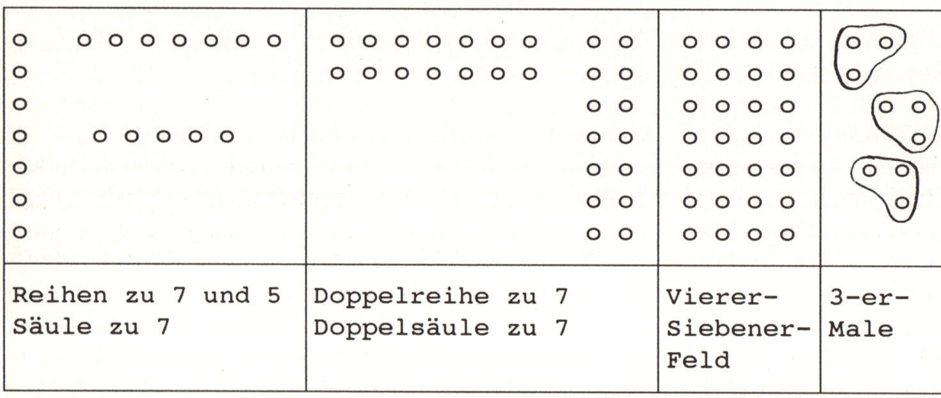

Reihen zu 7 und 5 Säule zu 7	Doppelreihe zu 7 Doppelsäule zu 7	Vierer- Siebener- Feld	3-er- Male

Während nun KÜHNEL versucht hatte, Zählmethode und Zahlbildmethoden mittels Integration zu versöhnen, hält WITTMANN weder das Zählen noch das Betrachten oder Einprägen statischer Zahlbilder für geeignete Aktivitäten zum Aufbau des Zahlbegriffs. Geeignet und notwendig für diesen Aufbau erscheint ihm das aktive Analysieren von Mengen(-"ganzheiten"), das sich im einzelnen vor allem folgender konkreter Handlungen bedienen soll:

- Aufteilen einer "Menge" in Zweier-, Dreier-, Vierermale, usw.;
- Verteilen einer "Menge" auf 2, 3, 4, usw. Male;
- Verdoppeln oder Halbieren einer "Menge" durch Bilden von Doppelreihen;

- Malnehmen als Aneinanderreihen von 2, 3, 4, usw. Malen einer vorgegebenen Anzahl;
- Wegnehmen oder Hinzufügen einzelner Objekte von bzw. zu einer "Menge" bzw. allgemein das Vermehren oder Vermindern von "Mengen".

WITTMANN stellt sich auch im Gegensatz zu KÜHNEL, wo dieser eine deutliche systemtatische und methodische Trennung zwischen dem Erlernen der Zahlbegriffe einerseits und der Rechenoperationen andererseits vorsieht. Er möchte statt dessen, daß sich die für den Zahlbegriff konstitutive Analyse von Mengen genau der gleichen Tätigkeiten bedient, die auch das Verständnis der Rechenoperationen begründen. Der Aufbau der Zahl- und der Operationsbegriffe ist also bei ihm untrennbar miteinander verbunden und verläuft daher auch zeitlich parallel. Sobald nämlich Handlungen dazu geführt haben, analytisch gefundene Anzahlen zu benennen und mit Ziffernsymbolen zu belegen, können die Schüler auch "Mengengeschichten" als "Zahlgeschichten" aufschreiben, die dann nach und nach in fachlich übliche Rechensätze übergeführt werden. Beispiele:

"Mengengeschichte"	"Zahlgeschichte"	Rechensatz
"Das Vierer-Dreier-Feld ist in sechs Male mit Zweiern aufgeteilt".	12 = 6 Male mit 2 auch 12 = 6 (o o)	12 = 6 · 2 oder 12 : 2 = 6

WITTMANN legt großes Gewicht auf die sprachliche Verarbeitung gewonnener Erfahrungen. "Das Kind muß lernen, die Formen des Seins der Dinge durch die entsprechenden Formen derSprache darzustellen" (S. 43). Dabei geraten allerdings die Sprechweisen, die er vorschlägt, oft etwas unkindlich und unnatürlich.
Kennzeichnend für den von WITTMANN vorgeschlagenen und auch in einer eigenen Erstrechenfibel ausgearbeiteten Lehrgang ist es, daß - erstmals in der Geschichte der Zahlbegriffs-Methodik - der Arbeit mit Zahlen eine sog. "pränumerische" Arbeit vorausgeht. Im einzelnen läßt sich der Aufbau grob in folgende Stufen gliedern:

1. Ungeordnete und zahlunbestimmte Mengen werden "ins Mal genommen", gegliedert, geordnet und durch Zuordnung miteinander roh verglichen.
2. Einfache Ordnungsformen (gerade Reihe, Ringelreihe, Doppelreihe, Paar) werden eingeführt; an ihnen üben die Schüler das Vergleichen und Ergänzen von Mengen.
3. Es werden "Gruppen" gebildet (Zweier, Einer, Vierer, Dreier, Sechser); diese werden in Reihen, Säulen und Treppen geordnet und verglichen; anhand der Gruppen erlernen die Schüler auch das Gliedern, Aufteilen, Ver teilen, Hinzufügen und Wegnehmen.

4. Es werden komplexere Ordnungsformen eingeführt, insbesondere Felder und "Zehnerzüge" und weiter strukturiert.
5. Die Mengenvorstellungen werden durch Zählen und Zusammenfassen sowie durch Einführung der Ziffernsymbole zu Anzahlbegriffen weiterentwickelt.
6. Es folgt das Rechnen in allen Rechnungsarten als Produkt mengenbezogenen Operierens.

Aufgabe 120.1
Inwiefern kann man die Methode KÜHNEL als "synthetischen" und WITTMANNs Ganzheitsrechnen als "analytisch-synthetischen" Lehrgang bezeichnen? ■

WITTMANN hatte seine Schriften zum ganzheitlichen Rechnen um das Jahr 1930 veröffentlicht, damals allerdings in der schulischen Praxis wenig Resonanz gefunden. In den Sechziger Jahren indes erlebten seine Ideen eine ebenso unerwartete wie kräftige Renaissance. Es war zunächst H. KARASCHEWSKI, der die Gedanken gewissermaßen am linientreuesten in sein verbreitetes Unterrichtswerk "Neues Rechnen" umsetzte. Es gelang ihm, das Konzept sowohl in begrifflich-theoretischer Hinsicht wie auch im Praktisch-methodischen zu präzisieren und auf den gesamten Rechenunterricht aller Jahrgangsstufen anzuwenden.
Es war sein Anliegen, das Ganzheitliche Rechnen in seinem gestaltpsychologischen Ansatz vor einem "operativen" Eingriff abzuschirmen, der ihm von der Genfer Schule um Piaget her zu drohen schien. Dabei übersah er vielleicht, daß gerade von dieser Psychologie unabweisbare Impulse ausgingen, die insbesondere auch ermöglichten, das ganzheitliche Rechnen positiv weiterzuentwickeln. Der Psychologe J. LAUX indes bekannte offen: "Die Schule der Ganzheitspsychologie, der ich entstamme, muß sogar, wie ich glaube, aufgrund neuerer Piagetscher Forschungsdaten, Korrekturen und Ergänzungen zu ihrem Modell der Denkentwicklung anstreben". Und K. ODENBACH, der Mitverfasser des "Neuen Rechnens", deutet Piagets Arbeit geradezu als wissenschaftliche Bestätigung der Wittmannschen Ideen. Er meint, daß es "für die didaktischen Konsequenzen" nur wenig ausmacht, ob man sich auf PIAGET oder auf WITTMANN bezieht."
Später kämpfte KARASCHEWSKI dann noch heftiger gegen die Versuche in Rahmen der sog. "Neuen Mathematik", den Rechenunterricht zu mathematisieren. Er wollte entschieden an einer Eigengesetzlichkeit des Volksschulrechnens festhalten. Siehe sein Werk: "Wesen und Weg des ganzheitlichen Rechenunterrichts", Stuttgart 1966. Dort sind auch seine theoretischen Gedanken zum Ganzheitsrechnen systematisch zusammengefaßt.

b) Kurt RESAG und Fritz BÄRMANN

Wie schon erwähnt, wurde die PIAGETsche Psychologie für Deutschland vor allem von RESAG durch sein vielgelesenes Buch "Kind und Zahl" erschlossen. Er war es auch, der zusammen mit F. BÄRMANN den Versuch machte, das ganzheitliche Rechnen mit der Idee des operatorischen Denkens im Sinne der Psychologie der Genfer Schule zu verbinden und letztere auf diese Weise unterrichtsmethodisch fruchtbar zu machen. Der Eingangsband für die 1. Jahrgangsstufe zu dem Unterrichtswerk "Zahl und Raum in unserer Welt" hieß "Zauberfibel" .

Für RESAG ist die Zahl kein absolut festes, vom Ursprung her gegebenes oder von Gott geschaffenes Element (Intuitionismus), sondern eine Konstruktion des menschlichen Geistes, die ihren Ursprung in den natürlichen Funktionen der Umweltbeziehungen hat: Bewegung und Wahrnehmung sowie deren körperlich geistige Verbindung, die Handlung.
Für den Aufbau des Zahlbegriffs eignen sich daher Handlungen mit Kollektionen von Objekten, aus deren anschaulicher Erfassung und analysierender Bearbeitung die für das Zahlverständnis grundlegenden Ordnungs- und Beziehungsbegriffe entstehen. Durch Hinwendung zu der Menge der Einzelinhalte, Einzeldinge oder Einzelglieder sowie deren Zusammenfassung durch ein Absehen von ihren individuellen Qualitäten und Merkmalen zugunsten ihres "Mengendaseins" bilden sich die Klassen, deren Mächtigkeitsvergleich zu den durch bestimmte Worte und optische Zeichen fixierten Anzahlbegriffen führt. Zwei Mengen heißen gleichmächtig, wenn die Elemente der einen umkehrbar eindeutig den Elementen der anderen zugeordnet werden können.

Soweit verfolgt RESAG hauptsächlich die Gedanken von WITTMANN. Dazu kommt nun unter Hinweis auf PIAGET, daß die Mächtigkeitsfeststellung durch Ordnungstätigkeiten und weitere logische Ordnungsbeziehungen ergänzt werden müsse, vor allem durch das ist das Bilden von Relationen der Größe durch konkretes Reihen qualitativ verschiedener Objekte. "Erst die Koordination von Mächtigkeitserfassung und Ordnungsbeziehung in der Reihe schafft den bestimmten Anzahlbegriff, die natürliche Zahl. Kardinal- und Ordinalzahl sind komplementär und aufeinander angewiesen; beide zusammen konstituieren den Zahlbegriff " (S. 110). Weiter muß mit Blick auf PIAGET der operatorische Grundcharakter des mathematisch-logischen Denkens auch bei der Bildung der Zahlbegriffe ersichtlich sein. Die Zahlen sind demnach Ergebnisse von dynamischen, umkehrbaren Denkbeziehungen, deren Zusammenhang eine Struktur bildet (operatorische Struktur des Zahlbegriffs).

Der in der Zauberfibel entwickelte Lehrgang zum Aufbau der ersten Zahlbegriffe läßt sich kurz so charakterisieren:

1. Phase der vorzahligen Mengenarbeit (1.-8. Schulwoche)
   Vorgesehene Aktivitäten: Vergleichen, Ordnen, Zuordnen, Ergänzen, Verteilen auf zwei, Halbieren und Verdoppeln, alles mit zahlunbestimmten Mengen. Zu

verwendende Bezeichnungen: "Menge", "groß - klein", "viel - wenig", "Reihe", "Doppelreihe", "Paar", "ergänzen", "verteilen", "verdoppeln", "Hälfte". Zu gewinnende Erkenntnisse: Invarianz der Anzahl gegenüber Gestaltveränderungen, quantitative Mengenbetrachtung, Verfahren des Halbierens, Verdoppeln und Verteilens an zwei.

2. Phase der Arbeit mit Zahlen bis 10 (9.-26. Schulwoche)
   Vorgesehene Aktivitäten: "In Male nehmen", Halbieren, Gruppieren, Einteilen in Male, Zerlegen, Ordnen, Ergänzen, Wegnehmen, Verteilen, Addieren, Anordnen von Mengen in Reihen, alles mit zahlbestimmten Mengen. Zu verwendende Bezeichnungen: "Mal", Zahlnamen "eins" bis "zehn", "ergänzen", "einteilen", "verteilen", "wegnehmen", "dazufügen", "zerlegen", "halb so groß - doppelt so groß", Ordnungszahlnamen "erster" bis "zehnter". Zu verwendende Symbole: Ziffern 1 bis 10, + für "vermehrt um", : für "verteilt an", : für "eingeteilt in". Zu gewinnende Erkenntnisse: Vorstellungen über Struktur und Zusammenhang von Mengen der Anzahl ein bis zehn, Unterschied zwischen Wert der Menge (Anzahl) und Platz in der Reihe (Ordnungszahl).

3. Phase der Notation von Rechensätzen (27.-31. Schulwoche)
   Vorgesehene Aktivitäten: Übertragung der Mengenarbeit in die Ziffernschreibweise. Zu verwendende Symbole (Beispiele): $2 + 2 = 4$; $4 - 1 = 3$; $6 = 3 + 3$; $6 : 2 = 3$; $2 \cdot 4 = 8$; $1/2 \cdot 6 = 3$

4. Phase der Arbeit mit Zehnerzahlen (ab 31. Schulwoche)
   Vorgesehene Tätigkeiten: wie in Phase 2 und 3, nur angewendete auf die Zehnerzahlen 20 bis 100. Zu verwendende Symbole: Zahlnotationen 11 bis 100, Rechensätze wie in Phase 3. Zu gewinnende Erkenntnisse: Struktur und Zusammenhänge zwischen reinen "Zehnermengen"; Anbahnung des Verständnisses für die Ziffernschreibweise für gemischte Zehner-Einer-Zahlen.

Aufgabe 122.1
Wie könnte eine nach dem Konzept von RESAG/BÄRMANN aufgebaute Unterrichtseinheit zur Einführung in die Zahl 6 aufgebaut sein? Versuchen Sie eine Skizze. ■

c) Arnold FRICKE und Heinrich BESUDEN

Obwohl sich A. FRICKE und H. BESUDEN bei der Konstruktion ihres Lehrgangs ebenso entschieden auf die Piagetsche Psychologie berufen wie RESAG und BÄRMANN, kommen sie in ihrem, lange Zeit stark verbreiteten Unterrichtswerk "Mathematik in der Grundschule 1" (1967) zu einem methodischen Konzept, das sich von dem der "Zauberfibel" zumindest äußerlich deutlich unterscheidet. Der auffallendste Unterschied liegt schon in der Art des verwendeten Arbeitsmaterials. Während

RESAG und BÄRMANN wie auch WITTMANN und KARASCHEWSKI mit gleich aussehenden Dingen, insbesondere mit Rechenplättchen, Mengen bilden, verwenden FRICKE und BESUDEN zunächst als einziges Arbeitsmaterial "Farbenstäbe". Es handelt sich dabei um ein Arbeitsmittel, das ursprünglich von dem belgischen Lehrer CUISENAIRE entwickelt und auch in einem Lehrgang von Caleb GATTEGNO und Madelaine GOUTARD verwendet worden war. An diese Vorbilder knüpft die "operative Methode" von FRICKE/BESUDEN durchaus an.
Auch ihr Lehrgang stellt zunächst die Auffassung der Zahlen als Kardinalzahlen in den Vordergrund. Daß dann Anzahlen sehr bald nicht mit Mengen von Einzelobjekten, sondern mit Stäben dargestellt werden, begründen die Autoren so: "Die natürlichen Zahlen werden als Kardinalzahlen eingeführt. Es wäre aber didaktisch wenig effektiv, sich darauf zu beschränken, für jede Zahl immer wieder möglichst viele äquivalente Mengen als Repräsentanten aufzusuchen, da für den praktischen Umgang die Zahl mehr bedeutet als nur Mächtigkeit von Mengen. Für größere Zahlen verbietet sich ein solches Vorgehen sowieso. Man muß also über das Verfahren der Repräsentierung durch Mengen, bzw. das umgekehrte Verfahren der Abstraktion der Zahl als Äquivalenzklasse, hinausgehen und von vorneherein die gegenseitigen Beziehungen herausarbeiten. Der Prozeß der Abstraktion vollzieht sich ohnehin nur durch Operieren und nicht durch Demonstrieren. Im Hinblick auf ein denkendes Rechnen ist es daher notwendig, die Struktur der natürlichen Zahlen herauszuarbeiten und Grundbeziehungen mitzugeben, auf die sich das Rechnen stützen kann".
Konstitutiv für den Zahlbegriff sind also auch hier nicht Zählprozesse oder die Betrachtung von Zahlbildern, auch nicht so sehr die Analyse von Mengen, sondern die Gewinnung von Einsichten in die mathematische Struktur der Zahlen.
Zu den bedeutsamsten Struktureinsichten in die natürlichen Zahlen rechnen FRICKE und BESUDEN

- das Verständnis der Gleichheitsrelation und ihrer Eigenschaften (Symmetrie, Transitivität und Monotonie),
- das Verständnis der Kleiner(Größer-)beziehung und ihrer Eigenschaften (Antisymmetrie, Transitivität und Monoto nie),
- das Verständnis der Addition und ihrer Eigenschaften (Kommutativität und Assoziativität).

Alle Relationen und Operationen einschließlich ihrer strukturellen Eigenschaften, die für die Menge der natürlichen Zahlen kennzeichnend sind, lassen sich durch die Farbenstäbe sinnfällig darstellen. Beispiele:

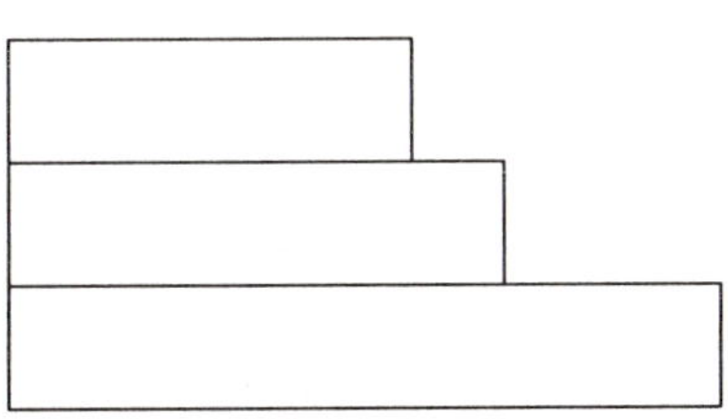

4 < 5 ===> 5 > 4

4 < 5 und 5 < 7 ===> 4 < 7

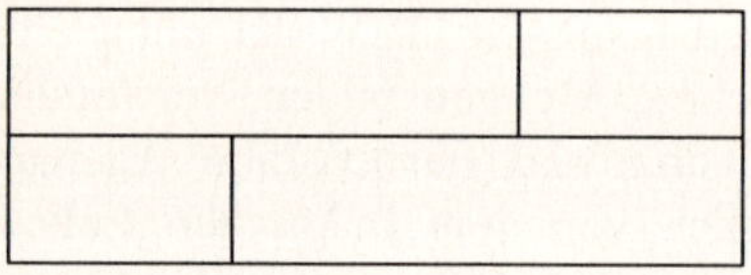

$5 + 2 = 2 + 5$ oder

$5 + 2 = 7 \Longrightarrow 2 + 5 = 7$

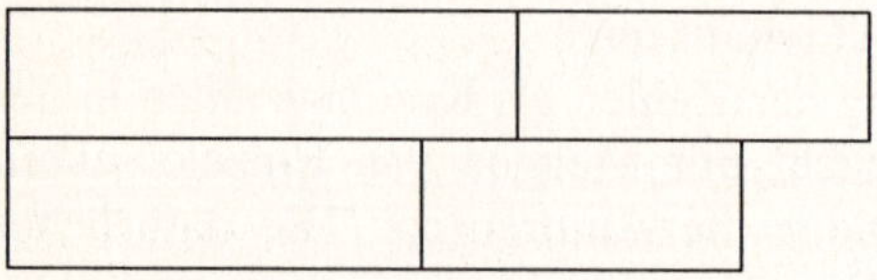

$5 > 4 \Longrightarrow 5 + 3 > 4 + 3$

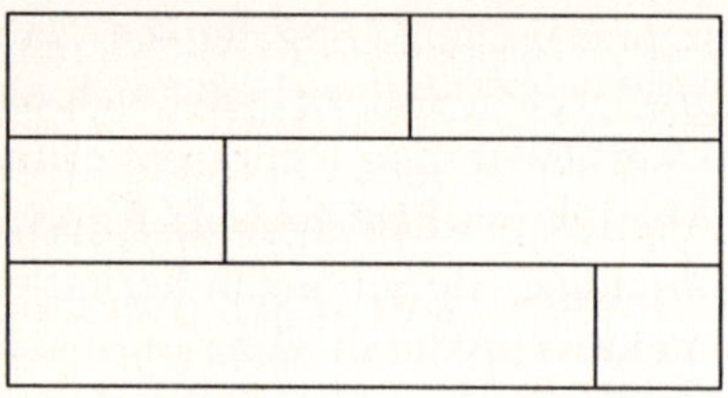

$7 = 4 + 3$

$7 = 2 + 5$

$7 = 6 + 1$

Wie die Arbeit mit den Stäben aus der Mengenarbeit herauswachsen und mit ihr korrespondieren soll, läßt sich aus dem Aufbau des Lehrgangs ersehen:

1. Mengen und Mengenbeziehungen: Mit Spielmaterial werden Mengen gebildet und die zwischen ihnen bestehenden Beziehungen untersucht (insb. Ordnungsrelationen).
2. Mengen und ihre Mächtigkeit: Es werden 1:1-Zuordnungen und Äquivalenzrelationen (gleich viele) sowie Ordnungsrelationen (mehr-weniger) beschrieben. Jeder Stabtyp vertritt eine Klasse gleichmächtiger Mengen, also eine Anzahl (Kardinalzahl).
3. Operationen: Verknüpfungen, insbesondere die Addition sowie Halbieren und Verdoppeln, werden mithilfe von Stäben als Zahlvertreter dargestellt und ihre Eigenschaften entdeckt.
4. Struktur der ersten Zahlen: Die Zahlen 1 bis 10 werden in ihrem strukturellen Aufbau entdeckt und geordnet.
5. Rechnen bis 10: Zusammenhänge und Gesetzmäßigkeiten bei Addition und Subtraktion werden aufgezeigt und verschiedene Rechenwege dargestellt.
6. Rechnen über 10 hinaus, einschließlich multiplikativer Zerlegung und Bündelung.

Aufgabe 124.1

a) Inwiefern werden die Farbenstäbe zur Darstellung von Anzahlen eigentlich falsch verwendet?

b) Warum können die Farbenstäbe nur im Zusammenhang mit dem Operatoraspekt der Zahlen als geeignetes Modell betrachtet werden? ▪

4.4 "Neue Mathematik"

In den 60er Jahren, in denen sich die Zahlbegriffs-Methodik in Deutschland gerade anschickte, die Entdeckungen PIAGETs mit den Ideen des ganzheitlichen Rechnens von WITTMANN zum ganzheitlich-operativen Rechnen zu verbinden, tauchten im angloamerikanischen und im französischen Sprachraum Vorschläge zum Aufbau des Zahlbegriffs auf, welche die Theorie von PIAGET mit dem Gedanken der mathematischen Logistik verknüpften.
Grundgelegt mit Georg Cantors Mengenlehre am Ende des 19. Jahrhunderts und aufgebaut durch Bertrand Russel, der zusammen mit A. M. Whitehead seine drei Bände der "Principia mathematica" veröffentlichte, werden die Zahlen als Eigenschaften von Mengenklassen aufgefaßt (siehe Kapitel 2).
Die Idee, die Zahlbegriffe auch Kindern nach logischen Gesichtspunkten zu vermitteln, wurde am konsequentesten von Patrick Suppes in seinem Werk "Mengen und Zahlen" (sets and numbers) durchgeführt (deutsche Übersetzung von W. R. Fuchs). Die Strenge der Auffassung drückt sich am deutlichsten in der sogenannten funktionalen Schreibweise aus:

Z {  } = 3 (lies: Zahl der Menge der Dreiecke ist 3)

Z {  } + Z {  } = Z {  }

(lies: Zahl der Menge der Äpfel plus Zahl der Menge der Birnen ist gleich Zahl der Menge der Früchte)
Diese funktionale Schreibweise wurde auch von Nicole PICARD in ihren Arbeitsheften verwendet (dt. Übersetzung "Entdeckung der Zahl" 1967).

In Deutschland wurden die Ideen der "New Math" vor allem durch die Schriften des Mathematikers und Psychologen DIENES (1968) bekannt. Auf ihn berufen sich auch die ersten Autoren, die in der Bundesrepublik Deutschland ein an den logistischen Ideen orientiertes Rechenbuch veröffentlichten: Walter NEUNZIG und Peter SORGER (1968).

a) NEUNZIG und SORGER

NEUNZIG und SORGER entwickelten einen Lehrgang zum Aufbau von Zahlbegriffen, der in diesem geschichtlichen Überblick logistische Methoden exemplarisch vertreten kann. Welches sind die grundlegenden Gedanken?
Es kommt den Autoren darauf an, den Mengenbegriff nicht in der intuitiven Weise zu gebrauchen, wie das im ganzheitlich-operativen Rechnen üblich ist. Die Kinder sollen einen mathematische Begriff von Mengen erwerben. Ausgangspunkt dafür ist ein Grundbereich von Gegenständen (bzw. Objekten), insbesondere das von DIENES ent-

worfene Material der sogenannten "logischen Blöcke". In diesem Grundbereich wird durch Angabe einer Eigenschaft (z.B. rot oder dreieckig oder groß oder dick) eine Menge von Elementen x ausgezeichnet, welche diese Eigenschaft besitzt. Die Menge der roten Quadrate wird dann beispielsweise folgendermaßen dargestellt:

A = {  }

Von einer solchen Menge können verschiedene Eigenschaften festgestellt werden: beispielsweise ist es eine Menge aus gegenständlichen Objekten oder ihre Elemente sind logische Blöcke; eine andere Eigenschaft der Menge ist, daß sie aus genau vier Elementen gebildet ist. Die Eigenschaft einer Menge, eine bestimmte Anzahl von Elementen zu haben, ist eine unter vielen anderen.
Dieser Zusammenhang wird benutzt, um die Zahl nach einer Art Analogie einzuführen: Die Kinder betrachten zuerst Eigenschaften von Gegenständen. Diese Eigenschaften lassen sich benennen und symbolisieren. Die Auszeichnung von Eigenschaften in einem Grundbereich führt zu Klassen von Gegenständen, zu Mengen. Genau der gleiche Vorgang wird dann logisch wiederholt, wenn man von den Mengen als Objekten zweiter Stufe ausgeht. Die Kinder betrachten Eigenschaften dieser Mengen; sie benennen diese Eigenschaften und bezeichnen sie mit Symbolen. Durch Hervorheben bestimmter Eigenschaften werden Mengen zu Klassen zusammengefaßt, beispielsweise zu Klassen gleichmächtiger Mengen. Diese Klassen bilden dann die Kardinalzahlen.
Eine der Grundideen liegt darin, daß die qualitativen Eigenschaften von den quantitativen deutlich abgehoben werden. Man geht davon aus, daß sich die quantitativen Eigenschaften, insbesondere die numerischen Angaben, deutlicher gegenüber den Kindern vertrauten qualitativen profilieren können, wenn sie ihnen in der Betrachtung von Gegenständen und Mengen gegenübergestellt werden. NEUNZIG/SORGER: "Schon diese kurze Betrachtung läßt erkennen, daß die Beschäftigung mit Mengen und ihren Verknüpfungen dem Kind ein viel weiteres Erfahrungsfeld bietet, als die Beschäftigung mit reinen Zahlen, die lediglich ein kleines Teilgebiet zur ersteren bilden. Daher sollte man auch immer streng zwischen der Mengenebene und der Zahlenebene unterscheiden, weil der Zahlaspekt, unter dem man eine Menge betrachtet, eine Beschränkung auf eine Eigenschaft bedeutet, nämlich die Anzahl der Elemente in ihr "(1968, S. 81).

Wenn man die Zahlen als Eigenschaften von Mengen einführt, dann haben sie die Bedeutung von Kardinalzahlen. Die Zahlen lassen sich aber auch in eine bestimmte Reihenfolge bringen; tut man dies, so tritt der Charakter aus Ordnungszahlen hervor. "Diese wenigen Ausführungen zeigen schon, daß die natürlichen Zahlen immer in der Doppelbeleuchtung als Kardinal- und als Ordnungszahlen auftreten, so daß man sie nicht nur als Kardinalzahlen und ein anderes mal rein als Ordnungszahlen auffassen kann. Es ist jedoch so, daß einmal mehr der kardinale Aspekt der natürlichen Zahlen, ein anderes mal der ordinale in den Vordergrund tritt." (NEUNZIG/SORGER, 1968, S. 83).

Der für die Deutung der Zahlen konsequent durchgeführte logistische Aufbau wird auch auf die Rechenoperationen ausgedehnt. Der Addition geht die Mengenvereinigung voraus, und zwar zunächst in ihrer allgemeinsten Form. Erst dann leitet die Beschränkung auf die Vereinigung elementefremder (disjunkter) Mengen zur Addition über. Entsprechend wird die Subtraktion durch die Mengendifferenz vorbereitet, die wiederum zuerst allgemein besprochen und dann auf den Sonderfall der Differenz zwischen einer Menge und einer Teilmenge dieser Menge eingeschränkt wird, der den Übergang zur Subtraktion ermöglicht.

Aufgabe 127.1
Dem Konzept von NEUNZIG/SORGER scheinen als oberste Leitprinzpien die exakte Verwendung mathematischer Begriffe und das Fortschreiten der Begriffserkenntnis vom Allgemeinen zum Speziellen zugrundezuliegen.
a) Welche Anhaltspunkte finden sich im obigen Bericht für diese Auffassung?
b) Wie beurteilen Sie eine solche Normentscheidung für den Zahlbegriffsaufbau in der 1. Jahrgangsstufe? ▪

b) Heinrich BAUERSFELD

Im Jahre 1970 veröffentlichten BAUERSFELD u.a. ein Unterrichtswerk mit ausführlichem Lehrerkommentar, das den Namen "alef" trug. Eine der zentralen Grundideen besteht darin, bei den Schülern zuerst jene mathematischen Aktivitäten zu fördern und jene Erfahrungen zu vermitteln, auf welche sich der Zahlbegriff und das Rechnen notwendig stützen müssen, und aus diesem Grunde die Arithmetik bis in die 2. Klasse zurückzustellen. Theoriegrundlagen für das Konzept lieferten vor allem Erkenntnisse der Sozialpsychologie und der Psycholinguistik. Die Autoren sind der Meinung, daß "der herkömmliche Unterricht die große Bedeutung der nicht-verbalen und der außersprachlichen Anteile kognitiven Verhaltens" vernachläßigt (1970, S. 12). Aus diesem Grund soll der Anfangsunterricht Kindern, deren Sprachentwicklung retardiert oder verkümmert ist, verschiedene kompensatorische Maßnahmen anbieten. Der Schwerpunkt der Förderung soll nicht auf verbalen Hilfen, sondern im Bereich vorsprachlichen Handelns liegen.

Das Unterrichtswerk "alef" folgt keiner linearen Unterrichtsmethode; vielmehr versucht es, Lernprozesse zu unterschiedlichsten mathematischen Inhalten netzartig miteinander zu verknüpfen. Beispiele:

- Mit 67 sogenannten "Legeformen" (Sechsecke, Rechtecke, Quadrate, gleichseitige Dreiecke, gleichschenklig-rechtwinklige Dreiecke), dünne Hartplastikplättchen, die auf einer Seite rot und auf der anderen gelb gefärbt und in den Seitenlängen aufeinander abgestimmt sind, führen die Schüler eine Vielzahl von Aktivitäten aus. Sie können mit diesen Plättchen frei arbeiten oder vorgezeichnete Formen nachlegen und nachzeichnen. Desgleichen werden mit den gleichen

Plättchen durch Verschieben, Drehen und Wenden die unterschiedlichsten Figuren erzeugt.
Ziel dieser Übungen ist es zunächst, Erkenntnisse zur Inhaltsgleichheit von Flächen anzubahnen. BAUERSFELD spricht von einer "Präfiguration" des Begriffes Flächeninhalt. Er sieht in der Hinführung zur Flächeninvarianz und in der Einsicht der Inhaltsgleichheit ein Stück Denkerziehung, das auch für den späteren Aufbau des Zahlbegriffs bedeutsam ist. Vor allem sollen Denkstrukturen für das Verständnis der quantitativen Invarianz aufgebaut werden. Durch das Zerlegen und Abdecken von vorgegebenen Flächen wird, aufgrund verinnerlichter Handlungen, ein invariantes Verständnis der Beziehung von Teilen zu ihrem Ganzen erreicht.

- Das Unterrichtswerk "alef" versucht, die topologischen Grundlagen für eine Mengendarstellung zu erarbeiten. Die Schüler sollen lernen, einfache topologische Relationen wie "innen", "außen" und "auf der Grenze" an einer oder an zwei Kurven gleichzeitig zu betrachten, zwischen diesen das topologische Verhältnis zu bestimmen und entsprechende Orte zu unterscheiden.
- Des weiteren ist das Unterrichtswerk "alef" bemüht, die Schüler auf das Verständnis der Zahlen durch Präfiguration des Mengenbegriffs wie auch der elementaren logischen Ver knüpfungen vorzubereiten. Mithilfe von 48 Plättchen (rot, gelb, grün, blau, rund, quadratisch, dreieckig, groß, klein, glatt, rauh) legen die Schüler nach freiem Spiel Reihen mit Mustern. Ein sogenanntes Zwanzig-Fragen-Spiel wird ebenfalls mit diesem Material durchgeführt. Voraussetzung hierfür ist das Sortieren und Suchen von versteckten Plättchen und das Aussortieren von Teilmengen (z.B. alle roten). Es sollen durch gezielte Fragen bestimmte Plättchen herausgefunden werden. Es gilt, mit möglichst wenig Fragen das gemeinte Plättchen herauszufinden. Durch Würfelspiele und "Plättchen-Kaufen" müssen die Schüler aufgrund von Merkmalsvorgaben Plättchen herausfinden. Es werden Eigenschaftskarten bestimmten Elementen zugeordnet. Zunehmend werden auch Merkmalsangaben verwendet, die bestimmte logische Aussagenverknüpfungen enthalten (Konjunktionen, Disjunktionen). Als Ordnungshilfen dienen verschiedene Diagrammformen (Baum-, Streifen-, Venn- und Kastendiagramme).
- Sehr früh werden im Unterrichtswerk "alef" auch mathematische Relationen behandelt. Beziehungsspiele (vor- hinter, rechts - links, über - unter) ermöglichen die Einführung. Später geben die Schüler Relationen auch zeichnerisch wieder. Sie lernen Graphen zu lesen und Relationen auch auf solche Verhältnisse zu übertragen, in denen die Richtigkeit nicht mehr allein aufgrund der Darstellung zu überprüfen ist. Durch das Arbeiten mit Relationen soll eben falls die kognitive Entwicklung der Schüler gefördert werden. Dem Darstellen von Relationen liegt ein konstruktiv-repräsentierendes Denken zugrunde, wobei die ikonische Repräsentation besonders betont wird.
- Über den Mächtigkeitsvergleich von Mengen werden in "alef" die Kardinalzahlen eingeführt und Mengenoperationen numerisch erfaßt. Die Schüler bilden mit verschiedenen Materialien zunächst Mengen. Dann vergleichen sie deren Mäch-

tigkeit. Mengen mit gleicher Mächtigkeit werden zu Äquivalenzklassen zusammengefaßt. Genauso, wie die gebildeten Mengen selbst mit Merkmalsschildchen versehen wurden, erhalten auch die Klassen gleicher Mächtigkeit Etiketten, diesmal mit den Zahlen von 0 bis 9. Auf diese Weise erfolgt die Einführung der Kardinalzahlen.

- Anschließend liegt, mit Blick auf die elementaren Rechen operationen, der Schwerpunkt auf der Bildung von Vereini gungs- und Restmengen (mit zwei oder drei Mengen). Die Schüler sollen allmählich den Übergang von der jeweiligen Mengenoperation zum Operieren mit dem Kardinalzahlwert erlernen. Sie sollen auch erkennen, daß das Bilden von Vereinigungsmengen eine kommutative Operation ist.
- Das Stellenwertsystem wird zunächst spielerisch (z.B. zusammenfassen von Schülern im Pausehof), dann über ver schiedene Formenplättchen und schließlich mit dem Stellen wertspiel (Schema mit Kolonneneinteilung) eingeführt.

4.5 Analyse der Lehrgänge

Wie die vorausgehenden Berichte zeigen, wurden im Laufe der Geschichte der Zahlbegriffs-Methodik für die 1. Jahrgangsstufe recht unterschiedlich konzipierte Lehrgänge entwikkelt. Wie kommt es zu diesen verschiedenen Konzeptionen? Um auf diese Frage eine Antwort zu finden, sollen die vorgestellten Lehrgänge unter drei Gesichtspunkten analysiert werden:

- Welche mathematische Auffassung von den Zahlen liegt ihnen zugrunde bzw. welche der im Kapitel 2 entwickelten Zahlaspekte stehen jeweils im Vordergrund?
- Welche psychologische Auffassung über die Entwicklung und das Erlernen von Begriffen stehen im Hintergrund?
- Welche didaktisch-methodischen Grundsätze sind für die Gestaltung maßgebend?

a) Akzentuierung von Zahlaspekten

In den von 4.2 bis 4.5 vorgestellten Lehrgängen tritt zunächst mehr oder weniger deutlich zutage, daß sie jeweils einen oder einige Zahlaspekte so deutlich hervorheben, daß man diese als ihre fachliche Grundlage betrachten kann.

Aufgabe 129.1
Welche der im Kapitel 2 vorgestellten Aspekte des Zahlbegriffs werden bei folgenden Lehrgängen jeweils akzentuiert? Nennen Sie Anhaltspunkte für ihr Urteil.

- *Zählmethode*
- *Zahlbildmethoden (Anschauungsmethoden)*

- *Methode KÜHNEL*
- *Ganzheitlich-operatives Rechnen nach RESAG/BÄRMANN*
- *Operatives Rechnen nach FRICKE/BESUDEN*
- *"Neue Mathematik" nach NEUNZIG/SORGER* ▪

b) Zugrundeliegende psychologische Theorien

Alle vorgestellten Zahlbegriffs-Methoden gründen sich mehr oder weniger deutlich und mehr oder weniger explizit auf psychologische Vorstellungen über die Entwicklung und das Erlernen von Begriffen. Im einzelnen lassen sich folgende Zusammenhänge herstellen:

Die *Zählmethode* ist eng mit der sog. *Vorstellungs- oder Elementenpsychologie* verbunden. Gegen Ende des vorigen Jahrhunderts war man in der Psychologie der Meinung, daß Begriffe durch Assoziation und Aperzeption gebildet werden. Auf der Basis von Wahrnehmungen entstehen Vorstellungen, die sich kettenförmig miteinander verbinden. Herbart verstand unter Aperzeption die Verarbeitung neuer Vorstellungen durch die Eingliederung in bereits vorhandene, während Wundt damit eine willentliche Aufmerksamkeit bezeichnete, die zur Ausbildung neuer Vorstellungen führt.
Für den Zahlbegriff stellt sich das etwa folgendermaßen dar: Die Vorstellung der Einheit in ihrer Wiederholung verbindet sich zu der Vorstellung der Zahlen 2, 3 usw. Jede der aus Einheiten zusammengesetzten Zahlen stellt eine Reihe von Denkakten dar, bei denen die Inhalte bzw. Qualitäten beliebig geworden sind. Von den wechselnden Bestandteilen der Vorstellung wird also abstrahiert, so daß die Zahl als das Konstante in der Aufeinanderfolge von Aperzeptionsakten zurückbleibt.

Erkenntnisse der Denk- und *Gestaltpsychologie* machten sich die *Zahlbildmethodiker* zunutze. Zu Anfang des 20. Jahrhunderts entwickelte sich nämlich eine ganz andere Auffassung von der Bildung der Begriffe. Sie wurde vor allem von der sog. Würzburger Schule herausgearbeitet, deren Hauptvertreter Bühler/Bach und Selz sind. Sie fassen die Bildung der Zahlbegriffe (wie auch andere Begriffe) als einen geistigen Akt auf, und den Umgang mit Zahlen als Denkprozeß, für dessen Charakterisierung eine Erklärung mit elementaren Assoziationen ihrer Meinung nach nicht hinreicht. Der assoziative Vorgang ist demzufolge in immer größere, umfassendere Zusammenhänge eingebettet, wie beispielsweise die Gerichtetheit des Denkens auf ein Ziel, die Geschlossenheit von Aufgabe und Lösung als ein System, die Einordnung des speziellen Systems in einen größeren Aufgabenkreis usw. Insofern steht die Denkpsychologie in hartem Kontrast zur Assoziationspsychologie.
Ebenfalls zu Beginn dieses Jahrhunderts entwickelten die sogenannte Leipziger Schule (Hauptvertreter: Krüger, Volkert und Sander) und die sogenannte Berliner Schule (Hauptvertreter: Köhler, Wertheimer und Duncker) die sog. Gestaltpsychologie. Für sie geht die Begriffsbildung von gesamtheitlichen Eindrücken aus, die nach und nach einem Prozeß der Differenzierung und Zentrierung unterworfen werden. Dabei versteht man

unter Differenzierung eine fortschreitende Ausgliederung zunächst komplexhaft-qualitativer Erlebnisbestände und unter Zentrierung eine zunehmende Hierarchisierung geistiger Inhalte.
Die Bildung von Zahlbegriffen könnte man in diesem Sinne mit einer zunehmenden quantitativen Strukturierung von Wahrnehmungen vergleichen, welche die Zahlen als Knotenpunkte eines Netzes vielfältiger, aber geordneter Verbindungen zum Ergebnis hat.
Die *Gestaltpsychologie* war sicherlich die zentrale Grundlage des *ganzheitlichen Rechnens*. Eng verwandt mit der Gestaltpsychologie ist nämlich die sog. Ganzheitspsychologie (besonders vertreten durch Krüger, Sander und Wellek). Auch hier wird die analytische Einheit der Erkenntnis als gestalthaft verstanden. Darüber hinaus wird versucht, von den gestalthaften Wahrnehmungen und Erlebnissen auf dahinterliegende Bedingungen zu schließen, von denen aus diese strukturiert werden; diese sind eben die Ganzheiten. Man interessiert sich vor allem auch für die Entstehung der Gestalten für die Entwicklung des Einzelnen und der Kultur, sowie für den Prozeß ihrer Analyse bzw. Synthese durch das Denken.
Dem *ganzheitlich-operativen Rechnen* liegen neben den gestalt- und ganzheitpsychologischen noch die *Erkenntnisse PIAGETs* zur Begriffsbildung allgemein und zur Zahlbegriffsentwicklung im besonderen zugrunde.

Aufgabe 131.1

a) *Suchen Sie die wichtigsten Zusammenhänge auf, die zwischen der genetischen Psychologie von PIAGET und den Lehrgängen von RESAG/BÄRMANN und FRICKE/BESUDEN bestehen.*
b) *Finden Sie es begründet, daß sich auch NEUNZIG/SORGER mit ihrer Methode auf die Psychologie PIAGETs berufen?* ▪

c) Zur grundlegenden Zielorientierung der Lehrgänge

Vergleicht man die verschiedenen, im vorliegenden Kapitel vorgestellten Lehrgänge zum Aufbau des Zahlbegriffs im schulischen Erstunterricht unter didaktischen Gesichtspunkten miteinander, so fällt neben den soeben besprochenen unterschiedlichen psychologischen Grundlagen eine unterschiedliche Zielorientierung auf. Damit ist gemeint, daß sich die Lehrgänge auch durch die Art charakterisieren lassen, wie sie - explizit oder implizit - einen erfolgreichen Zahlbegriffsaufbau bestimmen und damit die Lernziele für die Schüler festsetzen, strukturieren und akzentuieren. Die damit angesprochene Zielorientierung hängt mit der unter a) bearbeiteten Entscheidung für bestimmte Zahlaspekte zusammen, geht aber darüber in einigen Punkten hinaus, die nachfolgend noch bearbeitet werden sollen.

Aufgabe 132.1

a) *Für welchen unter den vorgestellten Lehrgängen würden Sie sagen, daß er sich besonders stark an materialen (stofflich-inhaltlichen) und für welchen, daß er sich besonders stark an formalen (auf Fähigkeiten gerichteten) Zielen orientiert?*

b) *Welcher Lehrgang steckt ihrer Meinung nach vom Umfang her den Zielrahmen am engsten, welcher am weitesten? Begründen Sie Ihre Entscheidung.*

c) *Welcher Lehrgang integriert in die Lernziele zum Zahlbegriffsaufbau am stärksten andere Lernzielen?* ▪

4.6 Entwicklung in den letzten 20 Jahren

Angestoßen durch die didaktischen Ideen der "Neuen Mathematik" geriet der mathematische Erstunterricht wie der gesamte Mathematikunterricht in eine kräftige Reformbewegung. Eine aufsehenserregende Empfehlung der bundesdeutschen Kultusministerkonferenz vom 3. Oktober 1968 zur "Modernisierung der Mathematik" veranlaßte drastische Lehrplanänderungen in allen Bundesländern und für alle Schularten wie Schulstufen. Sie hatten das erklärte Ziel, die Schulmathematik näher an die derzeitige wissenschaftliche Mathematik heranzuführen, auf diese Weise die mathematische Ausbildung der Schüler zu bessern und zu intensivieren und diese so in angemessener Weise auf die technologische Entwicklung in ihrer zukünftigen Berufs- und Arbeitswelt vorzubereiten.

In der Volksschule sollte den ausschließlich arithmetisch orientierten "Rechenunterricht" ein auf breitere, auch logische, algebraische und geometrische Bildung angelegter "Mathematikunterricht" ersetzen. Der Erstunterricht wurde auf die "Neue Mathematik" umgestellt, die damit das erst fünf bis zehn Jahre früher verordnete "ganzheitlich-operative Rechnen" ablöste. Zwar gingen die Änderungen der Lehrpläne nicht so weit, daß die Einführung der Schüler in die Zahlen und das Rechnen um ein ganzes Jahr, also bis zur zweiten Jahrgangsstufe aufgeschoben wurde, wie es die eigentlichen Erfinder der "New Math" vorgesehen hatten. Dennoch wurden dieser Einführung eine Reihe anderer mathematischer Begriffe und Aktivitäten vorangestellt, so daß sich die schon beim ganzheitlich-operativen Rechnen von vielen mit Argwohn betrachtete und von manchen Lehrerinnen nur widerwillig re-alisierte sog. pränumerische Arbeitsphase weiter verlängerte.

War es nun aber vielen, von langen Lehrplantraditionen in ihrer Erwartungshaltung stark geprägten pädagogischen Entscheidungsträgern (Lehrern, Schulverwaltungsbeamten, Eltern und Politikern) schon kaum zu vermitteln, daß den Grundschülern überhaupt mehr oder gar etwas anderes gelehrt werden sollte als das Rechnen mit natürlichen Zahlen, so war die Art der nunmehr vorgesehenen Zusätze dazu angetan, besonders tiefreichendes Unverständnis auszulösen. Hatte sich deren auf die Zahlen und das Rechnen vorbereitender Charakter bei der pränumerischen Arbeit zum ganzheitlich-operativen Rechnen noch erahnen lassen, so war dieser Zusammenhang im Fall der

"Mengenlehre", wie bald die gesamte Reform tituliert wurde, nur noch für ein paar Experten erkennbar.
Es war nun nicht mehr zu verheimlichen, daß die Vorbereitung der Schüler auf das Arithmetische nur eine Absicht unter anderen war, die sich mit den neuen Begriffen und Aktivitäten verband. Zudem war es noch eine, der von den meisten Konstrukteuren der "Neuen Mathematik" relativ wenig Aufmerksamkeit geschenkt wurde. Das Verständnis der Zahlen und der Rechenoperationen erschien ihnen offenbar als ein selbstverständliches Abfallprodukt der allgemeineren Begriffe und Aktivitäten, und sie glaubten daher auf alle in der deutschen Rechendidaktik entwickelten methodischen Ideen zum Aufbau des Zahlbegriffs und der Rechenhäufigkeit sorglos verzichten zu können. Das ließ dann bald Befürchtungen, die Schulanfänger würden das Rechnen nicht mehr ordentlich lernen , teilweise als durchaus berechtigt erscheinen.
Aber auch die als zentral erachtete Absicht, bei den Kindern auf eine breit angelegte kognitive Förderung hinzuwirken, mißriet weitgehend in der praktischen Verwirklichung. Was als Schüleraktivität zur Steigerung der Fähigkeiten im Klassifzieren und Ordnen, im funktionalen und schlußfolgerndem Denken, im Abstrahieren und Generalisieren, im Schlußfolgern, Argumentieren und Beweisen, im Gebrauch von Symbolen usw. gedacht war, gerann zu einem Unterrichtsstoff, der nach traditionellen methodischen Mustern "durchgenommen" wurde: Mengen und ihre Elemente, Teilmengen, Schnittmengen, elementefremde Mengen, Vereinigungsmengen, logisches "nicht", logisches "und", logisches "oder" usw. Eine Flut von Bezeichnungen, Symbolen und Sprechweisen brach schon über die Schulanfänger herein, die sie "lernen" sollten und die nicht nur den Eltern fremd waren, sondern selbst manchen Lehrerinnen noch Schwierigkeiten bereiteten.
Den Sinn von dergestalt entarteten Neuerungen zu vermitteln, war nicht nur schwierig, sondern unmöglich; denn sie sind in der oftmals verwirklichten Form schlechterdings nicht begründbar. So steigerte sich die Kritik bald zum öffentlichen Protest, und es wurde rasch eine neue Welle der Lehrplanrevision politisch in Szene gesetzt, die unter Schlagworten wie "Abschaffung der Mengenlehre" oder "back to basics" firmierte. Daß dabei mancherorts mit den Entartungen auch die richtigen und notwendigen Reformansätze zertört wurden, mag verständlich erscheinen, muß aber bedauert werden. Denn bis zu ihrer endlichen Verwirklichung kann nunmehr noch viel kostbare Zeit verstreichen.
Der Schock des Rückschlags hat die fachdidaktische Forschung auf dem Gebiet der Erstmathematik, vor allem die Entwicklung fundierter methodischer Konzepte zum Aufbau des Zahlbegriffs, nahezu völlig zum Erliegen gebracht. Die neueren Schulbuchwerke scheinen etwas ratlos hin- und herzuschwanken zwischen dem Rückgriff auf diverse ältere Muster und verschämtem Beibehalten einiger Reststücke aus der "Neuen Mathematik". Es fehlt an konzeptioneller Geschlossenheit und theoretischer Fundierung.

5. Ziele-, Arbeitsmittel und Schüleraktivitäten

Dem klassischen Schema gemäß folgt die globale Unterrichtsplanung (Planung einer Unterrichtssequenz bzw. eines Lehrgangs zu einem Thema) dem Dreischritt sachlogische Analyse - psychologische Analyse - didaktische Entscheidungen. Im vorliegenden Band geht es um die Planung eines Lehrgangs zum Aufbau des Zahlbegriffs im mathematischen Erstunterricht. Die fachlichen Informationen des Kapitels 2 zur Mathematik des Zahlbegriffs sind als sachlogische Analyse zu diesem Thema konzipiert. Kapitel 3 liefert eine eingehende psychologische Analyse zu den begrifflichen Komponenten und zur Entwicklung des Zahlbegriffs bei Kindern. Die methodengeschichtlichen Ausführungen im Kapitel 4 zeigen, zu welchen Ergebnissen didaktische Überlegungen führen können, und sie liefern damit Erfahrungsmaterial wie auch konstruktive Anregungen für eigene didaktische Entscheidungen.
Diese Entscheidungen betreffen zum einen die Unterrichtsziele, nach denen das Thema entfaltet werden soll, zum zweiten die Schüleraktivitäten einschließlich der verwendeten Medien, mittels derer diese Ziele angestrebt werden, und zum dritten die Anordnung und Strukturierung dieser Aktivitäten in einem Lehrgangsaufbau. Letzerer soll Inhalt des Kapitels 6 sein.
Im eingeleiteten Kapitel 5 werden nach allgemeinen Bemerkungen zu den Grobzielen (5.1) zuerst die Arbeitsmittel vorgestellt, die benötigt werden bzw. herangezogen werden können (5.2) und dann die vorgesehenen Schüleraktivitäten jeweils den Feinzielen zugeordnet, die zu formulieren sind und zu deren Erreichung sie geeinget erscheinen (5.3).

5.1 Grobziele zum Verständnis des Zahlbegriffs

Das zentrale Unterrichtsziel muß wohl verlangen, daß die Schüler nicht nur die Zahlnamen und Zahlsymbole (für die natürlichen Zahlen bis 100) kennen, d.h. insbesondere lesen und schreiben können, sondern daß sie mit diesen Zeichen Bedeutungsvorstellungen verbinden und sie daher sinnvoll zu verwenden vermögen.
Die Bedeutungsvorstellungen bzw. Gebrauchsmöglichkeiten sollen zumindest die fünf, im zweiten Kapitel beschriebenen und fachlich begründeten Zahlaspekte umfassen und nicht auf einen Teil oder gar nur auf einen dieser Aspekte beschränkt bleiben. Ein aspektreiches Verständnis der Zahlen wird die Schüler zu deren flexiblem Gebrauch in verschiedenen Situationen pränumerischen oder numerischen Quantifizierens befähigen. Selbstverständlich wird nicht erwartet, daß die Kinder die Zahlaspekte bewußt voneinander zu unterscheiden oder die Unterschiede gar explizit zu beschreiben vermögen. Wichtig ist lediglich, im Gebrauch beweglich auf sie zugreifen zu können und durch einen, vom Wechsel der Situation möglicherweise verlangten Wechsel des Aspekts nicht irritiert zu werden.
Wie in den vorausgehenden Kapiteln gezeigt, müssen die Zahlaspekte auf andere Begriffe und kognitive Aktivitäten zurückgreifen: auf den Mengen- und den Zuordnungsbegriff, auf das Klassifizieren, Ordnen und Zuordnen, das funktionale Verändern, das

Zerlegen und Verknüpfen. Darüber hinaus ist ein Aufbau des Zahlbegriffs nicht ohne kognitive Leistungen wie Symbolieren, Quantifizieren und Abstrahieren mögich.
Alle diese Begriffe und Fähigkeiten sollen als Feinziele hauptsächlich mit Blick auf die Grundlegung des Zahlbegriffs entwickelt werden. Da es sich jedoch bei ihnen um allgemeinere mathematische Begriffe und Fähigkeiten handelt, die auch über den Zahlbegriffsaufbau hinaus als Gegenstände kognitiver Förderung bedeutsam sind, ist diese Norm in zweifacher Hinsicht zu modifizieren: Einerseits hat die auf sie bezogene unterrichtliche Arbeit ihren Zweck auch in sich selbst und muß nicht auf den zahlvorbereitenden Zweck hin verengt werden. Andererseits läßt sich die mit ihr verbundene Förderung in der pränumerischen Phase keinesfalls abschließen und muß auch nicht abgeschlossen werden. Denn als Grundlegung für den Zahlbegriff sind einige Teilaspekte ausreichend. Zu dessen Grundlegung genügt nämlich im Wesentlichen, die genannten Begriffe und Aktivitäten zunächst auf konkrete Objekte von überschaubarer Anzahl beschränkt anwenden zu lernen. Die Auswahl dieser Objekte ist allerdings mit Sorgfalt zu treffen.

Aufgabe 135.1
Überlegen Sie, wie der hier entwickelte Grobzielrahmen erweitert werden muß, damit alle, nach dem derzeit gültigen Lehrplan für die 1. Jahrgangsstufe verpflichtenden Themen und Ziele abgedeckt werden. ■

5.2 Didaktisches Arbeitsmaterial

Didaktisches Arbeitsmaterial, das den Kindern in der Schule zur Förderung der kognitiven Entwicklung und zum Aufbau erster mathematischer Aktivitäten zur Verfügung stehen soll, ist zumeist "mathematisch vorstrukturiertes" Material, d.h. ein Material, das auf bestimmte mathematische Handlungen hin entworfen wurde. Der Hauptakzent liegt dabei auf den "Handlungen". Das Handeln des Kindes soll zur Entdeckung von Eigenschaften und Gesetzmäßigkeiten führen, die den späteren Begriffsbildungen als Fundament dienen. Damit wird ein konkreter Hintergrund für zukünftig notwendige Abstraktionen geschaffen.
Mathematische Situationen finden sich natürlich nicht nur in didaktischem Arbeitsmaterial, sondern lassen sich bei vielerlei Gelegenheiten im Schulleben wahrnehmen und auswerten. Es geht ja nicht um die Objekte selbst, sondern um die Handlungen und deren Spielregeln. Das Material ist vielfach auswechselbar. Regelhaftes kann auch im, Rahmen von Kinderspielen, etwa in der Turnstunde, einsichtig gemacht werden. Wenn sich aber auch natürliche Materialien für mathematische Spiele eignen, so heißt das nicht, daß das vorstrukturierte Material als "künstlich" bezeichnet werden darf. Wer erlebt hat, wie Kinder mit solchem Material spielen können, der zweifelt nicht daran, daß sie diese Dinge sehr leicht in ihren Lebensbereich aufnehmen. Ihre Neugierde für die

Struktur solcher Materialien ist groß, gerade auch deshalb wohl, weil diese so einfach ist und überschaubare Beziehungen zeigt.
Die natürliche Umwelt des Kindes ist sehr komplex in ihren Bezügen. Der Versuch, sie mithilfe mathematischer Begriffe und Strukturen zu erschließen, wirkt oft etwas erzwungen und kann bei den Kindern auf berechtigten Widerstand stoßen. Das Kind lebt in der Ganzheit der Situation, deshalb soll es die mathematischen Gegebenheiten an zwar vorstrukturierten, aber möglichst umfassenden Situationen entdecken können.

Es ist von großer Bedeutung, daß mathematische Erfahrung vom Kinde selbst gewonnen und in seine Persönlichkeit integriert wird. Das bedeutet, daß Unterrichtsformen entwickelt werden müssen, die dem Kind individuelles Arbeiten ermöglichen. Die Rolle des Lehrers ist neu zu überdenken: er ist nicht mehr der zentrale Informationsträger, sondern er organisiert die schöpferische Lernsituation und zieht sich dann in die Rolle des Ratgebers und des anregenden Fragers zurück. Dabei beachtet er die individuellen Unterschiede in der Art des Lernens und berücksichtigt die für den einzelnen Schüler notwendige Vielfalt an mathematischen Erfahrungen, Erlebnissen und Experimenten. Er wird in dieser Rolle mindestens so stark beansprucht sein wie in konventionellen Unterrichtsformen.
Die Überfülle an verschiedensten Materialien, die heute in die Schule gelangen, führt verständlicherweise zu Fragen, oft auch zu Unsicherheit und Verwirrung. Einige Bemerkungen sollen daher den Unterschied zwischen didaktischen Arbeitsmitteln und anderen, vielleicht vertrauten Materialien andeuten. Didaktisches Arbeitsmaterial ist nicht Veranschaulichungsmittel im hergebrachten Sinn. Es gehört auch nicht in die gleiche Kategorie wie etwa die visuellen Demonstrationsmittel. Veranschaulichendes Material und audio-visuelle Hilfsmittel werden eingesetzt, um die Aufnahme einer Information zu begünstigen. Die Anschaulichkeit wird dabei vom Vermittler der Information, also etwa der Lehrerin "gesteuert". In diesem Sinne verwendet der Mathematikunterricht Bilder und Zeichnungen als Veranschaulichungsmittel. Demselben Zweck dienen auf der Stufe des Elementarunterrichtes Kringel, Knöpfe usw. Beim didaktischen Arbeitsmaterial geht es auch nicht um die "Verdinglichung" oder Vergegenständlichung von abstrakten Begriffen. "Verdinglichung" würde bedeuten, daß abstrakte Begriffe, beispielsweise Zahlen, durch Gegenstände wahrnehmbar und sogar der Konstruktion zugänglich gemacht werden.
Veranschaulichung und Vergegenständlichung sind pädagogisch wertvolle und effektive Techniken des Unterrichtes. Sie leisten immer dann unschätzbare Dienste, wenn abstrakte oder komplexe Sachverhalte so dargestellt werden können, daß durch diese Darstellung (etwa eine Zeichnung oder ein Modell) ein Sachverhalt unmittelbar einsichtig wird. Voraussetzung ist allerdings, daß der Lernende über die intellektuellen Möglichkeiten verfügt, um diese konkrete Darstellung sinngemäß (d.h. nicht auf der Ebene der Darstellung an sich) zu verstehen. Der Idee einer mathematischen Bildung, die sich absetzt von der reinen Stoff- und Technikvermittlung und zur Förderung kognitiver Fähigeiten führen will, würde aber nicht entsprochen, wenn man den mathematischen Sachverhalt nur veranschaulichen wollte.

5.2.1 "Logische Blöcke
- Arbeitsmaterial zum Klassifizieren und Mengenbilden

Mit dem etwas unglücklichen Namen "Logische Blöcke" belegte Z.P. DIENES ein strukturiertes Material, das ursprünglich bei psychologischen Untersuchungen Verwendung fand, um den Stand von Begriffsbildungen festzustellen (VYGOTSKIJ 1964, ACH 1965), und das er in Verbindung mit der "Neuen Mathematik" als didaktisches Arbeitsmittel empfahl. Es handelt sich um flache Prismen bzw. Zylinder ("Blöcke" genannt) aus Holz oder Plastik, mit dreieckiger, quadratischer oder rechteckiger bzw. kreisförmiger Grundfläche, in den Farben rot, blau oder gelb sowie in zwei verschiedenen Größen ("groß" und "klein") und Höhen ("dick" und "dünn"). Jeder Block ist als Individualität ausgezeichnet, d. h. er läßt sich durch Angabe von vier Merkmalen (z B. rund - rot - groß - dünn) eindeutig charakterisieren und unterscheidet sich von jedem anderen in mindestens einem Merkmal. Da es vier Formen, drei Farben, zwei Größen und zwei Dicken gibt, enthält die komplette Kollektion 4 3 2 2 = 48 Blöcke.

Die Merkmalsblöcke stellen, gegenüber der komplexen und vieldeutigen Welt der alltäglichen Dinge, eine gewollt vereinfachte "Welt" mit einem klar begrenzten und gegliederten Beziehungsgefüge dar. Da sich Merkmale leicht identifizieren (Gleichheiten und Unterschiede feststellen) lassen, regen sie zur Beschreibung einzelner oder mehrerer Objekte mittels elementarer Aussagen und Aussagenverknüpfungen an: "Dieser Block ist rund". - "Dieser Block ist sowohl rund als auch rot". - "Diese Blöcke sind blau." - "Diese Blöcke sind nicht rund." - "Diese Blöcke sind blau und nicht rund."
Ein Aussagenstenogramm wie "dreieckig" oder "dreieckig und gelb" kann dann die Bedeutung einer Aussonderungsvorschrift erhalten und damit eine Mengenbildung veranlassen. Allgemein sind die Merkmalsdimensionen Form, Farbe, Größe und Dicke geeignete Kriterien für einfache Aktivitäten des Sortierens bzw. Klassifizierens, die sich dann vielleicht auch auf komplexere Welten alltäglicher Dinge anwenden lassen.

Nach dem Vorbild der "Logischen Blöcke" sind von Autoren verschiedener Schulbuchwerke auch andere Kollektionen von Merkmalsklötzen oder *Merkmalsplättchen* entwikkelt worden. Sie unterscheiden sich oft geringfügig in den Merkmalsdimensionen (z.B. nur drei Formen aber vier Farben, oder die Merkmale "rauh" und "glatt" anstelle von "dick" und "dünn"). In der Grundstruktur sind sie aber gleich und sie dienen auch denselben Zwecken.
In machen Fällen wird allerdings auf den Individualcharakter der Elemente verzichtet und die Merkmale beschränken sich auf Form und Farbe. Man spricht in diesem Fall zumeist von *Formenplättchen*. Bei ihnen sind zwar die oben beschriebenen Verwendungsmöglichkeiten etwas eingeschränkt. Andererseits ermöglicht die Tatsache, daß jedes Objekt in kongruenter Gestalt mehrfach verfügbar ist, zusätzliche Aktivitäten, vor allem im Bereich geometrischer Grunderfahrungen: Auslegen und Parkettieren von Figuren, inhaltserhaltendes Transformieren, Spiegeln, Drehen, Verschieben, usw. In den nachfolgenden Vorschlägen für Schüleraktivitäten werden vor allem solche Formenplättchen verwendet.

5.2.2 "Cuisenaire-Stäbe" und Steckwürfel - Arbeitsmaterial zum Darstellen von Längen- und Längenbeziehungen

Vom belgischen Pädagogen Georges Cuisenaire stammt die Idee, im mathematischen Erstunterricht farbige Holzstäbe zu verwenden. Das von ihm entwickelte Material besteht aus zehn Typen von Stäben mit quadratischem Querschnitt (1 cm Seitenlänge) in den Längen 1 cm (Würfel) bis 10 cm. Die Stäbe weisen keine Einkerbungen auf. Zwischen Längen und Farben besteht eine umkehrbar eindeutige Zuordnung, die aus folgender Tabelle hervorgeht (in Klammern findet man standardisierte Abkürzungen für die zehn Längen- bzw. Farbtypen):

1 cm	2 cm	3 cm	4 cm	5 cm
weiß (w)	rot (r)	hellgrün (hg)	lila (a)	gelb (g)

6 cm	7 cm	8 cm	9 cm	10 cm
dunkelgrün(dg)	schwarz (s)	braun (n)	blau (b)	orange(o)

Cuisenaire hat mit seinen Stäben bestehende Ansätze der Rechendidaktik in eigenwilliger Weise weiterentwickelt. Dabei interssierte er sich mehr für den Lernvorgang als für fachmathematische Aspekte; er wollte ein Instrumentarium für das Erlernen der Arithmetik schaffen. Die Stäbe stellen also, von ihrem Ursprung her gesehen, ein Rechenhilfsmittel dar, das die Bezüge der traditionellen Schularithmetik unmittelbar einsichtig macht. Der Mathematiker und Pädagoge Caleb Gattegno nahm die Idee der Cuisenaire-Stäbe auf und schlug gewisse Modifikationen in ihrer Anwendung vor. Seine Interpretation des Materials rückt den algebraischen Aspekt des Zahlbegriffes in den Vordergrund.

Das Cuisenaire-Rechnen nach den Anleitungen von Cuisenaire, Gattegno und Madeleine Goutard ist vor allem im angelsächsichen Raum verbreitet. Die farbigen Stäbe, als bereits verfügbares und vielseitig anwendbares Arbeitsmaterial, gelten dort als willkommene Bereicherung des mathematischen Labors. In Deutschland gelangten die Stäbe vor allem im Zusammenhang mit dem Unterrichtswerk von A. Fricke und H. Besuden in die Schulen. In diesem Unterrichtswerk wurde eine eigenständige, auf die Psychologie Piagets ausgerichtete operative Methodik entwickelt, die sich der farbigen Stäbe bedient (siehe Abschnitt 4.3).

In den nachfolgenden Anregungen für Schüleraktivitäten werden die Farbenstäbe nach Cuisenaire ausschließlich zur Darstellung von Längen- und Längenbeziehungen verwendet. Sie geben Gelegenheit, die strukturellen Merkmale des Größenbereichs Längen zu entdecken, denn sie vermögen das Zusammensetzen und Zerlegen, das Vergleichen und Ordnen von Längen eindrucksvoll zu repräsentieren. Insofern vermitteln sie den Schülern wichtige Erfahrungen zum algebraischen und zum ordinalen Zahlaspekt. Mit der Möglichkeit, auch das Vervielfachen und das Messen von Längen zu konkretisieren, bieten sie aber vor allem eine wichtige Erfahrungsgrundlage für den Operatoraspekt der Zahlen.

Alles, was die Farbenstäbe leisten, läßt sich auch mit *Steckwürfeln* realisieren. Mit ihrer Hilfe lassen sich ja Stangen unterschiedlicher Länge bilden, welche weitgehend die Funktion der Stäbe übernehmen können. Die strenge Zuordnung von Farbe und Länge läßt sich zwar in diesem Fall kaum durchhalten. Durch geeignete Auswahl ist aber bei einzelnen Aufgaben die Verbalisierung von Längenvergleichen mithilfe der Farben durchaus verwirklichbar. Andererseits sind die Stablängen nicht auf zehn Typen beschränkt, was als durchaus vorteilhaft anzusehen ist. Auch wenn die sichtbare Unterteilung der Stangen in Würfeleinheiten den Charakter der Längen als kontinuierliche Quantitäten etwas verdeckt, so bleibt die Wahl anderer Stangen als des Würfels als Einheit dennoch möglich. (Im übrigen stellt sie auch bei den Farbenstäben den Ausnahmefall dar.)
Reichlich entschädigt wird man für eventuelle Nachteile gegenüber den Farbenstäben dadurch, daß sich die Steckwürfel auch als Einzelobjekte zur Darstellung von Anzahlen, also in der Funktion von "Rechenplättchen" verwenden lassen. Freilich mag eine alternierende Verwendung zur Darstellung von Längen und von Mengen den Unterschied zwischen diskontinuierlichen und kontinuierlichen Quantitäten zeitweise völlig verwischen. Aber der daraus entstehende Schaden sollte sich in Grenzen halten lassen.

Ein anderes Ersatzmittel für die Farbenstäbe, nämlich (farbige) *Pappstreifen*, konnte bislang zurecht noch wenig Anklang in der Praxis finden. Sie sind zu wenig handlich und für den vorzusehenden Gebrauch zu wenig stabil.

5.2.3 "Rechenplättchen" - Arbeitsmaterial zum Darstellen von Anzahlen und Anzahlbeziehungen

Ein altes, schon bei KÜHNEL, WITTMANN und RESAG/BÄRMANN verwendetes didaktisches Arbeitsmittel sind "Rechenplättchen". Es handelt sich um Kreisscheiben aus Pappe oder Plastik von gleicher Größe, die eventuell auf Unter- und Oberseite verschiedene Farbe aufweisen. Mit ihrer Hilfe lassen sich Mengen gleich aussehender Elemente bilden, die nur als Zählobjekte Bedeutung haben, so daß ihr Aussehen ohne Belang ist. D.h. die Mengenbildung erfolgt nicht (mehr) mittels Auswahl aufgrund qualitativer Kriterien (Eigenschaften), sondern nur von der Anzahl der enthaltenen Elemente her. (Damit ist sie eigentlich keine Mengenbildung im mathematischen Sinne mehr.) Was sich dennoch darstellen läßt, ist die umkehrbar eindeutige Zuordnung von

Mengenelementen zum Zweck des Anzahlvergleichs, das Zerlegen und Zusammenfassen, das Vermindern, Vervielfachen, Aufteilen und Verteilen von Anzahlen (Kardinalzahlen). Denn alle diese Operationen lassen sich ohne Rückgriff auf qualitative Kriterien der Mengenbildung ausführen. Die Aufmerksamkeit kann auf das Quantitative konzentriert bleiben, das nunmehr im Mittelpunkt stehen soll.
Die Rechenplättchen und entsprechende (sog. "homogene") Materialien (Stäbchen, quadratische Plättchen, Steckwürfel) eignen sich also weniger in der Phase, in der ein kardinales Zahlverständnis erst aufgebaut werden soll, wohl aber für die Arbeit mit dem algebraischen und ordinalen Zahlaspekt, wo ja ein grundlegendes Verständnis von den Anzahlen schon als gegeben vorausgesetzt wird.

5.3 Feinziele und Schüleraktivitäten

Am Beginn des mathematischen Erstunterrichts stehen Ziele und Aktivitäten, die für alle Aspekte der natürlichen Zahlen grundlegend sind, auf die der Unterricht aber auch später immer wieder einmal zurückgreifen muß. Anschließend treten dann Ziele und Aktivitäten in den Vordergrund, die sich auf einzelne Zahlaspekte beziehen und die anfangs gesondert, zunehmend aber in enger Verbindung miteinander zu realisieren sind.

5.3.1 Ziele und Aktivitäten, die für alle Zahlaspekte grundlegend sind

a) Merkmale feststellen, vergleichen und unterscheiden

Eine erste wichtige Fähigkeit, welche die Schüler am Beginn des Mathematikunterrichts zu erlernen haben, besteht darin, Objekte der verschiedensten Art nicht nur global-ganzheitlich zu erfassen, sondern, in einer Art analytischer Betrachtungsweise, einzelne Eigenschaften an ihnen festzustellen. Sie sollen fähig sein, zwischen den Gegenständen selbst und den an ihnen festgestellten Merkmalen zu unterscheiden. Diese Fähigkeit kann zunächst am Beispiel von qualitativen Merkmalen konkreter Gegenstände erlernt werden: Form, Farbe, Material und Funktion. Später wird sie sich dann auch auf quantitative Merkmale erstrecken müssen: Länge, Inhalt und Anzahl (letztere als Eigenschaft von Objektkollektionen bzw. Mengen).
Formen analytischer Gegenstandsbetrachtung sind: zwei oder mehrere Objekte (später auch Mengen) miteinander vergleichen und dabei übereinstimmende wie auch unterschiedliche Eigenschaften feststellen. Ein wichtiger Prüfstein ist die Fähigkeit, Eigenschaften, Unterschiede und Gemeinsamkeiten sprachlich auszudrücken (zu verbalisieren).

Aufgabenbeispiele:

(1) Gegenstände raten
Vorgabe: Auf einem Tisch liegen 5 verschiedene Dinge (z.B. aus einer Puppenküche oder einem Spielzeugladen, verschiedene Handschuhe oder Kleidungsstücke, mehrere Bauklötze). Instruktion: Ein Schüler denkt sich einen Gegenstand, den andere Schüler aufgrund seiner verbalen Beschreibung erraten müssen. Jeden Satz, den sie benötigen, um den richtigen Gegenstand zu erraten, bedeutet Punktverlust für die Fragenden und Punktgewinn für den Befragten.
(Variante: Dem Schüler, der sich den Gegenstand gedacht hat, werden Fragen gestellt, die er mit ja oder nein beantworten kann. Je mehr Fragen er benötigt, desto höher ist die Punktezahl für den Befragten.)

Aufgabe 142.1
Den Schülern sollen 24 Merkmalsplättchen in drei Formen (rund, dreieckig, quadratisch), vier Farben (rot, gelb, grün und blau) und in zwei Größen (groß und klein) zur Verfügung stehen. (Je zwei unterscheiden sich in mindestens einem Merkmal.) Erfinden Sie spielerische Formen des Beschreibens und Identifizierens dieser Merkmalsplättchen durch die Schüler. ▪

Aufgabe 142.2
Den Schülern sollen die Farbenstäbe nach Cuisenaire zur Verfügung stehen (siehe 5.2.2). Wie können die Schüler angeregt werden, sich mit der bei diesen Stäben gegebenen Zuordnung von Farben und Längen vertraut zu machen? ▪

(2) Figuren oder Muster nachlegen.
Vorgabe: Farbenstäbe (nach Cuisenaire) sowie eine Vorlage mit Figuren, die zum Auslegen oder zum Nachbauen bestimmt sind. Beispiel einer Vorlage (Bemerkung: In diesem Band sind alle Druckvorlagen auf 70 % verkleinert wiedergegeben, auch jene, die sich in ursprünglicher Größe zum Einlegen von Farbenstäben eignen, wie der nicht gefärbte Robotermann in diesem Beispiel.):

Instruktion: Aufforderung zum Nachbauen oder zum Nachlegen. Anschließend berichten die Schüler über ihre Aktivität. (Z.B.: "Für das Dach habe ich den orangen Stab genommen; dann habe ich auch für den Boden den gleichen Stab gebraucht...")

(3) Figuren oder Muster vergleichen
Vorgabe: Eine Figur oder ein Muster als "Original" und weitere, ähnlich aussehende Figuren bzw. Muster als Nachbildungen "mit Fehlern".

Instruktion: "Welche Figur ist fehlerfrei nachgebaut worden (sieht völlig gleich aus wie das Vorbild)?" Über die Gemeinsamkeiten und Unterschiede der Figuren wird anschließend gesprochen.

(4) Unterschiedsspiele
Vorgabe: Merkmalsplättchen (gem. Aufgabe 144.1), evtl. auch eine Vorgabezeichnung wie die folgende:

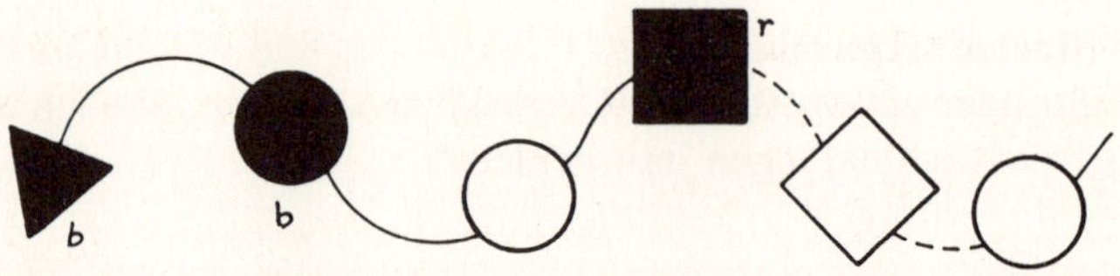

Instruktion: "Bilde eine Schlange (Reihe) von Plättchen, so daß sich jedes Plättchen von seinem Nachbarn nur in der Farbe oder nur in der Form oder nur in der Größe unterscheidet."
(Variante: "Bilde eine Plättchenreihe, so daß sich benachbarte Plättchen in genau (mindestens) zwei Eigenschaften voneinander unterscheiden.")
Anschließend erläutern die Schüler die von ihnen gebildeten Reihen, d.h. sie begründen sie mit den Unterschieden und Gemeinsamkeiten benachbarter Plättchen.

Aufgaben dieser und ähnlicher Art bieten den Kindern die Möglichkeit, ihre Lernmaterialen (Farbenstäbe, Merkmalplättchen, usw.) in ihrer Merkmalsstruktur gut kennenzulernen. Außerdem ergeben sich ausreichend Anlässe, den Sprachschatz mit Eigenschaftsbezeichnungen anzureichern, mit Farbnamen, Formmerkmalen (rund, dreieckig, viereckig, usw.), relativen Größenbezeichnungen (groß, mittelgroß, klein), usw.

b) Symbolisieren

Kinder lernen schon sehr früh im Laufe ihrer Entwicklung, materielle und auch geistige Objekte "darzustellen". Das geschieht zunächst in der einfachen Form des Hinweisens oder des Vorzeigens. Dann werden Gegenstände oder Eigenschaften nachgeahmt (Imitations- und Rollenspiele). Ein nächster Schritt führt von der handlungsgebundenen zur anschaulichen Darstellung, etwa im Aufzeichnen, das zuerst möglichst getreu (isomorph), dann aber auch in Entsprechung (analog) erfolgt. Damit wird der Weg frei für die im Bereich der Mathematik so wichtige symbolische Repräsentation, d.h. Darstellung von Objekten, Objekteigenschaften und Beziehungen zwischen Objekten und Objektkollektionen (Mengen) in graphischen Zeichen. Im einzelnen müssen die Schüler lernen,

- symbolische Darstellungen selbst zu erfinden,
- in schriftlichen Aufzeichnungen verwendete Symbole zu deuten und
- Symbole, deren Bedeutungen ihnen mitgeteilt wird, zu lesen und selbst in dieser Bedeutung zu verwenden (zu schreiben).

Ehe die Schüler in die Symbolwelt für so abstrakte Begriffe wie Zahlen, Zahlbeziehungen und Zahloperationen eingeführt werden, gibt ihnen der mathematische Anfangsunterricht Gelegenheit, konkrete Sachverhalte zu symbolisieren und dabei die wichtige Erfahrung zu machen, daß Symbolen nicht notwendig eine fixe Bedeutung zugeordnet sein muß, sondern ihre Bedeutung wechseln kann und im Einzelfall vereinbart werden muß.

Aufgabenbeispiele:

(5) Mit Formen kennzeichnen.
Vorgabe:

Instruktion: Auf diesem Arbeitsblatt sollen die Kinder einzelnen Pferden bestimmte Symbole zuordnen, und zwar ein dreieckiges Plättchen jedem Pferd, das eine Elevade macht, eine rundes Plättchen jedem Pferd, das steht, und ein viereckiges Plättchen jedem Pferd, das läuft. Geometrische Formen stehen hier zunächst als Symbol für ein bestimmtes Verhalten des einzelnen abgebildeten Pferdes. Jede Plättchenart symbolisiert aber dann eine Klasse von möglichen Verhaltensweisen bei Pferden.

(6) Auswählen von Merkmalplättchen
Vorgabe:

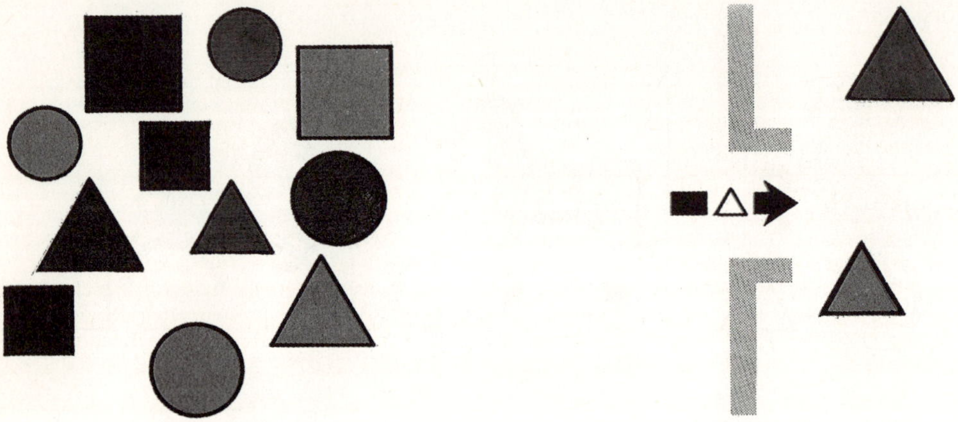

Instruktion: Das in einen Pfeil eingefügte Symbol soll hier besagen, daß die links von dem angedeuteten Tor aufgezeichneten Plättchen danach befragt werden müssen, ob sie dreieckig sind oder nicht. Falls ja, dürfen sie das Tor passieren, andernfalls nicht. Das kleine Dreieck symbolisiert also die Eigenschaft dreieckig und repräsentiert zugleich die Klasse aller dreieckigen Plättchen aus dem vorgegebenen Grundbereich.

(7) Verbindungslinien und Pfeile
Vorgabe:

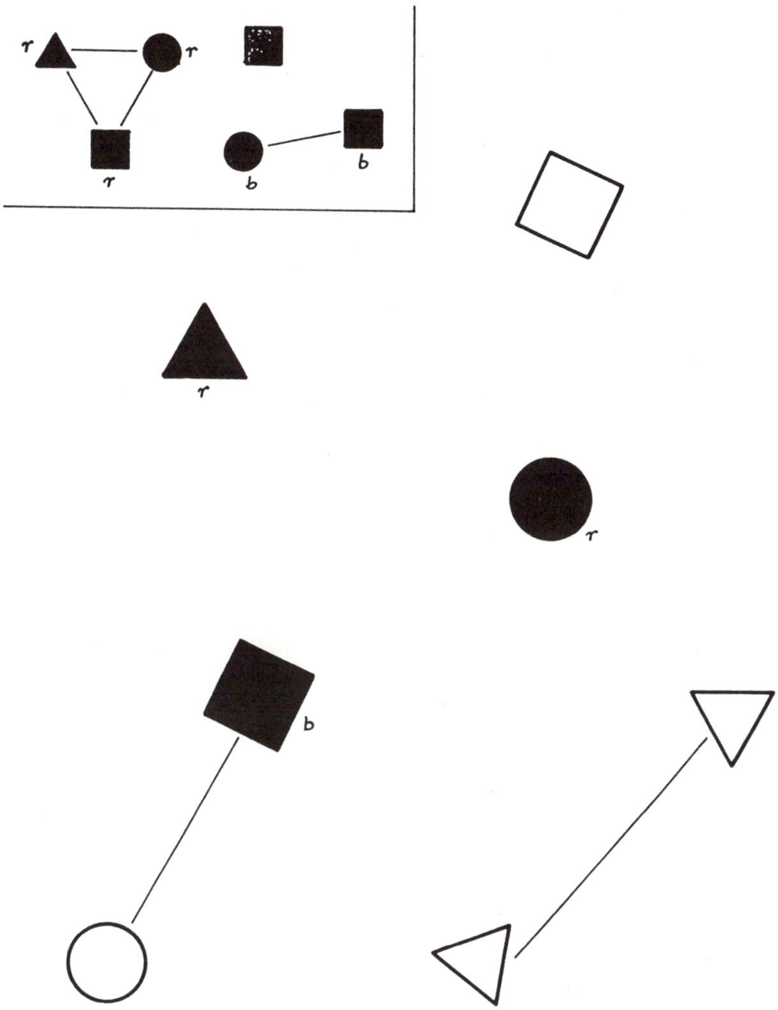

Instruktion: In einem Kasten, links oben auf dem Arbeitsblatt, ist in stark symbolisierter Form eine Arbeitsanweisung gegeben: Die Schüler sollen je zwei Merkmalsplättchen gleicher Farbe mit einer Linie verbinden. Diese Linie symbolisiert damit eine Gleichheitsbeziehung zwischen Objekten.

Vorgabe:

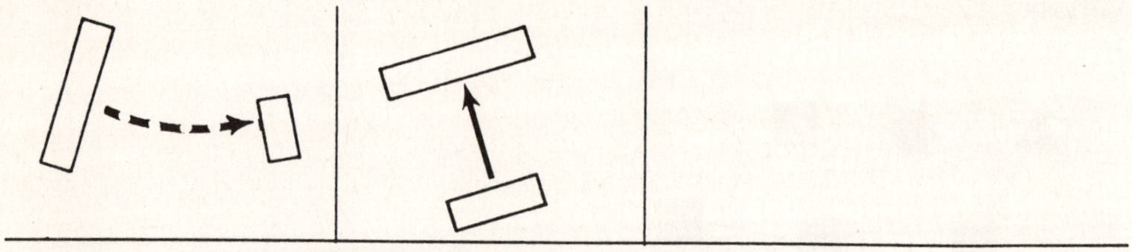

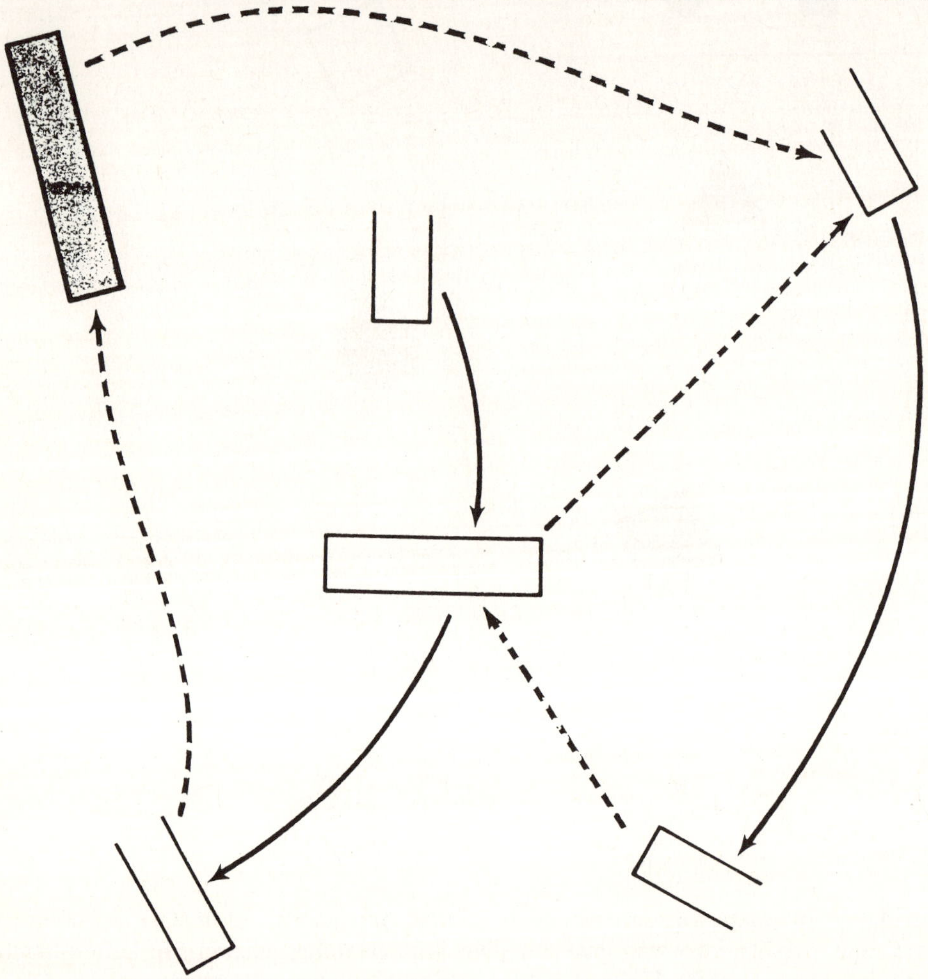

Instruktion: Auf diesem Arbeitsblatt werden zwei verschiedene Arten von Pfeilen verwendet. Blaue Pfeile (hier unterbrochen gezeichnet) zeigen von einem lägeren Stab auf einen kürzeren, haben also die Bedeutung "...ist länger als ..." und schwarze Pfeile zeigen von einem kürzeren auf einen längeren Stab und haben die Bedeutung "...ist kürzer als...". Die Aufgabe für die Kinder besteht darin, an die angedeuteten Stellen Farbenstäbe von solcher Länge zu legen, daß alle durch die Pfeile gegebenen Beziehungen erfüllt werden.

(8) Trennlinien und Venndiagramme

Linien sind Symbole, die unvermeidlich in unterschiedlicher Bedeutung Verwendung finden. So geben sie den Schülern Gelegenheit, Erfahrungen zum Bedeutungswechsel von Symbolen zu machen. Sind ihnen im Beispiel (6) Verbindungslinien begegnet, so sollen in den weiteren Beispielen die Linien in der Bedeutung des Trennens verwendet sein.

In der folgenden Labyrinthaufgabe stehen sie für Wände, die der aufgezeichnete Bub nicht übersteigen kann. Die Frage heißt, ob es ihm dennoch möglich ist, zu den Bällen, zur Burg und zum Schiff zu gelangen.

Geschlossene Linien werden in der Mathematik als sogenannte Venndiagramme oder Euler-Diagramme verwendet, um Mengen darzustellen. Die Linie trennt jene Objekte, die zur Menge gehören (innen liegend), von den Objekten die nicht zur Menge gehören (außen liegend).

Vorgaben:

Instruktion: Auf diesem Arbeitsblatt sollen die Schüler mit Venndiagrammen arbeiten. Für die erste Aufgabe sind zeichnerisch sechs Fahrzeuge vorgegeben, die als Grundbereich für zwei Mengen dienen: Eine Menge zweirädriger Fahrzeuge und eine Menge vierrädriger Fahrzeuge. Die Kinder brauchen in die Venndiagramme nicht die Fahrzeuge selbst einzuzeichnen - was sehr schwierig wäre -, sondern können an ihre Stelle die angegebenen Symbole setzen, die jedem einzelnen Fahrzeug zugeordnet sind und es individuell repräsentieren.

In der zweiten Aufgabe ist für eine vorgegebene Menge von gezeichneten Objekten (Dreiecken verschiedener Farbe) ein kennzeichnendes Symbol zu finden. Außerdem ists eine Menge zu bilden, wobei es zwei Möglichkeiten des Vorgehens gibt. Entweder geht das Kind von einem Symbol aus und sucht zugehörige Objekte oder es bildet zuerst eine Menge und sucht dann ein geeignetes Symbol für sie.

c) Transformieren / Regeln befolgen

Eine weitere wichtige kognitive Fähigkeit besteht darin, eine Menge von Objekten, die man als Ausgangszustand betrachtet, einer regelhaften Veränderung zu unterwerfen und sie so in einen Endzustand überzuführen. M.a.W. die Kinder müssen den Elementen einer Menge, gemäß einer festgesetzten Vorschrift (einem Operator), Elemente aus dem gleichen oder einem anderen Grundbereich zuordnen können. Dieses Transformieren ist nichts anderes als die Präfiguration einer funktionalen Zuordnung, wie sie später z.B. auch zur Deutung von Rechenoperationen herangezogen wird. (Die Operation 3 + 4 = 7 wird dann in folgendem Sinn gedeutet: 3 ist ein Ausgangszustand der durch den Operator + 4 in den Endzustand 7 übergeführt wird.)

Aufgabenbeispiele:

(9) Farbtransformationen
Vorgabe:

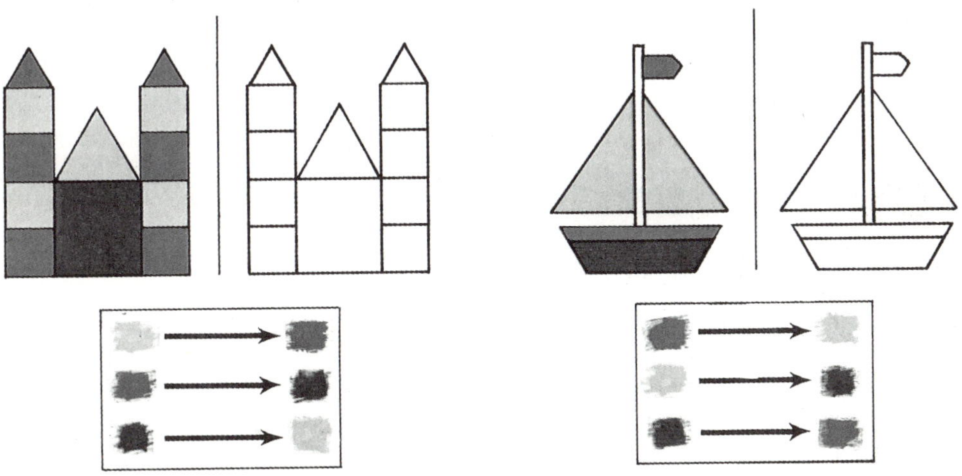

Instruktion: Das Bild einer Kirche bzw. eines Schiffs ist so zu verändern, daß jeder gelbe Baustein durch einen roten, jeder rote durch einen blauen und jeder blaue durch einen gelben ersetzt wird. Es handelt sich also hier um eine dreiteilige Regel, die es bei der Transformation zu beachten gilt.

(10) Gegenstandsfolgen bilden

Vorgaben:

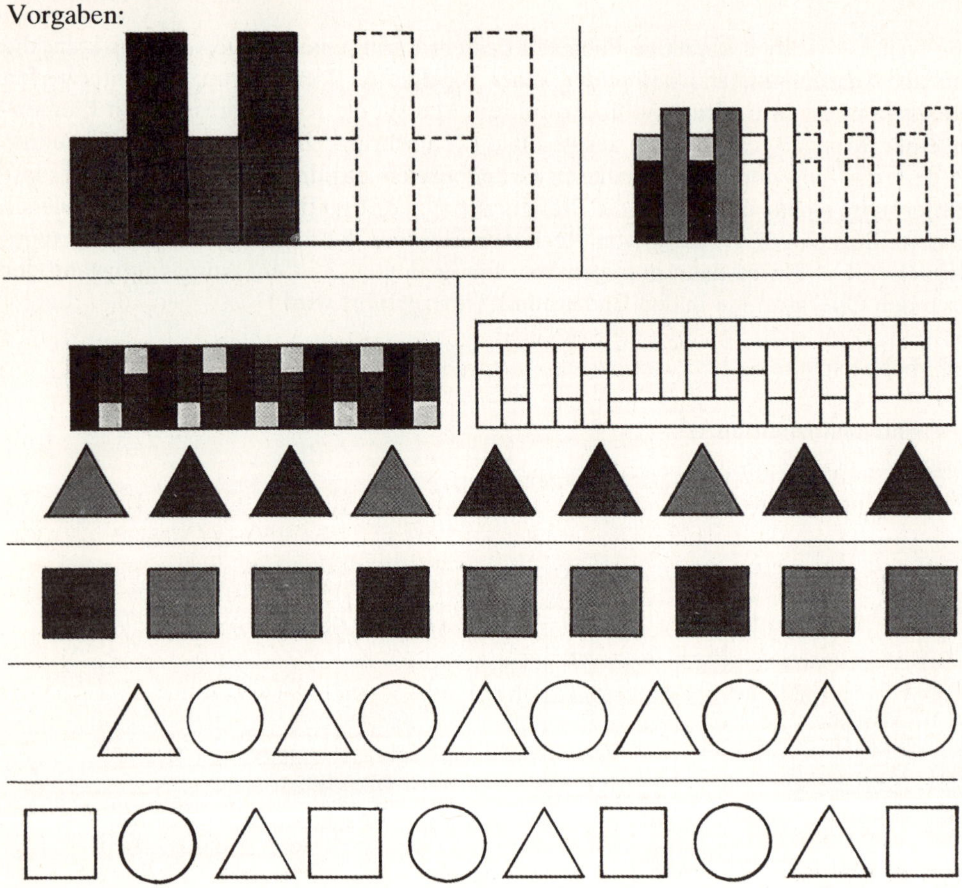

Instruktion: Es sind hier angefangene Folgen von Gegenständen (Farbenstäbe, Züge aus Farbenstäben oder Formenplättchen) fortzusetzen. Die Regel, nach der dies zu erfolgen hat, sollen die Schüler dem vorgegebenen Folgenanfang entnehmen, z.B. rot - violett, rot - violett,... oder rot - gelb - gelb, rot - gelb - gelb,...

d) Klassifizieren

Das Klassifizieren ist eine zentrale Aktivität des menschlichen Geistes; im Bereich der Mathematik ist sie von besonderer Bedeutung. Ihre elementarste Form ist die Mengenbildung, bei der ein Grundbereich von Objekten eindeutig in zwei Teilbereiche zerlegt wird: in einen Bereich von Elementen, die zur Menge gehören sollen, und in einen zweiten Bereich von Elementen, die dann nicht zur Menge gehören. (Letztere bilden die sogenannte Ergänzungsmenge, auch "Kompliment" genannt.) Während in der Mathematik manchmal auch Mengen betrachtet werden, die durch relativ willkürliche

Auswahl der Elemente entstehen, beschränken sich andere Wissensbereiche auf das Klassifizieren nach gemeinsamen Objekteigenschaften, was natürlich auch in der Mathematik die Regel darstellt. Es entspricht dem Übergang von sogenannten Individualbegriffen (Namen für einzelne Objekte) zu Kollektivbegriffen (Namen für eine Klasse von Objekten).

Als Einteilung eines Grundbereichs in genau zwei Klassen eigenschaftsgleicher Elemente ist die Mengenbildung ein Sonderfall des Klassifizierens. Der allgemeine Fall läßt sich durch folgende Konstruktionsschritte erläutern: In einem Grundbereich bzw. einer Grundmenge (z.B. von Farbenplättchen) wird eine Relation R erklärt (z.B. die Relation "...hat die gleiche Farbe wie..."), welche die folgenden Eigenschaften hat:

- Sie ist *symmetrisch*, d.h. wenn für zwei Elemente x und y die Relation xRy gilt, dann ist auch yRx wahr. (In der Tat gilt für das Beispiel: Wenn für zwei Merkmalsplättchen x und y der Satz "x hat die gleiche Farbe wie y" wahr ist, dann gilt auch "y hat die gleiche Farbe wie x";
- sie ist *reflexiv*, d.h. für jedes Element x gilt xRx (im Beispiel gilt in der Tat für jedes Element "x hat die gleiche Farbe wie x";
- sie ist *transitiv*, d.h. für drei Elemente x , y und z folgt aus den Beziehungen xRy und yRz die Beziehung xRz (wenn x die gleiche Farbe hat wie y und y die gleiche Farbe wie z, dann gilt auch der Satz "x hat die gleiche Farbe wie z").

Eine Relation mit diesen drei Eigenschaften heißt "*Äquivalenzrelation*"; sie zerlegt den Grundbereich eindeutig in Klassen von Elementen mit gemeinsamen Eigenschaften. (Man sagt, sie erzeuge eine Klasseneinteilung.) Die Anzahl der entstehenden Klassen hängt vom gewählten Grundbereich und der angewendeten Relation ab. Im Beispiel könnte das Ergebnis so aussehen:

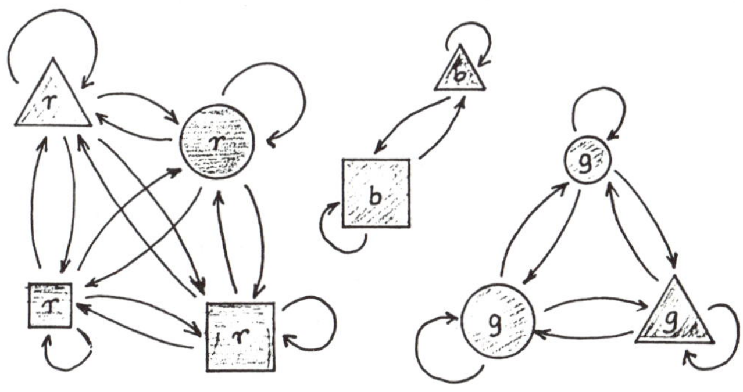

Auf einen bereits nach einem bestimmten Kriterium klassifizierten Grundbereich kann eine zweite Äquivalenzrelation angewendet werden, welche die Klassen in Unterklassen zerlegt. Im Beispiel könnte das die Relation "...hat die gleiche Form wie..." sein, und sie würde zu folgendem Ergebnis führen:

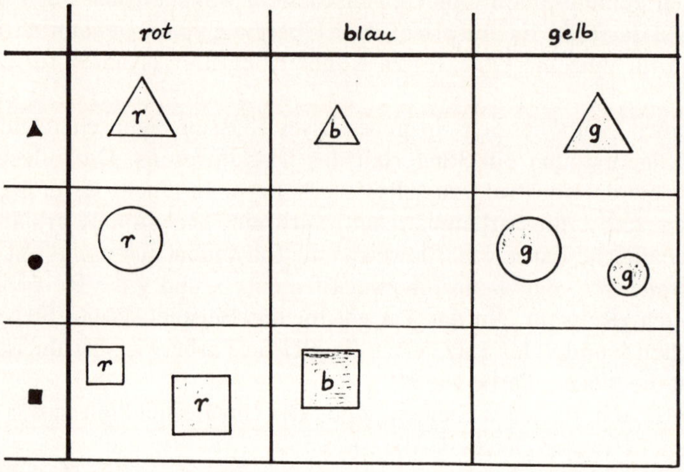

Im einzelnen läßt sich das Ziel, die Klassifikationsfähigkeit der Schüler zu fördern, in folgende Teilziele zerlegen:

- Die Schüler sollen spontan verschiedene Kriterien (Äquivalenzrelationen) finden, nach denen sich ein ihnen vorgegebener Grundbereich klassifizieren läßt, und sie sollen die zugehörige Klasseneinteilung durchführen und darstellen können.

Aufgabenbeispiel:

(11) Spontanes Klassifizieren
Vorgabe: Ein aus Plättchen verschiedener Form (oder Baumblättern) gebildeter Grundbereich und eine Graphik mit drei Feldern (oder drei Schachteln).
Instruktion: "Wie würdet ihr diese Formen in die drei aufgezeichneten Felder einsortieren?"
Anschließend erläutern bzw. begründen die Schüler die von ihnen gewählte Klasseneinteilung.

- Die Schüler sollen einen gegebenen Grundbereich nach einem vorgegebenen Kriterium (Äquivalenzrelation) klassifizieren und die Klassifikation darstellen können; sie sollen dabei flexibel von einem Klassifikationskriterium auf ein anderes überwechseln können.

Aufgabenbeispiel:

(12) Wechsel des Klassifikationskriteriums
Vorgabe: Eine Sammlung von Baumblättern und einige flache Schachteln zum Einsortieren.
Instruktion: "Sortiere die Blätter nach möglichst vielen verschiedenen Gesichtspunkten. Notiere, wie du die Schachteln jeweils beschriftest."

- Die Schüler sollen fähig sein, Grundbereiche zugleich nach zwei oder mehr Kriterien zu klassifizieren (zwei- oder mehrdimensionale Klassifikation) und die entsprechende Klasseneinteilung darstellen können.

Aufgabenbeispiel:

(13) Zweidimensionales Klassifizieren
Vorgabe: Merkmalsplättchen und Matrix folgender Form:

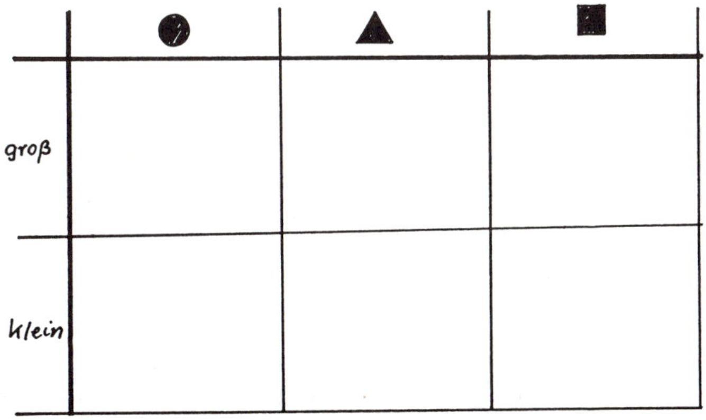

Instruktion: "Sortiere die Plättchen so in die Felder ein, daß in jeder Zeile und Spalte Plättchen mit dem angegebenen Merkmal liegen."

- Die Schüler sollen mit den drei möglichen Ergebnissen einer zwei- bzw. mehrdimensionalen Klassifikation vertraut sein: Die Klassen haben keine gemeinsamen Elemente (überschneidungsfreie bzw. disjunkte Klasseneinteilung), jede Klasse hat mit anderen Klassen Elemente gemeinsam, aber auch "eigene" Elemente (Schnittmengensituation), alle Elemente einer Klasse sind auch Elemente einer oder mehrerer anderer Klassen (Situation der Klassenhierarchie).

Aufgabenbeispiele:

(14) Objekte in Diagramme einsortieren
Vorgabe: Diagramm mit eingelegten Merkmalsplättchen und einige weitere Plättchen, z.B.:

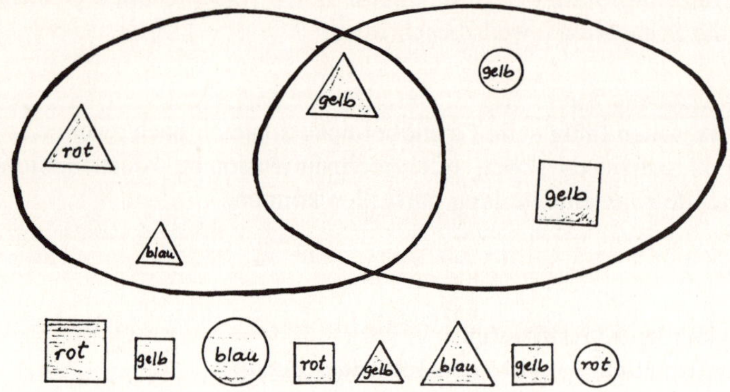

Instruktion: Sortiere die weiteren Plättchen in das richtige Feld ein.

Vorgabe: Kärtchen mit Vogelbildern und Diagramm der folgenden Art:

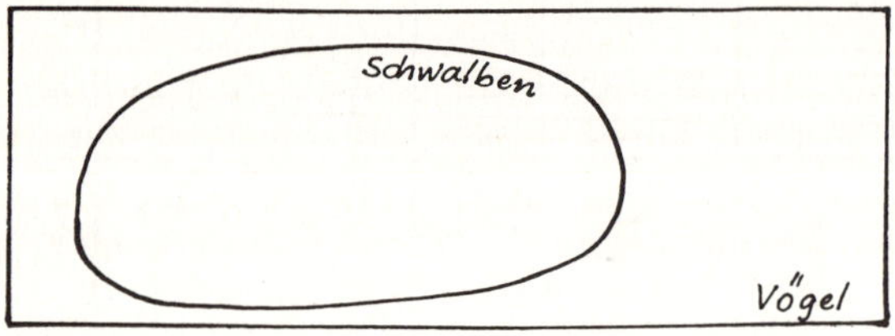

Instruktion: "Sortiere die Vogelbilder richtig ein."

- Die Schüler sollen einige wichtige Darstellungen für Klasseneinteilungen interpretieren und verwenden können, insbesondere den Entscheidungsbaum, das Venndiagramm, das Karnaughdiagramm und die Matrix bzw. Tabelle.

Aufgabe 156.1
Entwickeln Sie zu jeder der folgenden Darstellungsformen für Klassifikationen geeignete Schüleraktivitäten. (Es können auch zwei Darstellungen in einer Aufgabe kombiniert werden.)

Entscheidungsbaum:

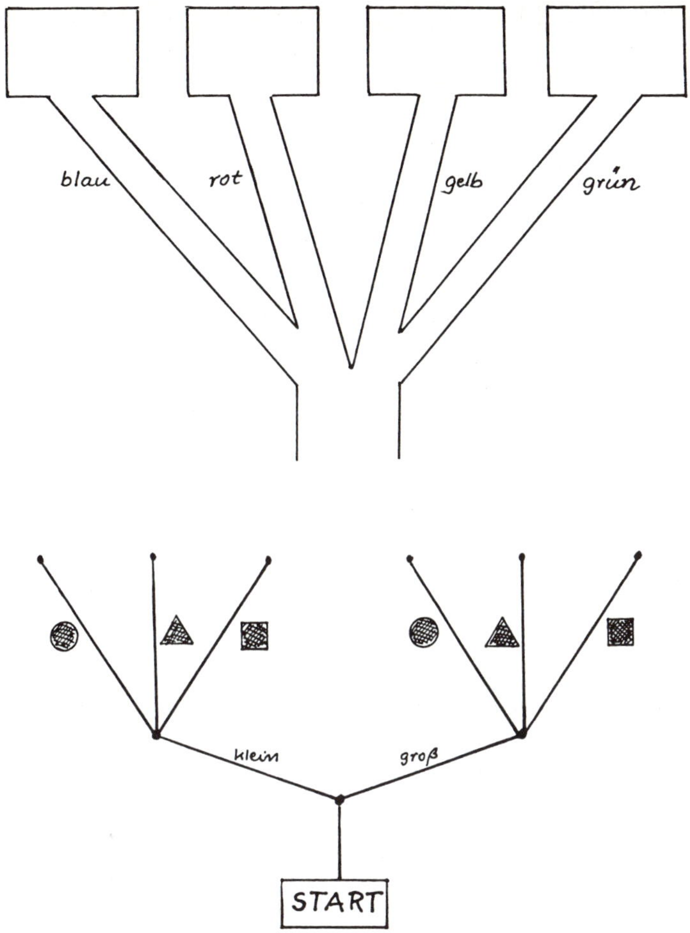

Matrix:

	rot	gelb	blau
▲			
●			
■			

Karnaugh-Diagramm:

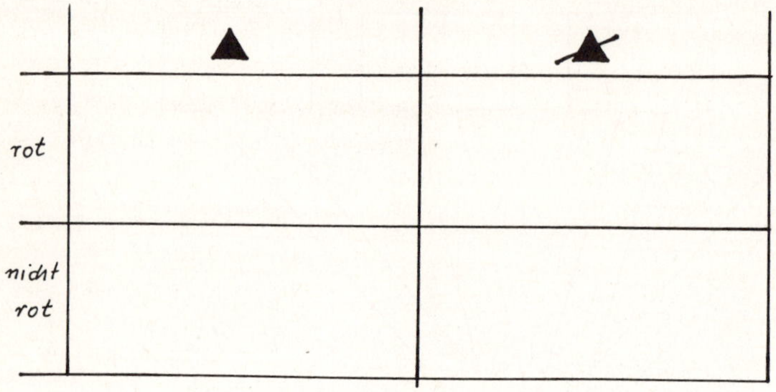

Venn-Diagramm:

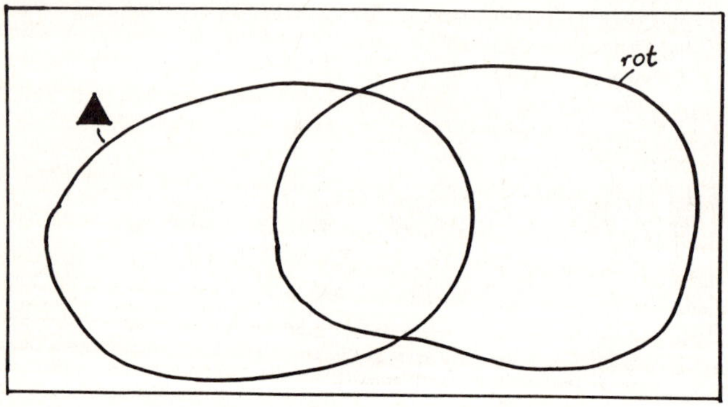

e) Ordnen

Das Wort "Ordnen" wird in der Umgangssprache zur Bezeichnung unterschiedlichster Tätigkeiten verwendet, u.a. auch für das vorausgehend beschriebene Klassifizieren. (Münzen in eine Kasse "einordnen" kann meinen, sie getrennt nach Sorte in verschiedene Fächer legen, d.h. sie zu klassifizieren.) Der mathematische Begriff Ordnen ist weitaus enger, und in dem hier gegebenen Zusammenhang soll das Wort noch einmal in ganz spezifischer Weise verwendet werden: Einen vorgegebenen Grundbereich (z.B. von Farbenstäben) "ordnen" soll heißen, auf ihn eine Relation R anwenden (z.B. die Relation "...ist länger als..."), die folgende Eigenschaften hat:

- Sie ist *nicht symmetrisch*, d.h. wenn für zwei Elemente x und y die Beziehung xRy gilt, so gilt die Beziehung yRx nicht (im Beispiel: wenn für zwei Farbenstäbe der Satz "x ist länger als y" wahr ist, so ist der Satz "y ist länger als x" sicherlich nicht wahr.)

- Sie ist *nicht reflexiv*, d.h. es gibt im Grundbereich mindestens ein Element x, für das die Beziehung xRx nicht gilt. (Im Beispiel ist für keinen Farbenstab der Satz wahr "x ist länger als x");
- Sie ist *transitiv*, d.h. wenn für drei Elemente x, y und z die Beziehungen xRy und yRz wahr sind, so ist auch die Beziehung xRz wahr. (Wenn ein Stab x länger ist als ein Stab y und der Stab y länger als ein Stab z, dann ist x auch länger als z.)

Eine solche Relation heißt "*Ordnungsrelation*" und sie bringt alle Objekte des Grundbereichs in eine bestimmte Reihenfolge. (Im Beispiel ordnet sie die Stäbe der Länge nach, vom längsten angefangen bis zum kürzesten.)

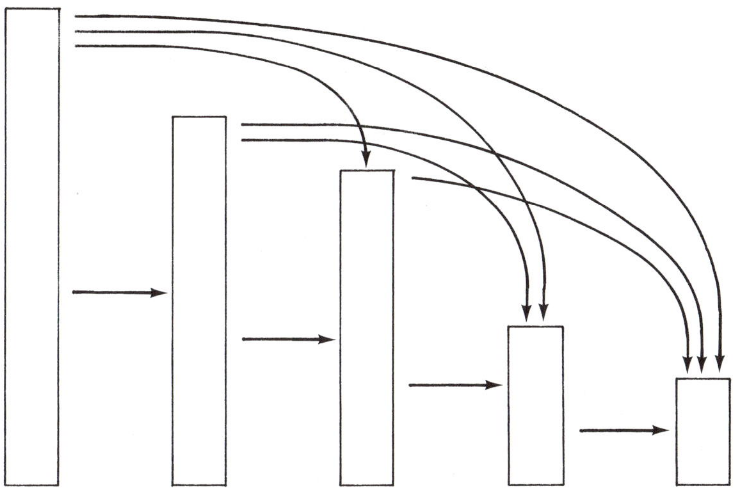

Das Ziel, die Fertigkeit der Schüler zum Ordnen von Grundbereichen zu fördern, läßt sich, ähnlich wie im Fall des Klassifizierens, in Teilziele zerlegen:

- Die Schüler sollen spontan verschiedene Kriterien (Ordnungsrelationen) finden, nach denen sich ein ihnen vorgegebener Grundbereich ordnen läßt und die entstehende Ordnung darstellen können.

Aufgabenbeispiel:

(15) Spontanes Ordnen
Vorgabe: Eine Sammlung von verschieden langen Farbstiften als Grundbereich.
Instruktion: "Versuche, diese Farbstifte zu ordnen."

- Die Schüler sollen einen gegebenen Grundbereich nach einem vorgelegten Kriterium (Ordnungsrelation) ordnen und die entstehende Ordnung auch darstellen können; sie sollen dabei fähig sein, flexibel von einem Ordnungskriterium auf ein anderes überzuwechseln.

Aufgabenbeispiel:

(16) Wechsel des Ordnungskriteriums
Vorgabe: Bilder von verschiedenen Münzen
Instruktion: "Ordne die Münzen zuerst nach ihrer Größe und zeichne die Ordnung auf (umfahren). Ordne dann die gleichen Münzen nach ihrem Wert und notiere die Reihenfolge."

- Die Schüler sollen fähig sein, einen Grundbereich zugleich nach zwei Kriterien zu ordnen (zweidimensionales Ordnen).

Aufgabenbeispiel:

(17) Zweidimensionles Ordnen
Vorgabe: Zylindermodelle verschiedener Höhe und verschiedenen Durchmessers
Instruktion: "Stelle die Körper so auf, daß sie nach ihrer Höhe und nach ihrer Dicke geordnet sind."

- Die Schüler sollen einige Darstellungen für eine Ordnung interpretieren und verwenden können, insbesondere das Pfeildiagramm und die räumliche Anordnung.

Aufgabenbeispiele:

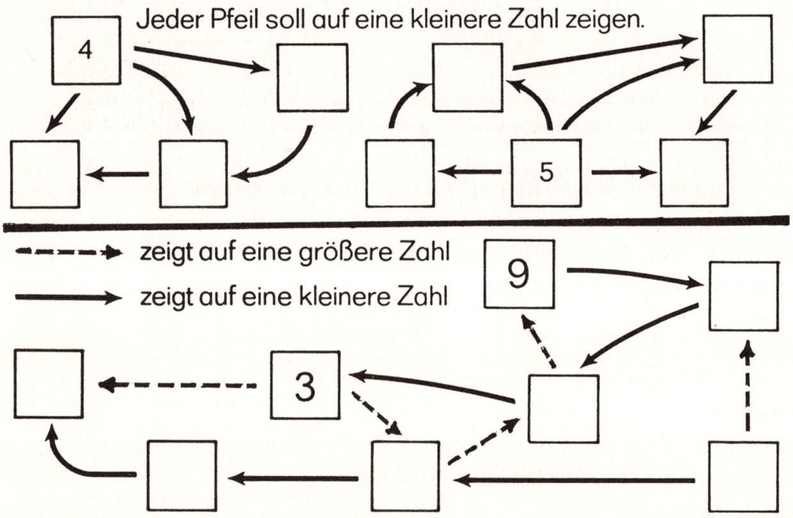

Aufgabe 160.1
Entwickeln Sie zu den Darstellungsformen Pfeildiagramm und räumliche Anordnung geeignete Schüleraktivitäten, vor allem solche mit konkreten Materialien. ▪

5.3.2 Ziele und Aktivitäten zum kardinalen Zahlaspekt

a) Zuordnen

Die Schüler sollen fähig sein, zwischen den Elementen zweier Mengen Zuordnungen (Relationen) herzustellen. Diese werden in der Regel aufgrund einer funktionalen Zusammengehörigkeit der einander zugeordneten Objekte vorgenommen. Die Schüler ordnen z.B. Werkzeuge zu bestimmten Handwerkern, Blätter zu Bäumen, Kinder zu Geburtsmonaten oder Wohnstraßen, usw. Möglicherweise lassen sich die Gegenstände des Vorbereichs zu den Elementen des Nachbereichs hinbewegen, denen sie zugeordnet werden. Wenn nicht, läßt sich dann die Zuordnung durch verbindende Schnüre oder Linien darstellen.

Aufgabenbeispiel:

(18) Zuorden mit Verbindungslinien
Vorgabe:

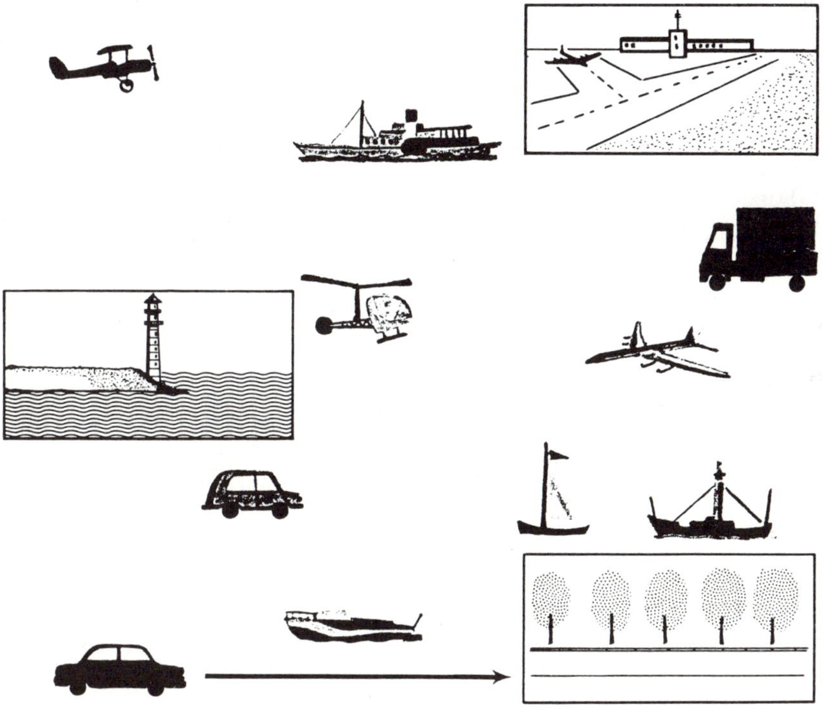

Seine Aufgabenbeispiele wird der Lehrer im allgemeinen so aussuchen, daß sich jedes Element des Vorbereichs eindeutig einem Element des Nachbereichs zuordnen läßt.

Ein Sonderfall einer solchen Zuordnung ist die Mengenbildung. Die Elemente des Vorbereichs werden hier entweder der Menge oder der Ergänzungsmenge zugeordnet.

Aufgabenbeispiel:

(19) Mengen bilden durch Zuordnen
Vorgabe: Merkmalsplättchen und ein Diagramm folgender Art:

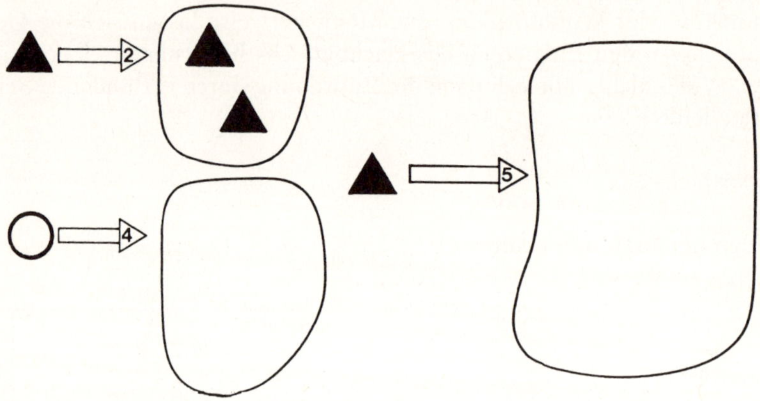

Instruktion: "Ordne die Plättchen ein."

Ein anderer Sonderfall ist die linkseindeutige, also die umkehrbar eindeutige Zuordnung (1:1-Zuordnung), die nachfolgend besprochen wird.

b) Umkehrbar eindeutiges Zuordnen - Rohes Quantifizieren

Die Schüler müssen umkehrbar eindeutige Zuordnungen zwischen den Elementen zweier Mengen herstellen können. Diese werden i.a. zunächst sachlich-funktional motiviert sein, wie z.B. im Fall der Zuordnung von Tassen und Untertellern, Kindern und Stühlen, Schülern und Mänteln (Mathematikheften, Regenschirmen usw.).
Wenn eine Zuordnung hergestellt ist (durch Zueinander bewegen oder Verbinden der Objektpaare), dann sollten die Schüler rohe Quantifizierungen ableiten können:

- "Es sind mehr Tassen als Unterteller" - "Es fehlen Unterteller" - "Es sind zu viele Tassen".
- "Wir haben für jedes Kind einen Stuhl und zu jedem Stuhl ein Kind." - "Kinder und Stühle sind gleich viele" - "Es sind nicht mehr Stühle und nicht mehr Kinder."
- "Drei Kinder haben keinen Regenschirm" - "Es sind drei Schirme zu wenig".

Aufgabenbeispiele:

(20) Paarweise zuordnen und roh quantifizieren
Vorgabe:

Instruktion: Die Schüler ordnen die Symbolkinder zum einen den in der Reihe stehenden, zum anderen den um die Tische gruppierten Stühlen zu (Verbindungslinien). Dann verbalisieren sie rohe quantitative Vergleiche, z.B. "Jedes Kind erhält einen Stuhl in der Reihe". - "Es sind gleich viele Stühle in der Reihe wie Kinder". "Wenn sich die Schüler an die Tische setzen, bleiben (zwei) Stühle übrig."

Vorgabe:

Instruktion: "Welchen Personen gibst du welchen Regenschirm?" - Die Schüler zeichnen Verbindungsstriche und sprechen dann über ihre Lösung. "Nicht jede Person kann einen Regenschirm bekommen." - "Die Schirme sind zu wenig". - "Einige Leute müssen einen Schirm teilen".

Der quantitative Vergleich sollte mehr und mehr zu einem Motiv für die Zuordnung werden. Anders gesagt: Die Schüler sollten die paarweise Zuordnung als Mittel eines Quantitätsvergleichs von Mengen verwenden können. Zwischen den zugeordneten Elementen muß dann auch nicht mehr notwendig eine sachlich-funktionale Beziehung bestehen.

Aufgabenbeispiel:

(21) Roher Anzahlvergleich mithilfe paarweisen Zuordnens
Vorgabe:

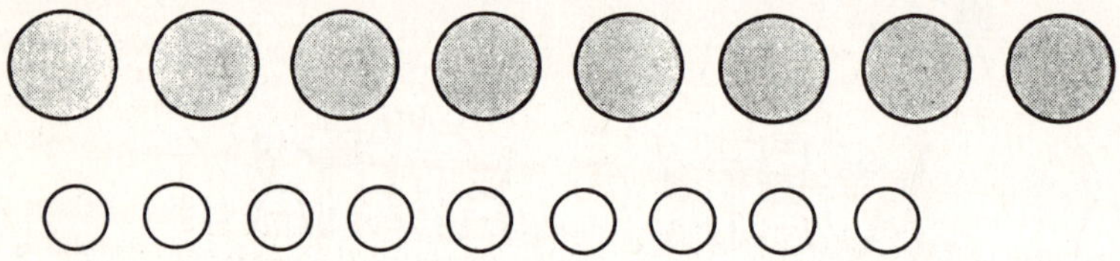

Instruktion: "Sind die großen und die kleinen Kreise gleich viele?"

Aufgabe 164.1
Die Umordnung anzahlgleicher Mengen und die Wiederholung des Vergleichs soll auch das Verständnis der Invarianz anregen. Zeigen Sie, wie das paarweise Zuordnen helfen kann, den Schülern die Anzahlgleichheit erkennbar zu machen. ■

c) Anzahl einer Menge bestimmen und angeben

Für Mengen bis zu 5 Elementen müssen die Schüler die Anzahl simultan erfassen, benennen und auch in einer Ziffer notieren können.

Aufgabenbeispiele:

(22) Anzahl von Mengen numerisch bestimmen
Vorgabe:

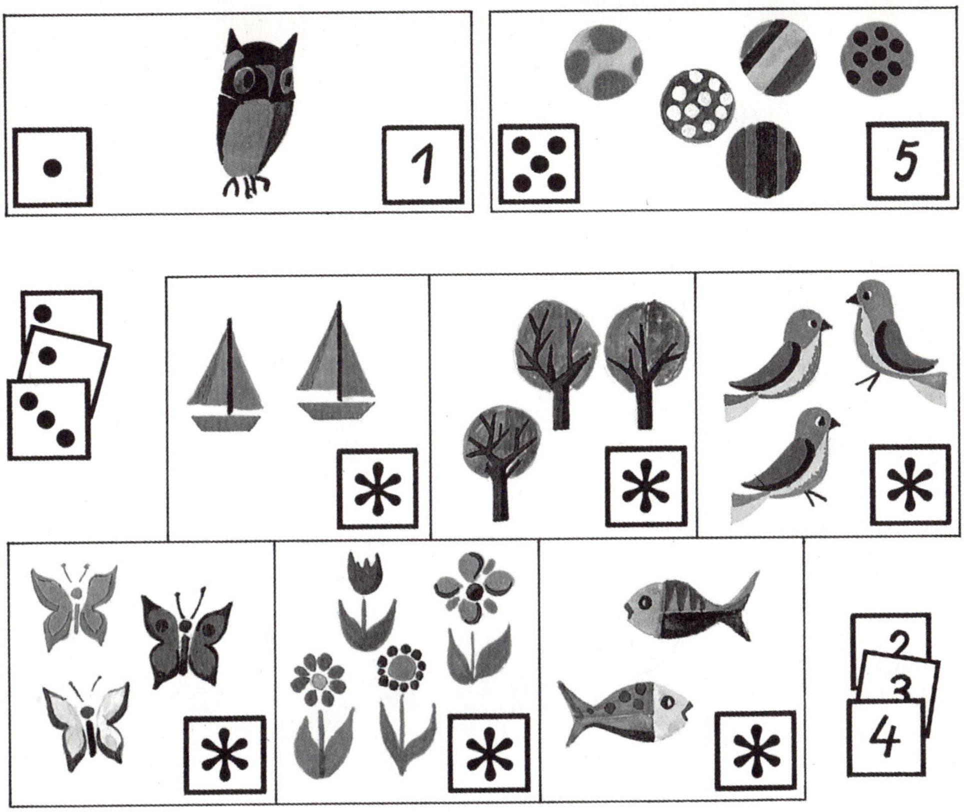

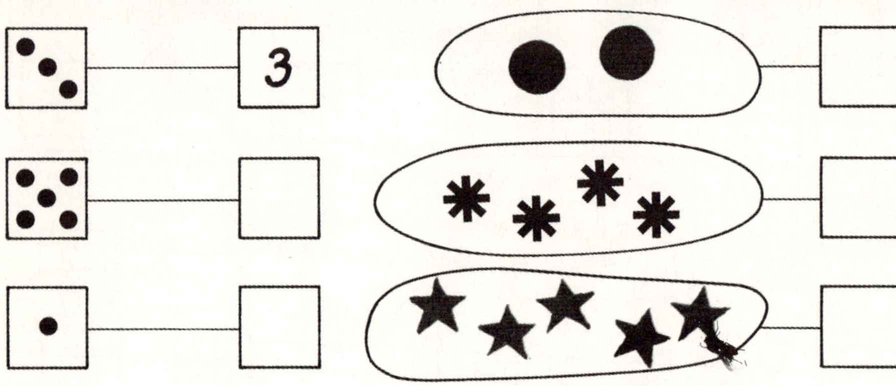

Instruktionen: Die Schüler legen Ziffernschildchen in die Leerstellen ein oder schreiben Ziffern in die Kästchen.

Für Mengen größerer Elementezahl läßt sich die Anzahl nur durch Abzählen der Elemente oder durch Gliedern in überschaubare Teilmengen bestimmen. (Mehr dazu in späteren Abschnitten).

d) Mengen einer vorgegebenen Anzahl bilden

Unabhängig davon, ob eine Anzahl (kleiner als 10) durch ein Wort oder ein Ziffernsymbol gegeben ist, muß der Schüler zu ihr geeignete Mengenrepräsentanten finden können, und zwar unabhängig davon, ob die Objekte oder die Objektmerkmale für die Mengenbildung vorgegeben sind.

Aufgabenbeispiele:

(23) Mengen von vorgegebener Anzahl bilden

Vorgaben:

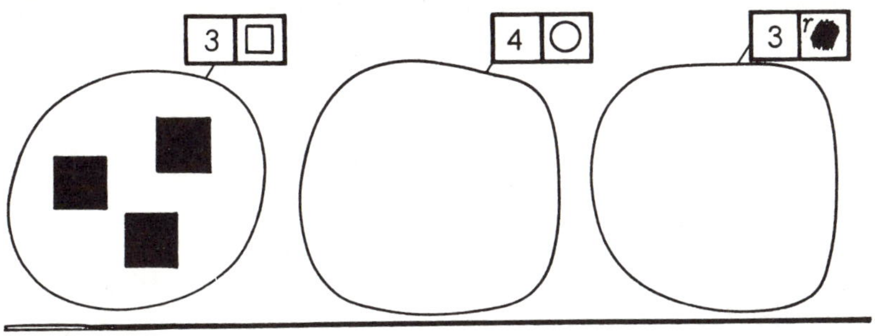

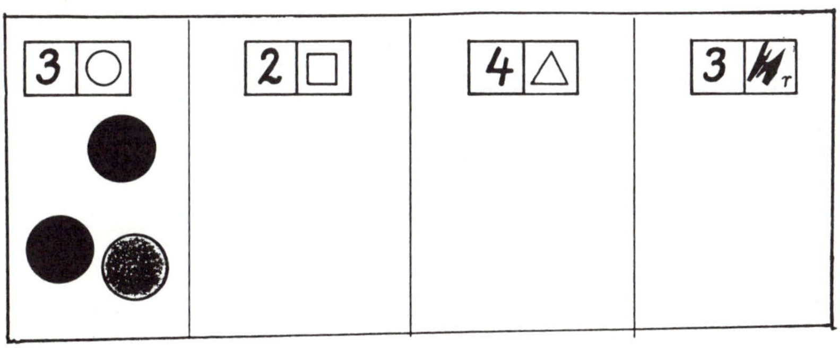

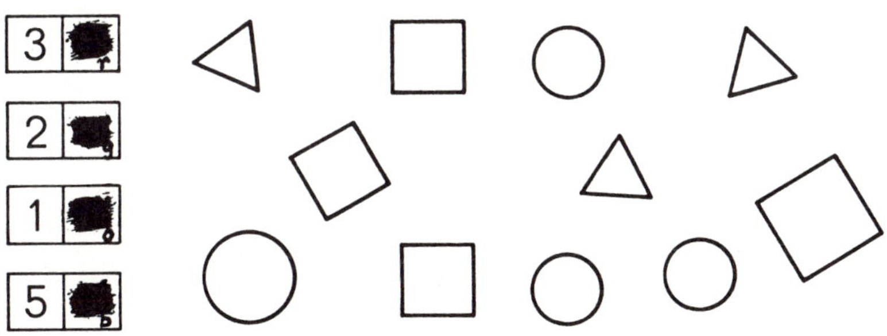

Instruktion: Die Schüler legen oder zeichnen Merkmalsplättchen ein oder malen Formen entsprechend der angegebenen Anzahl farbig an.

Aufgabe 167.1

Das Bestimmen von Anzahlen und das Bilden von Mengen einer vorgegebenen Anzahl soll, vor allem zu Beginn, in reichem Maße auch auf reale Objekte bezogen werden. Überlegen Sie Situationen, die sich für den Unterricht eignen. ■

5.3.3 Ziele und Aktivitäten zum Operatoraspekt der Zahlen

Ähnlich wie die Ziele und Aktivitäten zum kardinalen Zahlaspekt lassen sich auch die zum Operatoraspekt der Zahlen gliedern in pränumerische (der Arbeit mit bestimmten Zahlen vorausgehende) und in numerische.

a) Längen direkt vergleichen, zusammensetzen und zerlegen.

Den Schülern verfügbare Repräsentanten für Länge sind, neben realen Gegenständen wie Farbstiften, Strohhalmen, Fäden u.ä., vor allem die Farbenstäbe (von Cuisenaire) oder Stangen bzw. Türme von Steckwürfeln, an denen sich die Lernziele gut beschreiben lassen. Die Schüler sollen lernen,

- durch direktes Aneinanderlegen Längen zu vergleichen und das Vergleichsergebnis zu verbalisieren ("Der schwarze Stab ist länger als der gelbe." - "Der schwarze Turm ist nicht so hoch wie der blaue.") und
- Stäbe zu Zügen von gleicher Länger oder von der Länge eines vorgegebenen Repräsentanten zusammenzusetzen, bzw. Längen in geeignete Teillängen zu zerlegen.

Aufgabenbeispiele:

(24) Farbenstäbe bzw. Stangen/Türme vergleichen
Vorgabe: Sieben Paare verschiedener Farbenstäbe
Instruktion: "Kreuze bei jedem Paar den Stab (Turm) an, welcher der längere (kürzere) von beiden ist."

(25) Weglängen vergleichen
Vorgabe:

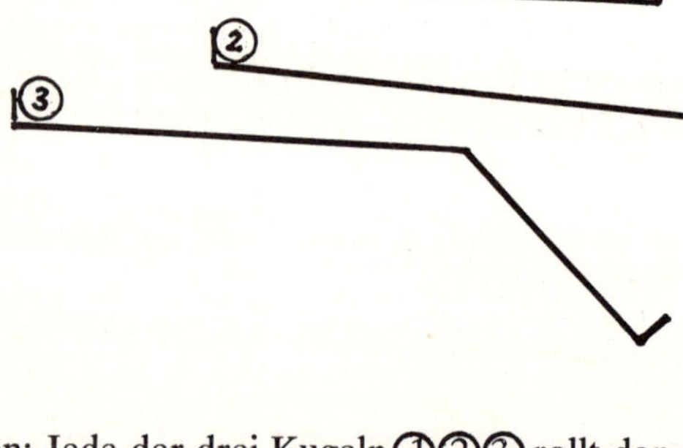

Instruktion: Jede der drei Kugeln ①②③ rollt den aufgezeichneten Weg entlang bis sie anstößt. Welche hat dann den längsten (kürzesten) Weg zurückgelegt?

(26) Züge von vorgegebener Länge bauen
Vorgaben:

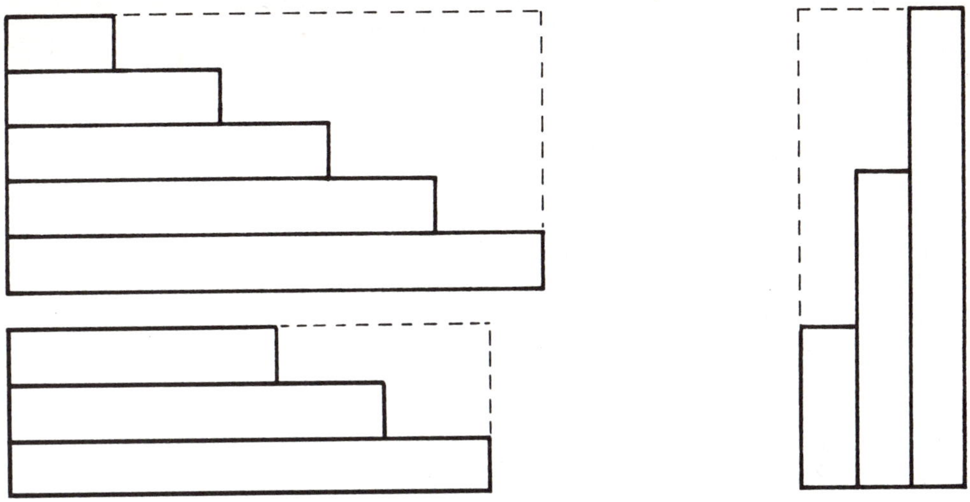

Instruktion: Die Schüler sollen in jedem der drei Fälle jeweils Züge bauen, deren Länge der des längsten Stabes entspricht.

Aufgabe 169.1
Bilden Sie Aufgaben zum Vergleichen, Zusammensetzen und Zerlegen von Längen, die sich auf konkrete Gegenstände und auf Steckwürfel beziehen. ▪

b) Längen verdoppeln, verdreifachen, vervierfachen, usw.

Bildet man Züge aus zwei oder mehr längengleichen Stäben (oder Stangen) und findet zum Zug einen längengleichen Einzelstab (bzw. steckt eine längengleiche Stange), so kann man letzteren (bzw. letztere) doppelt bzw. dreimal, viermal usw. so lang wie die Einzelteile nennen. Mit Hilfe des Zusammensetzens gleich langer Stäbe bzw. Stangen können demnach Längen viervielfacht werden. Dies sollen die Schüler wissen und ausführen können.

Aufgabenbeispiele:

(27) Längen vervielfachen
Vorgabe: Roter Farbenstab.
Instruktionen: "Welcher Stab ist so lang, wie drei rote? - Welcher Stab ist doppelt (viermal) so lang wie dieser?"

Vorgaben:

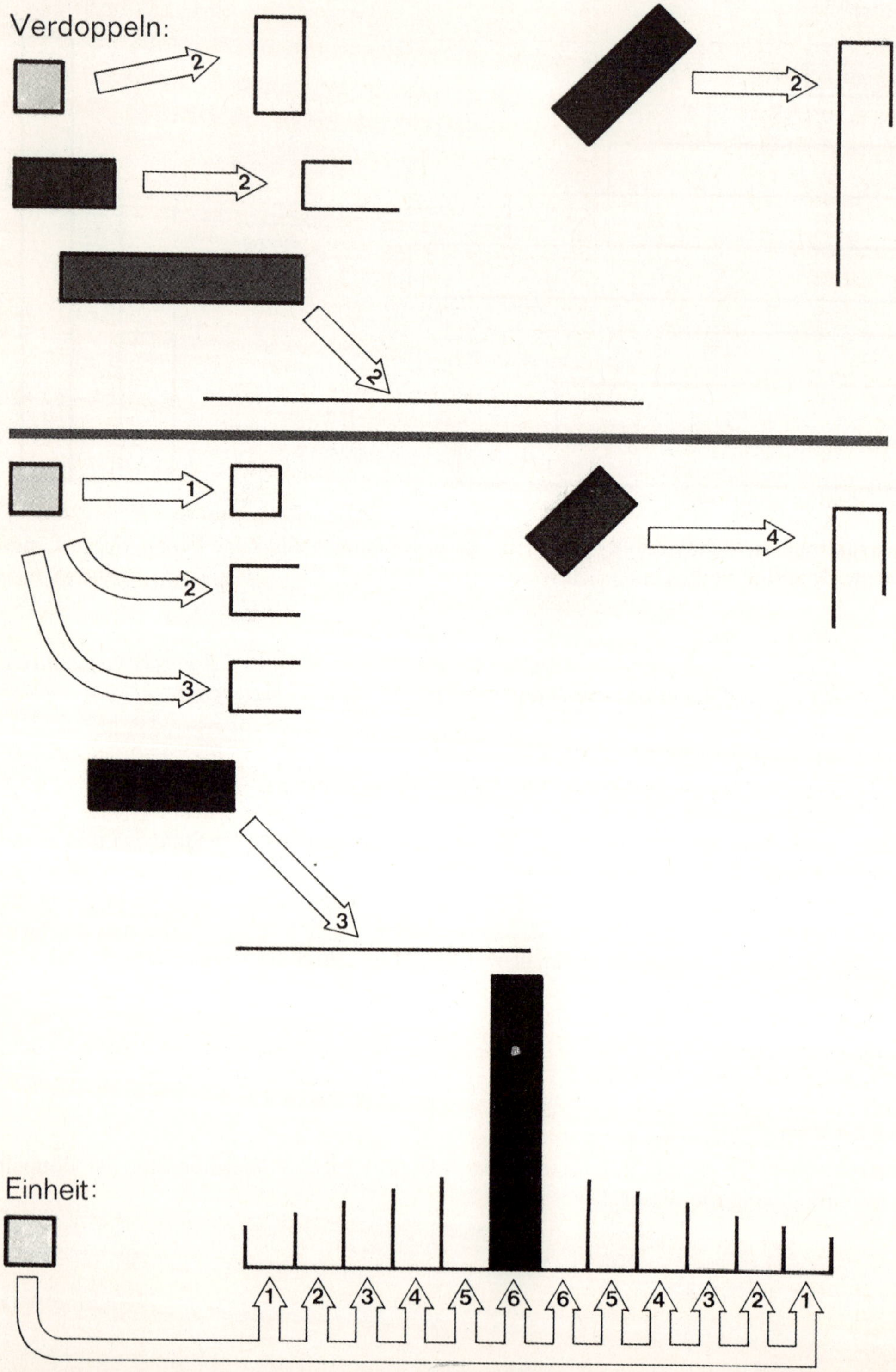

Instruktion: Die Schüler suchen jeweils (nach Angabe des Pfeils) Stäbe von doppelter, dreifacher und vierfacher Länge, legen diese auf, umfahren sie und malen sie an.

Aufgabe 171.1
Neben Längen können und sollen auch andere Größen (z.B. Flächeninhalte, Gewichte, Hohlmaße) vervielfacht werden. Überlegen Sie entsprechende Aufgaben. ▪

c) Längen messen (mulitplikativ vergleichen)

Betrachtet man von zwei verschieden langen Stäben den kleineren als Einheit und bildet - sofern möglich - einen Zug aus Einheitsstäben, dessen Länge mit der des größeren Stabs übereinstimmt, so ergibt sich ein multiplikativer Vergleich der Längen. Man hat durch Messung bestimmt, die wievielfache Länge der Einheit dem größeren Stab zukommt. Dieses Messen müssen die Schüler erlernen.

Aufgabenbeispiele:

(28) Farbenstäbe messen
Vorgabe: hellgrüner und blauer Stab.
Instruktionen: "Aus wie vielen hellgrünen Stäben muß ein Zug bestehen, daß er so lang ist wie der blaue Stab? Was kannst du über die beiden Stäbe sagen?"

Vorgabe:

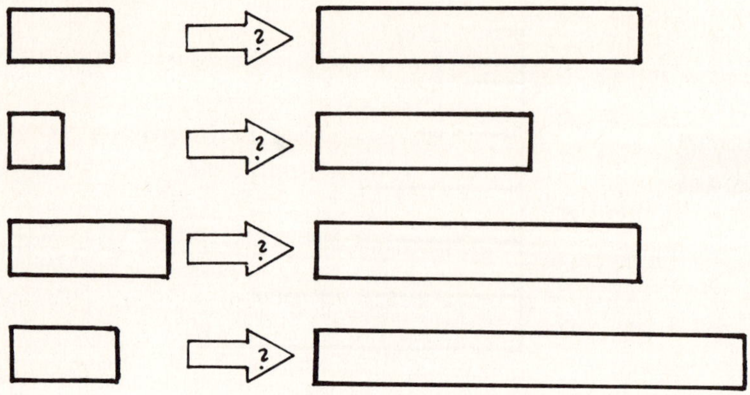

Instruktion: Prüfe jeweils: Wurden die Längen verdoppelt, verdreifacht, vervierfacht? Beschrifte die Pfeile.

Aufgabe 172.1
Konstruieren Sie Aufgaben zum Messen verschiedener Arten von Größen (außer Längen). ■

d) Anzahlen vervielfachen und multiplikativ vergleichen

Wie bereits deutlich wurde, lassen sich die natürlichen Zahlen als (Vervielfachungs-) Operator nicht nur auf Längen anwenden, sondern auf Größen aller Art, z.B. Flüssigkeitsquanten, Gewichte und Flächeninhalte. Ein besonders interessantes Anwendungsfeld sind die Anzahlen (von Mengen).
Wenn Schüler die Anzahl einer vorgegebenen Menge verdoppeln, verdreifachen, usw. sollen, so können sie das auf der Ebene der Einzelelemente tun. Sie legen für jedes Element der vorgegebenen Menge zwei (drei, vier,...) und erhalten so die Mengen mit doppelter (dreifacher, vierfacher,...) Anzahl.

Aufgabenbeispiele:

(29) Anzahl von Mengen, die aus Merkmalsplättchen gebildet sind, vervielfachen und messen
Vorgabe: Menge, die aus einem dreieckigen, einem viereckigen und einem runden Merkmalsplättchen besteht.
Instruktion: "Lege zwei (drei, vier) für jedes Plättchen. Vergleiche dann die beiden Mengen." ("Jetzt sind es doppelt (dreimal, viermal) so viele Plättchen.")

Vorgabe:

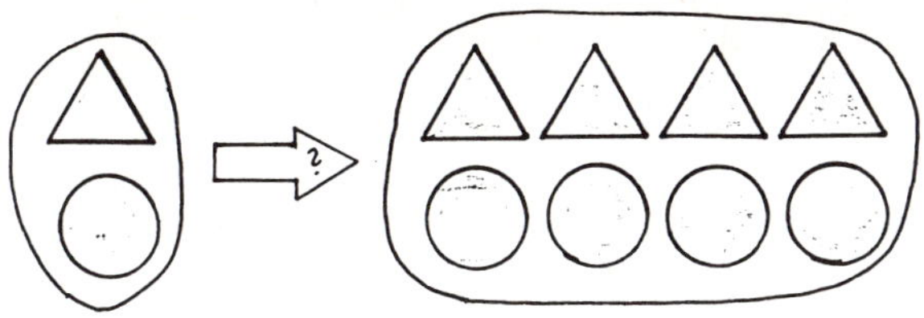

Instruktion: Die Schüler vergleichen die beiden Mengen, auch nach quantitativen Gesichtspunkten.

Einen Sonderfall stellt das Vervielfachen der Anzahl eins dar. Es gleicht dem Bilden von Mengen einer vorgegebenen Anzahl.

Aufgabenbeispiele:

(30) Einermengen vervielfachen
Vorgaben:

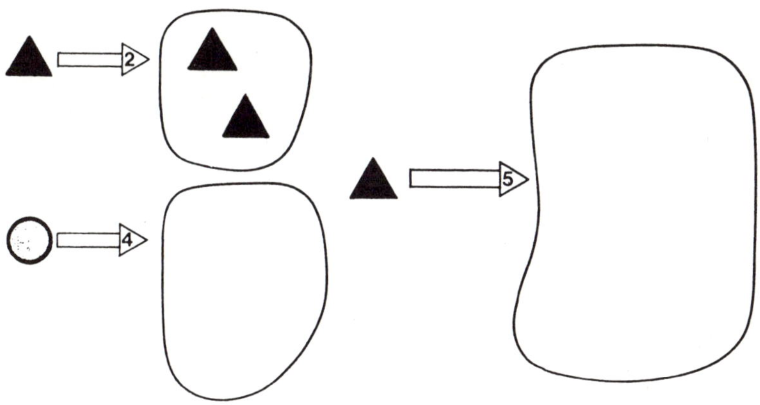

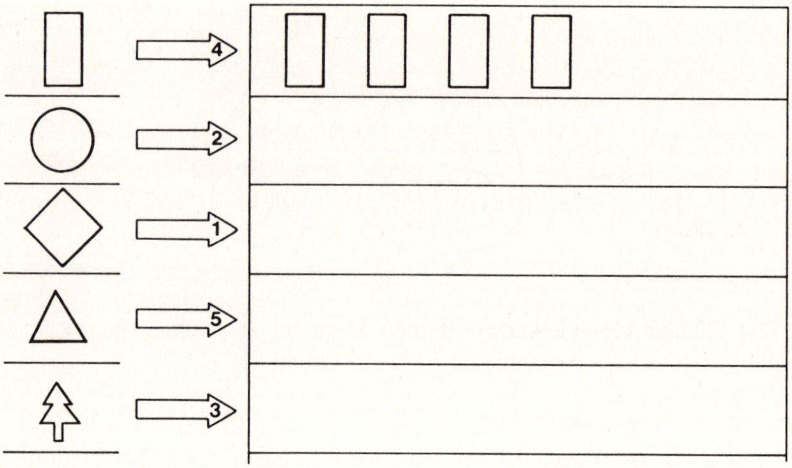

Instruktion: Die Schüler legen oder zeichnen Mengen der - je nach Pfeilangabe - doppelten, dreifachen, vierfachen oder auch einfachen Anzahl.

Aufgabe 174.1
Überlegen Sie: In wiefern läßt sich der kardinale Zahlaspekt als Spezialfall des Operatoraspekts betrachten? ■

5.3.4 Ziele und Aktivitäten zum konstruktiven Zahlaspekt

Während beim kardinalen Zahlaspekt und beim Operatoraspekt die natürlichen Zahlen einheitlich als Anzahlen bzw. als Vervielfachungs- oder Maßzahlen (Verhältniszahlen) gedeutet werden, umfaßt der konstruktive Aspekt verschiedenartige Verwendungen für Zahlen:
- als reine Zählzahlen,
- als letzte Elemente eines Zählabschnitts beim Abzählen,
- als Ordnungszahl beim Numerieren.

a) Verschiedene Formen des Zählens

Die Schüler sollen vor allem fähig sein, die Zählfolge (bis zu einem vorläufigen Endpunkt) lückenlos zu rezitieren. Dies können sie in Verbindung mit Zählreimen oder einfachen Zählübungen erlernen und nachweisen. Darüber hinaus sollen die Schüler aber auch lernen,
- in Rhythmen zu zählen (Betonung jedes zweiten, dritten oder vierten Zahlworts der Reihe),

- in Sprüngen zu zählen (nur jedes zweite, dritte, fünfte, zehnte, usw. Zahlwort zu rezitieren),
- von einem bestimmten, von eins verschiedenen Zahlwort aus weiterzuzählen (auch in Sprüngen) und
- von einem bestimmten Zahlwort aus rückwärts zu zählen (auch in Sprüngen).

b) Abzählen (Auszählen)

Das Abzählen oder Auszählen sollen die Schüler als Mittel verwenden können, um die Anzahl von Mengen zu bestimmen, bei denen sie das simultan oder durch Gliederung nicht können. Dabei gilt es, jedem Element der Menge umkehrbar eindeutig Zahlnamen der lückenlosen, mit eins beginnenden Zählfolge zuzuordnen und den Namen der größten (letzten) Zahl mit dem Anzahlwort zu identifizieren. Das Abzählen kann graphisch gestützt werden.

Aufgabe 175.1
Überlegen Sie Aufgaben zum Abzählen realer Gegenstände, die sich für eine Hausarbeit der Schüler eignen. ▪

Aufgabenbeispiele:

(31) Anzahl von Mengen bestimmen
Vorgabe: Menge von Kastanien oder Pfennig-Spielmünzen
Instruktion: "Wie viele Kastanien (Pfennige) sind das? Zähle!" (Die Schüler können die Elemente bewegen, um die bereits abgezählten von den restlichen zu trennen.)

Vorgaben:

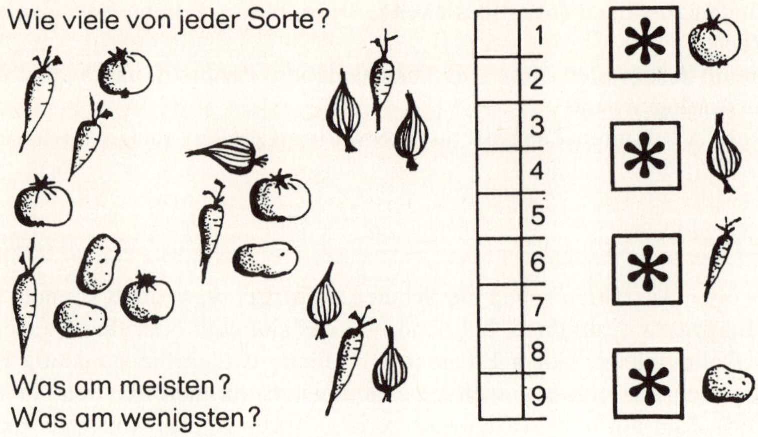

Instruktion: Die Schüler ordnen die zu zählenden "Objekte" den Kästchen des Zahlenstrahls zu (durch Verbindungslinien oder Ankreuzen) und stellen dann die gefundene Anzahl mit Ziffernkärtchen oder Ziffernnotiz dar.

c) Numerieren

Die Schüler sollen verstehen lernen, daß mit der Folge der natürlichen Zahlen eine Ordnung von Gegenständen markiert werden kann. Startnummern geben z.B. die Reihenfolge an, in der Skiläufer und Skispringer beim ersten Durchgang starten. Hausnummern können die Ordnung der Häuser in einer Straße anzeigen. Oft dienen Nummern auch nur dem Zweck, Objekte leicht identifizierbar zu machen.
In manchen Fällen wird die Ordnung der Gegenstände durch Ordnungszahlen ausgedrückt. Die Schüler müssen diese ebenso zum Numerieren gebrauchen können wie die "gewöhnlichen" Zahlworte.

Aufgabenbeispiele:

(32) Ordnungszahlen reproduzieren
Die Schüler müssen die Folge der Ordnungszahlen lückenlos verbalisieren und symbolisieren können. Sie zeigen auf Gegenstände, die in einer Reihe liegen und benennen sie als "ersten", "zweiten", "dritten" usw. Sie schreiben zu Dingen, die in einer Reihe gezeichnet sind, Ordnungszahlen oder verwenden die Folge der Ordnungsziffern auf andere Weise.

Beliebt ist das Zeichnen von Bildern durch Verbinden von Punkten in der durch die Numerierung angegebenen Folge (siehe neben-stehendes Beispiel).

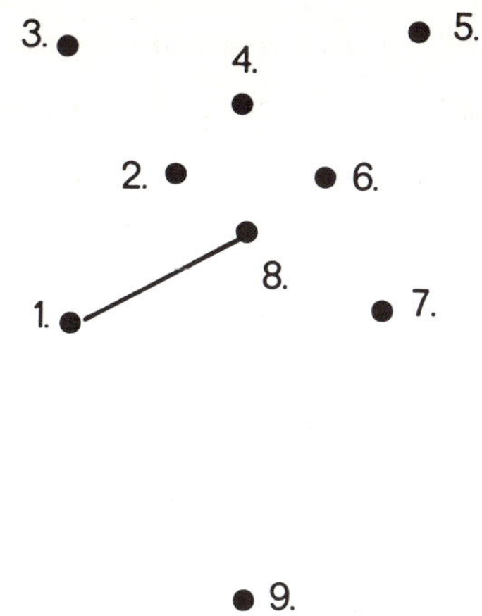

(33) Gegenstände mithilfe von Platzziffern ordnen
Vorgaben:

Zuerst – nachher

Der rote Wagen ist erster.
Wer ist zweiter? Wer ist dritter? Wer ist vierter?

Instruktionen: "Lege Schilder mit den Ordnungszahlen auf die Platzhalter (über die Autos)."

(34) Dinge mithilfe von Ordnungszahlen identifizieren

V	A	T	E	R

Der 3. Buchstabe heißt T.
Wie heißt der 5. Buchstabe?

H	A	U	S	T	Ü	R	E

Wie heißt der 4. Buchstabe?
Wie heißt der 7. Buchstabe?

Wie heißt das Wort aus fünf Buchstaben?
5. Buchstabe: T ; 1. Buchstabe: W ; 4. Buchstabe: S
3. Buchstabe: R ; 2. Buchstabe: U .

Vorgabe: Zeichnung eines hohen Regals mit vielen Schubladen.
Instruktionen: "Zeige auf die 3. von rechts und 2. von oben. Zeige auf die 2. von links und 5. von unten."

Vorgabe: Bild von Fußballspielern mit Rückennummern, die in einer Reihe stehen.
Instruktionen: "Welche Nummer trägt der 4. Spieler von links? Der wievielte Spieler (von rechts) trägt Nummer 9?"

Aufgabe 178.1
Sammeln Sie für den Unterricht geeignete Situationen zur Aktivität des Numerierens. ■

5.3.5 Ziele und Aktivitäten zum algebraischen Zahlaspekt

Durch Beiziehen der vorausgehend besprochenen drei fundamentalen Zahlaspekte (kardinaler und konstruktiver Zahlaspekt sowie Operatoraspekt der Zahlen) haben die Schüler gelernt, mit den Zahlnamen (bis 9) und den zugehörigen Ziffern bestimmte Bedeutungsvorstellungen zu verbinden. Diese sollen mit dem algebraischen Zahlaspekt durch Addieren und additives Zerlegen erweitert werden. Durch Addieren bekannter Zahlen können die Schüler neue Zahlen konstruieren und umgekehrt größere Zahlen durch Zerlegen in bereits bekannte analysieren. Bei modellgebundener Arbeit sammeln sie Erfahrungen zur Kommutativität der Addition.

a) Konstruieren neuer Zahlen durch Addieren

Die Schüler vereinigen (disjunkte) Mengen oder fügen Längen zu Zügen zusammen und ordnen den jeweiligen Ergebnissen Additionsausdrücke zu.

Aufgabenbeispiel:

(35) Mit Additionsausdrücken symbolisieren

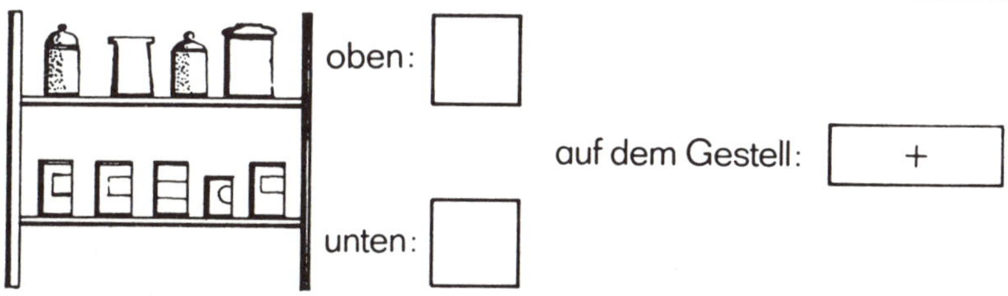

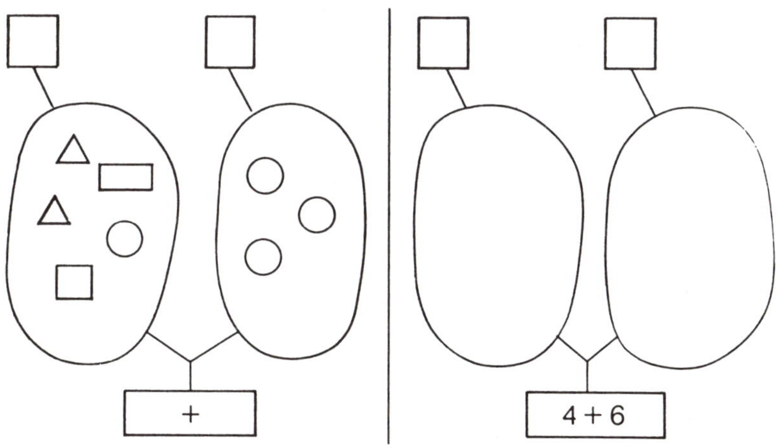

Sie lernen dann, dem Additionsausdruck einen neuen Zahlnamen gleichzusetzen.

Aufgabenbeispiele:

(36) Additionsgleichungen schreiben

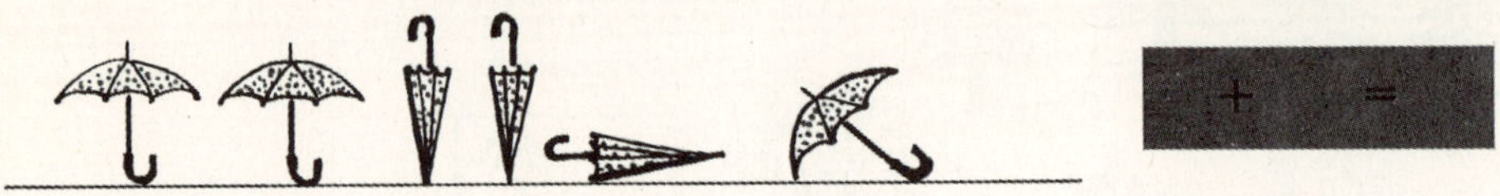

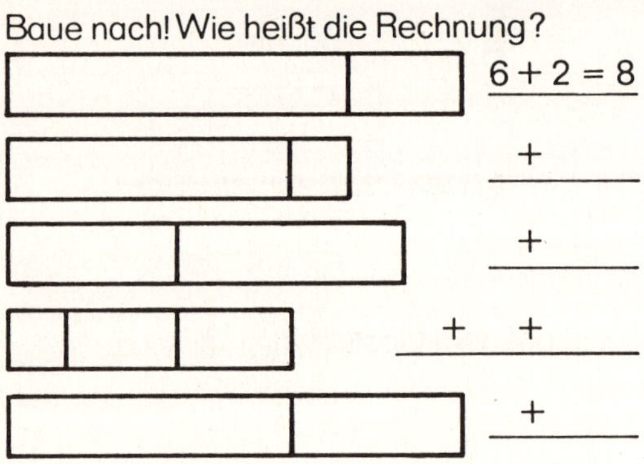

b) Analysieren von Zahlen durch Zerlegen

Die Schüler sollen neu zu erlernende Zahlen als Summe kleinerer Zahlen kennen und darstellen können.

Aufgabenbeispiele:

(37) "Teppichaufgaben"

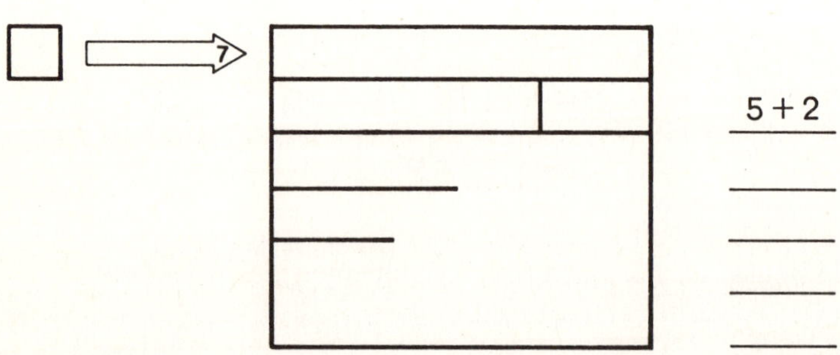

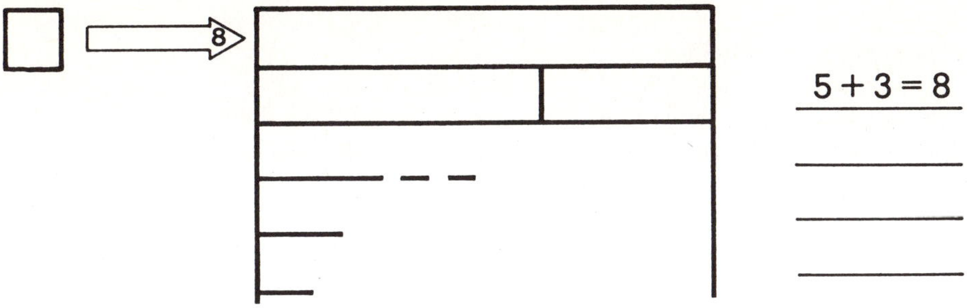

(38) Mengen zerlegen
Vorgabe:

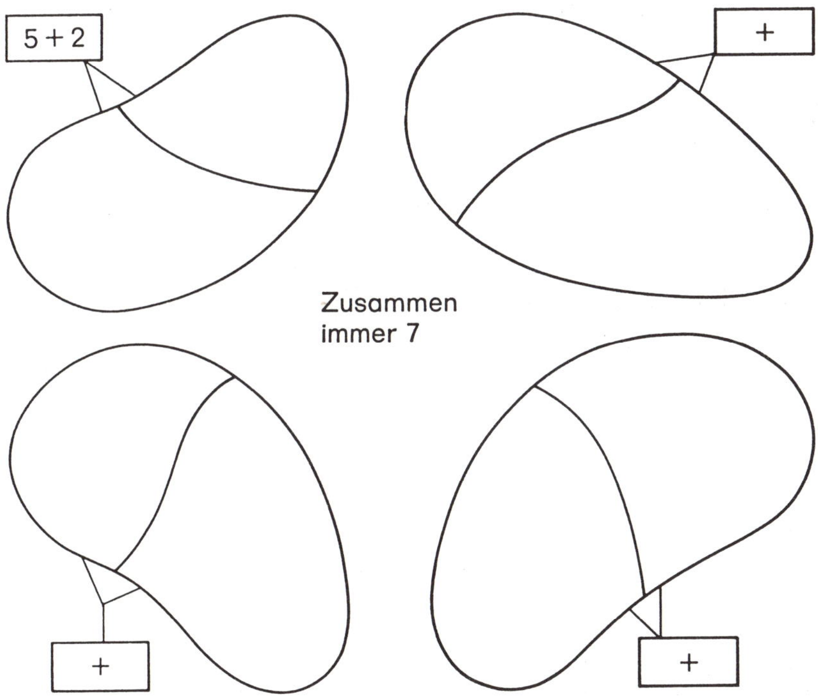

Instruktion: Die Schüler bilden (durch Einlegen oder Einzeichnen von Objekten in die Diagramme) Paare elementefremder Mengen, deren Vereinigung die Anzahl 7 hat.

Aufgabe 181.1
Was unterscheidet das hier zugrundeliegende Grobziel "Zahlerfahrungen im Licht des algebraischen Zahlaspekts" von einem späteren, dem Rechnen zugehörigen Grobziel "Addieren von Grundzahlen (einstelligen Zahlen)"? ■

c) Erfahrungen zu Rechengesetzen

Auf der hier zugrunde gelegten Lernstufe brauchen die Schüler keineswegs dazu zu kommen, Rechengesetze bewußt als solche zu erfassen und zu verbalisieren oder gar zu symbolisieren. Das schließt nicht aus, daß sie aufgrund von Erfahrungen und intuitivem Verstehen von ihnen Gebrauch machen. Eigentlich sind dazu, über die bisher zum algebraischen Zahlaspekt vorgestellten hinaus, keine gesonderten Aktivitäten nötig. Doch kannn es auch nicht schaden, wenn der Unterricht einige spezifische Erfahrungsmöglichkeiten der folgenden Art anbietet.

Aufgabenbeispiele:

(39) Kommutativität der Addition entdecken und ausnützen.

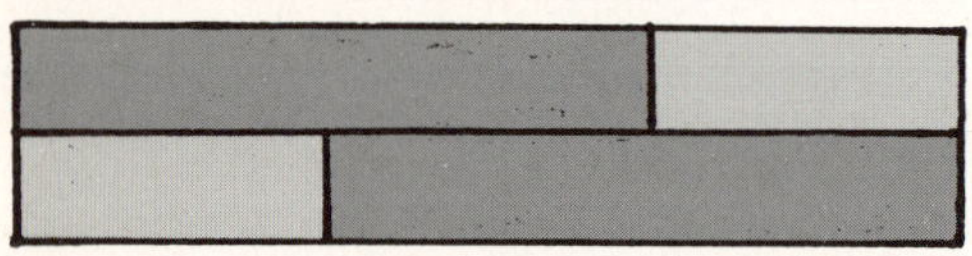

$6 + \square = \square + 6$

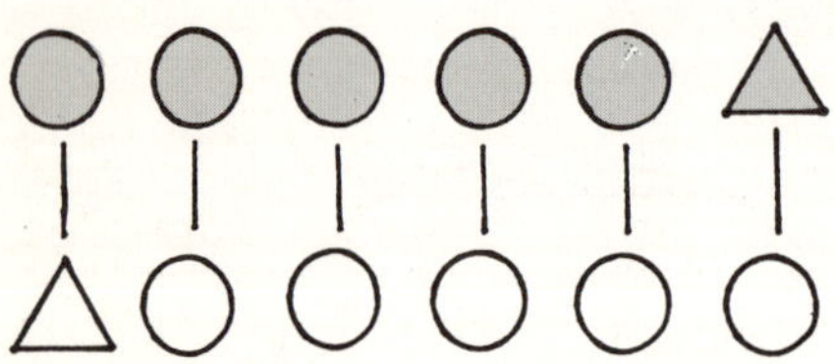

$\square + 1 = 1 + \square$

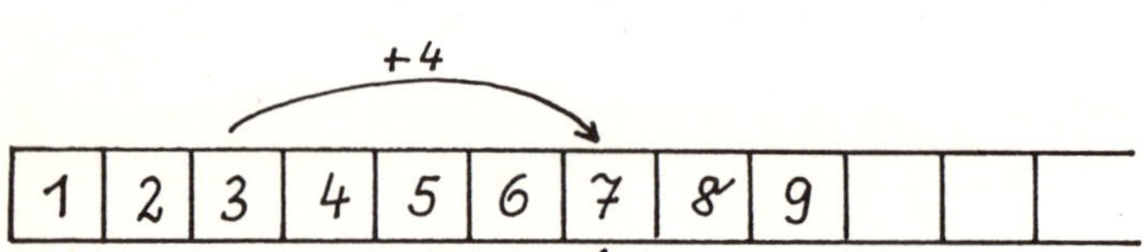

$3 + 4 = \square$ $\quad$ $4 + 3 = \square$

7 + 2 = □   2 + 7 = □

4 + 1 = □   1 + 4 = □

5 + 3 = __   3 + 5 = __

2 + 4 = __   4 + 2 = __

3 + 2 = 5	8 + 1 = 9	6 + 2 = 8
2 + 3 = __	__ + 8 = 9	______ = 8

(40) Assoziativität der Addition nutzen

Zu diesem Bild passen die Ausdrücke

1 + 5 + 3	6 + __	1 + __	9

Schreibe verschiedene Ausdrücke zu

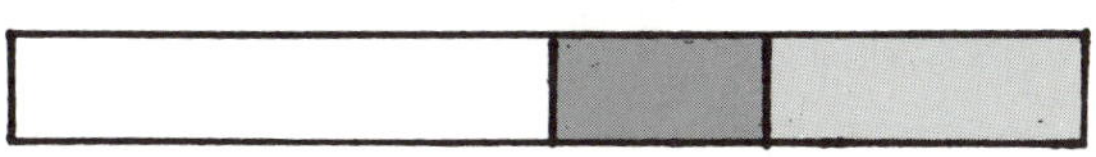

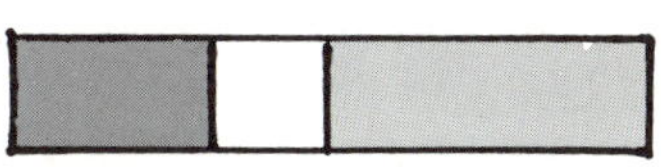

5.3.6 Ziele und Aktivitäten zum ordinalen Zahlaspekt

Wie der algebraische setzt auch der ordinale Zahlaspekt bereits gewisse Zahlvorstellungen voraus und erweitert diese um Vorstellungen, welche die Beziehung zwischen den Zahlen betreffen. Jedoch handelt es sich hier nicht um Verknüpfungs-, sondern um Ordnungsbeziehungen zwischen den natürlichen Zahlen.

a) Die Beziehungen "größer als" und "kleiner als"

Die Schüler sollen für zwei Zahlen, für einen Ausdruck und eine Zahl sowie für zwei Ausdrücke entscheiden können, welche Ordnungsbeziehung zwischen ihnen besteht; darüber hinaus sollen sie diese Beziehung verbalisieren und symbolisieren können. Sie sollen auch in der Lage sein, in gegebene Ungleichungen mit den Zeichen $<$ und $>$ Zahlen so einzusetzen, daß diese zu einer wahren Aussage werden. Schließlich sollen sie verstehen, daß $a < b$ und $b > a$ (wobei a und b für Zahlen oder Ausdrücke stehen können) nur verschiedene Darstellungen für ein und dieselbe Ordnungsbeziehung sind.

Aufgabenbeispiele:

(41) Die Ordnungsbeziehung zwischen Anzahlen erkennen (mehr - weniger)

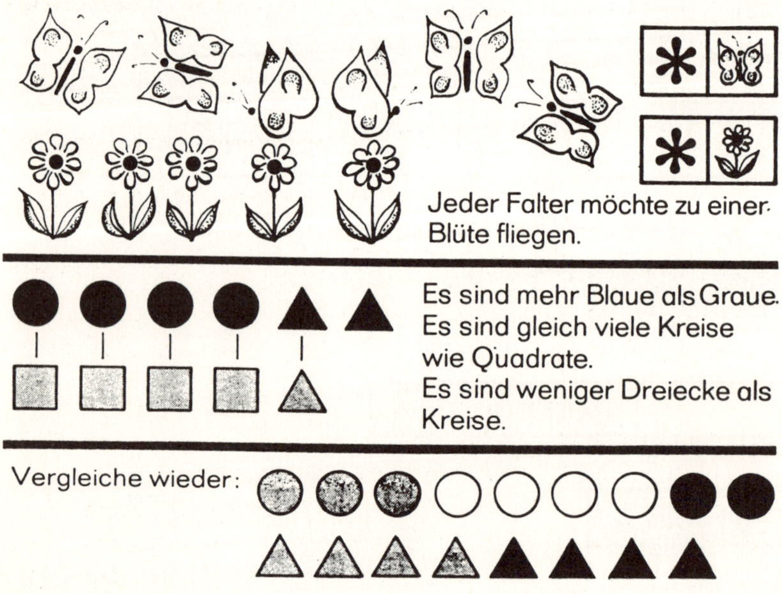

(42) Lesen und Schreiben der Zeichen $<$ und $>$

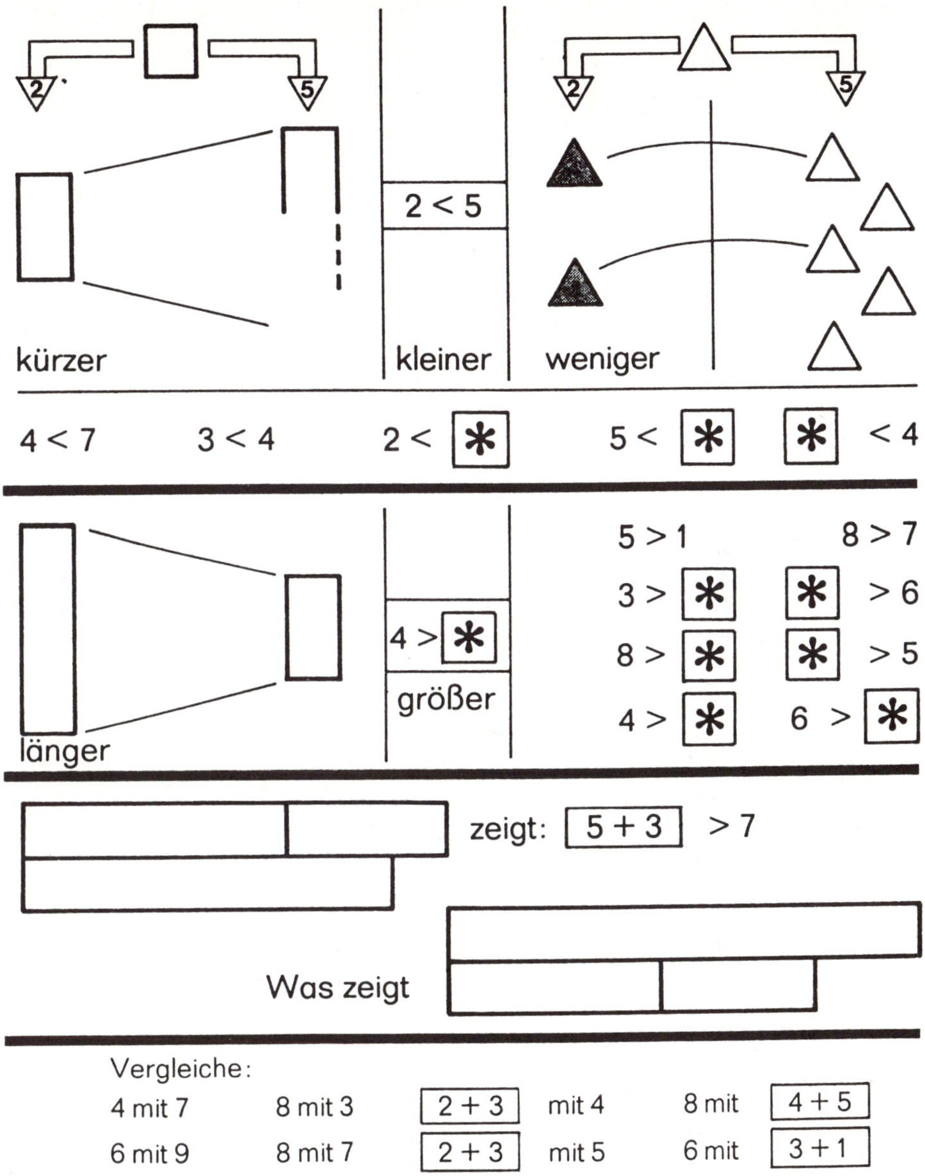

b) Die Vorgänger- und die Nachfolger-Beziehung

Die Schüler sollen in der Lage sein, Zahlen als Vorgänger oder Nachfolger einer anderen Zahl zu erkennen und zu einer gegebenen Zahl ihren Vorgänger und ihren Nachfolger zu finden. Zumindest intuitiv sollten sie auch verstehen, daß die Beziehung "a ist Vorgänger von b" ein Spezialfall der Beziehung $a < b$ und entsprechend "b ist Nachfolger von a" ein Spezialfall der Beziehung $b > a$ ist.

(43) Vorgänger- und Nachfolgerbeziehung darstellen

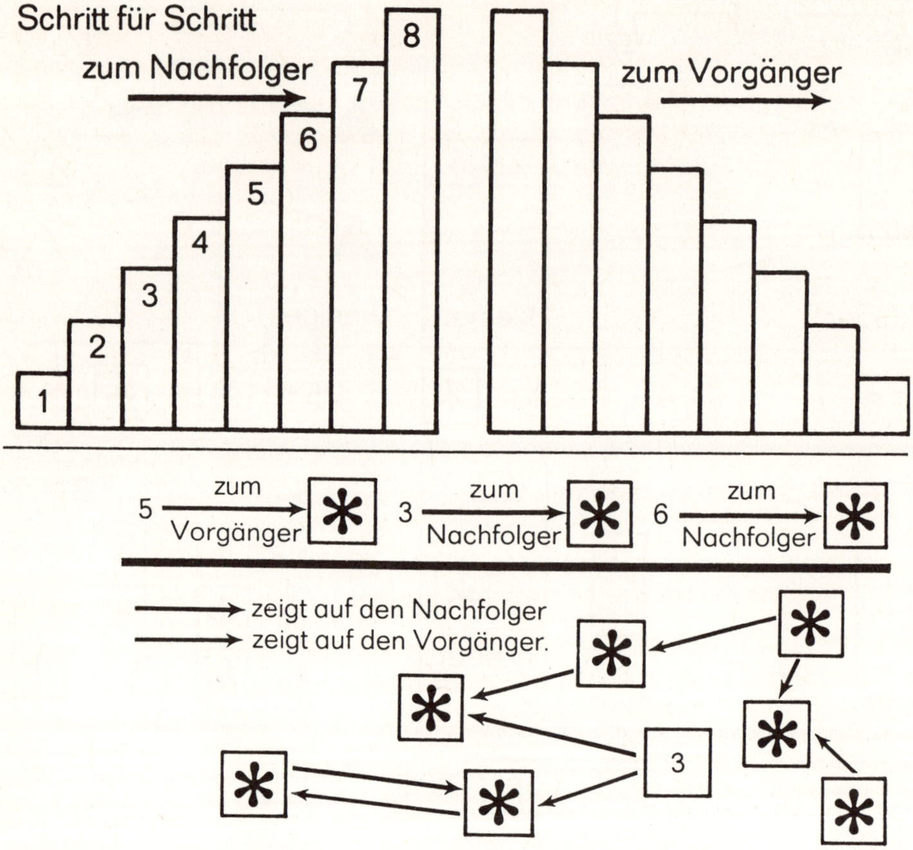

(44) Vorgänger- und Nachfolgerbeziehung verwenden

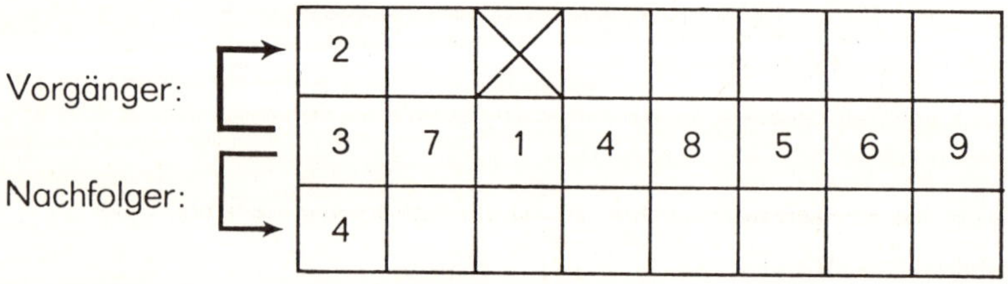

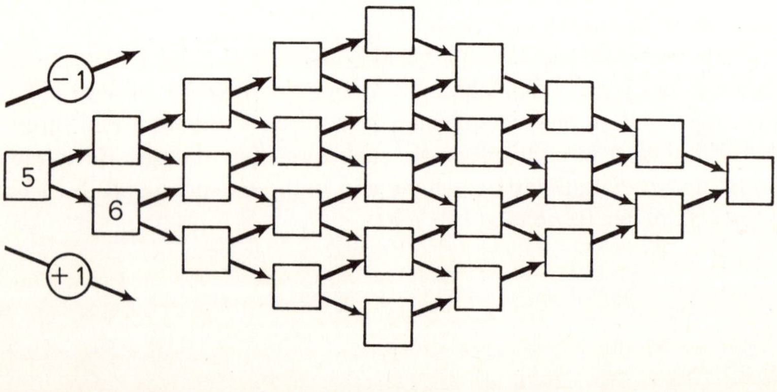

c) Die Zwischen-Beziehung

Die Schüler sollen fähig sein für drei gegebene Zahlen anzugeben, welche zwischen den beiden anderen liegt und zu einer gegebenen Zahl ein Paar von Zahlen zu finden, zwischen denen die gegebene Zahl liegt. (Ist auch eine Zahl des Paares gegeben, so müssen sie die zweite finden können.) Intuitiv sollten sie erfassen, daß "x liegt zwischen a und b" nur dann wahr ist, wenn die beiden Beziehungen a > x und x < b wahr sind. (Das Notieren von "Doppelgleichungen" der Form a < x < b wäre wohl auf dieser Stufe verfrüht.)

Aufgabe 187.1
Vergleichen Sie die Ziele und Aktivitäten zum ordinalen mit denen zum konstruktiven Zahlaspekt. Welche Gemeinsamkeiten und Unterschiede stellen sie fest? ▪

Aufgabe 187.2
Welchem Zahlaspekt würden sie folgende aus Schulbüchern entnommene Aufgaben zuordnen? (Eine Aufgabe u.U. kann auch von zwei oder mehr Aspekten her gedeutet werden.) ▪

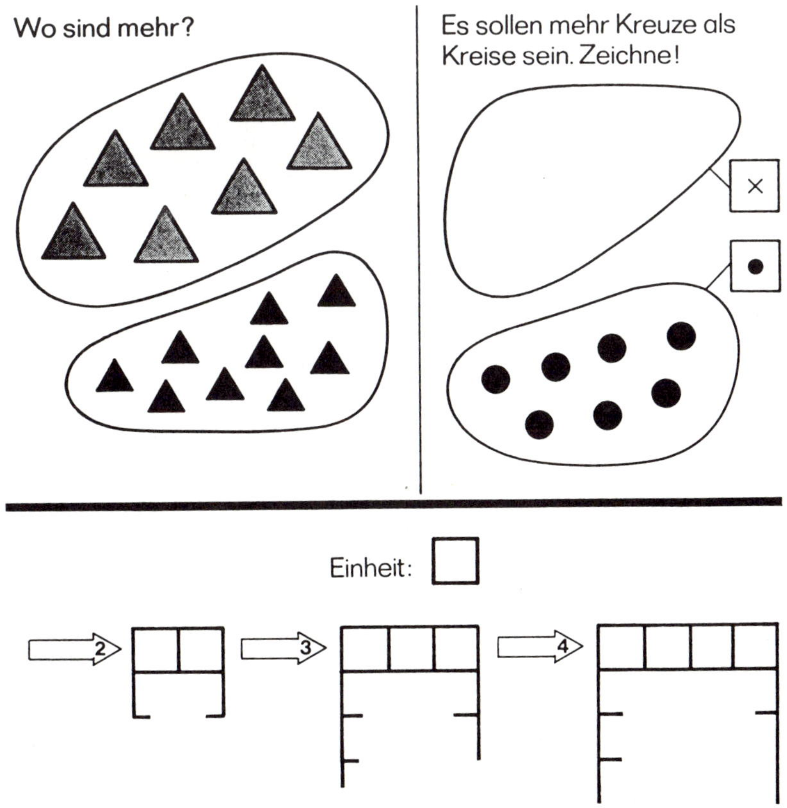

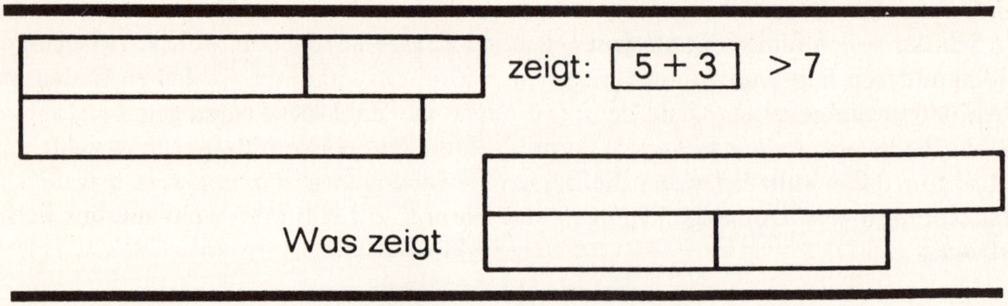

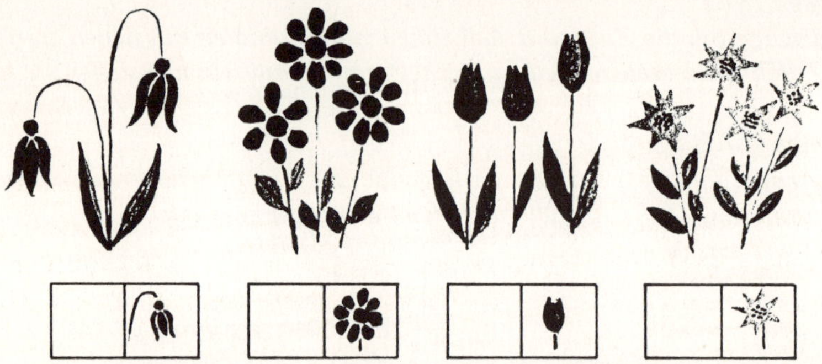

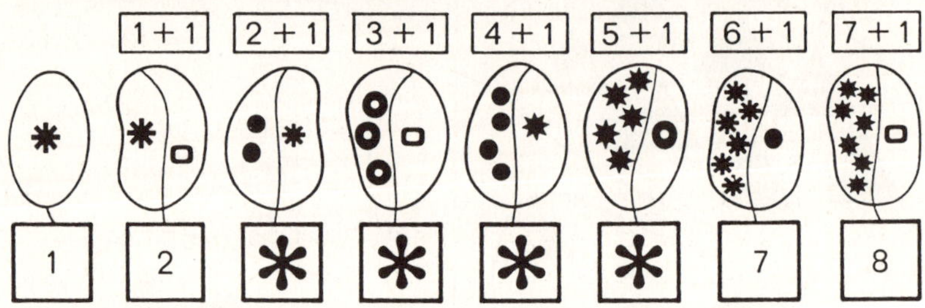

Male aus, daß gilt:
Mehr Blaue als Rote
Weniger Gelbe als Rote
Weniger Grüne als Gelbe

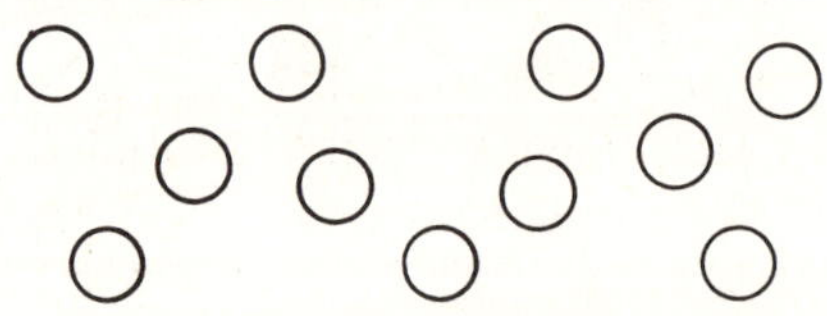

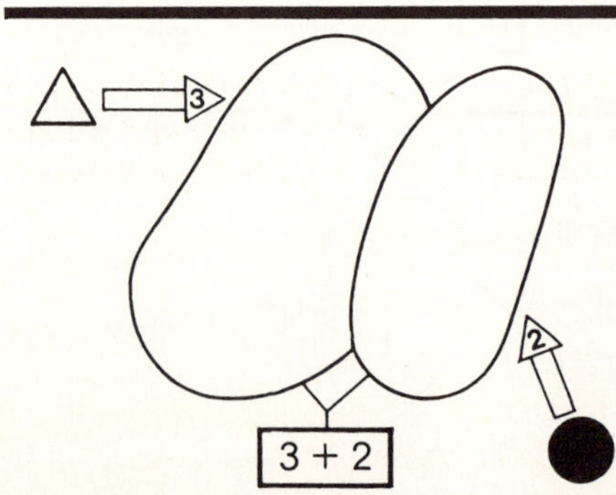

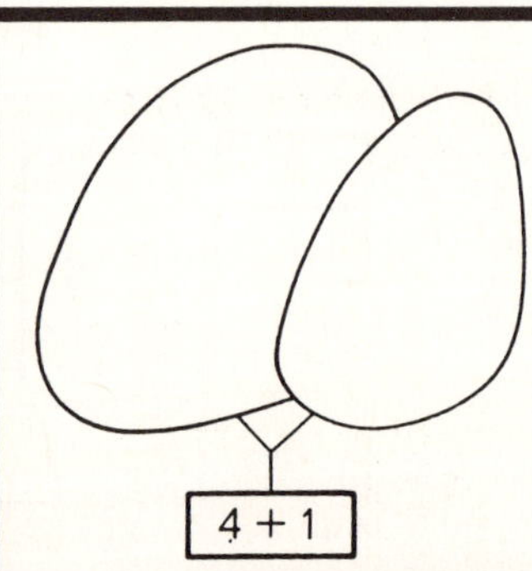

6. Zur Anordnung und Strukturierung der Lernziele - Lehrgang zum Aufbau des Zahlbegriffs im Erstunterricht

Im Rahmen der Unterrichtsplanung gilt es, vorgesehene Lehrinhalte und Lernziele in eine sinnvolle zeitliche Ordnung zu bringen. Eine planvolle Abfolge unterrichtlicher Maßnahmen, die auf ein geschlossenes System von Lehrinhalten und Lernzielen bezogen sind, nennen wir einen Lehrgang. Nachfolgend soll die Struktur eines möglichen Lehrgangs zum Zahlbegriffsaufbau im mathematischen Erstunterricht vorgestellt werden.

6.1 Pränumerische Arbeit

Eine erste Phase des Lehrgangs soll jenen Zielen und Aktivitäten gewidmet sein, die für alle Zahlaspekte und damit für den Aufbau des Zahlbegriffs insgesamt grundlegend sind. Es bleibt ein weiter Spielraum für die Entscheidung, welche und wie viele der im Abschnitt 5.3 unter a) genannten Ziele und Aktivitäten aufgenommen werden bzw. welchen Zeitraum sie beanspruchen sollen. Ein Mindestprogramm müßte jedoch folgende Punkte umfassen:

- Aktivitäten zum gründlichen Kennenlernen der Merkmals- bzw. der Formenplättchen und der Farbenstäbe bzw. der Steckwürfel einschließlich der ihnen innewohnenden Struktur.
- Fähigkeit zum Bilden von Mengen in einfachen Kollektionen konkreter Objekte aufgrund qualitativer Gemeinsamkeiten. Die Auswahlkriterien können sich zunächst durchaus auf elementare Aussageformen beschränken und müssen noch keine logischen Verknüpfungen (nicht, und, oder) enthalten.
- Fähigkeit zum pränumerischen Zusammensetzen und Zerlegen, Vergleichen und Messen von Größen, insbesondere von Längen und Anzahlen.

Dieses Programm kann etwa innerhalb des ersten Schulmonats abgewickelt werden. Auf weitere Ziele und Aktivitäten, die für alle Zahlaspekte grundlegend sind, kann man an späterer Stelle im Lehrgang zurückkommen, z.B. nach Behandlung der Zahlen bis 9.

Aufgabe 189.1
Stellen Sie aus den im Abschnitt 5.3 unter a) genannten Feinzielen und Aktivitäten ein ihnen geeignet erscheinendes Programm für die pränumerische Phase zusammen. ■

6.2 Die Zahlen bis 9

Auf die Frage, in welcher Reihenfolge die ersten neun Zahlen - das sind die Zahlen, für die es im dekadischen System ein eigenes Ziffernsymbol gibt - im Unterricht zu behandeln sind, gibt es eine sehr triviale Antwort: Zuerst eins, dann zwei, dann drei, usw. In der Geschichte der Zahlbegriffsdidaktik sind in der Tat auch nur sehr wenige Lehrgänge von dieser, durch den Zählprozeß vorgegebenen Ordnung abgewichen. Dies waren vor allem die ganzheitlichen und die ganzheitlich-operativen Lehrgänge. Sie taten dies aus zwei Gründen:

- Der Erwerb des Zahlbegriffs eins wurde hier als deutlich schwieriger eingestuft als das Verstehen anderer kleiner Zahlen wie zwei, drei oder vier. (Die alten Griechen sonderten die Eins, wie übrigens auch die Null, von den Zahlen ab. Euklid sagte, eins sei nur der Anfang der Zahlen, nicht selbst eine Zahl.)

- Das Weiterschreiten von einer Zahl zur doppelt so großen wurde als Möglichkeit gesehen, frühzeitig auch multiplikative Beziehungen zum Aufbau der Zahlbegriffe heranzuziehen, insbes. das Halbieren und Verdoppeln. Aufgrund dieser Annahmen gelangten die ganzheitlichen und ganzheitlich-operativen Lehrgänge zu folgender zeitlicher Ordnung: Zwei - vier - acht, drei - sechs, eins, fünf - zehn, sieben, neun.

Hält sich ein Lehrgangsaufbau grundsätzlich an die durch den Zählprozeß vorgegebene Ordnung der Zahlen, so bleiben noch einige Fragen der Strukturierung zu klären.
Ein erster inhaltlicher Abschnitt ist wohl durch die Zahlen 1 bis 4 markiert; können doch, gemäß psychologischer Einsicht, die meisten Schulanfänger die Anzahl von Mengen mit weniger als fünf Elementen ohne Schwierigkeiten simultan erfassen. Behandelt man diese ersten Zahlen nicht isoliert, sondern im Zusammenhang, so läßt sich, einem Gedanken des ganzheitlichen Rechnens folgend, ein Beginn der numerischen Arbeit mit speziellen Unterrichtseinheiten zum Thema "eins" vermeiden.
Einen zweiten Abschnitt bilden die Zahlen 5 bis 9. Es spricht wenig dagegen, die Zahlen dieses Abschnitts, eine nach der anderen, in ihrer natürlichen Ordung zum Lehrgegenstand zu machen.

Von der Fachwissenschaft her gibt es keinen Hinweis darauf, daß sich der mathematische Erstunterricht für einen bestimmten Zahlaspekt entscheiden und auf ihn beschränken müßte. Es spricht im Gegenteil vieles dafür, im Lehrgang für den Zahlbegriffsaufbau die verschiedenen Zahlaspekte zu berücksichtigen. Die Zahlaspekte vertreten ja , wie dargelegt, verschiedene Gebrauchsweisen der Zahlen und die Schüler sollen einen flexiblen Zahlbegriff erwerben, der es ihnen gestattet, verschiedenste und vielfältige Zusammenhänge und Situationen der Wirklichkeit numerisch zu quantifizieren. Das führt zur Forderung nach einem methodischen Konzept, das sich auf mehrere Modelle der konkreten Repräsentation und der kognitiven Verarbeitung der Zahlen stützt (Mehrmodellmethode). Dieses kann folgenden Aufbau haben:

- Nach der pränumerischen Phase mit Zielen und Aktivitäten, die für alle Zahlaspekte grundlegend sind (siehe Abschnitt 6.1), werden in Verbindung mit bestimmten Zahlen die Zahlaspekte stufenweise ins Spiel gebracht, und zwar in der folgenden Reihenfolge: Kardinaler Zahlaspekt, Operatoraspekt, konstruktiver Zahlaspekt, algebraischer Zahlaspekt, ordinaler Zahlaspekt.

- Die Ziele und Aktivitäten zum kardinalen Zahlaspekt gehören in ihrem, das Zuordnen betreffenden Teil noch der pränumerischen Phase an. In ihrer numerischen Komponente können sie mit allen Zahlen verbunden werden, solange die entsprechenden Mengen übersichtlich bleiben (etwa bis zur Zahl 19).

- Als Operatoren lassen sich nur kleinere Zahlen (bis etwa 5 oder 6) praktikabel anwenden.

- Der konstruktive Zahlaspekt hingegen wird erst in Verbindung mit den etwas größeren Zahlen (ab 5) sinnvoll. Zählprozesse, die nicht weiter als zur Zahl 4 gehen, sind einfach zu kurz.

- Der algebraische Zahlaspekt dient vor allem dem Erschließen von Zahlen, für welche die Schüler die Mengenrepräsentanten nicht mehr simultan erfassen können, also der Zahlen von 5 aufwärts. Bei den Zahlen ab 10 sind dann vor allem die Zerlegungen der Form 10 + E wichtig.

- Die Arbeit mit dem ordinalen Zahlaspekt setzt voraus, daß bereits mehrere Zahlen zum Ordnen verfügbar sind. Sie sollte also erstmals gegen Ende der zweiten Lehrgangsphase eingeplant werden.

- Nach ihrer Einführung werden die Zahlaspekte, soweit wie möglich, konsequent weiterverwendet und mit den später eingeführten verknüpft.

- Wenn ein neuer Zahlaspekt ins Spiel gebracht wird, soll er zunächst lediglich auf die bereits erarbeiteten Zahlen angewendet werden. Erst dann schreitet der Lehrgang mit der Erweiterung des Zahlbereichs fort.

Nun kann die Berücksichtigung verschiedener Zahlaspekte für sich allein noch nicht gewährleisten, daß die Schüler den erwünschten flexiblen Zahlbegriff erwerben. Vor allem an zwei Hindernisse ist zu denken:

- Einigen Schülern gelingt es möglicherweise nicht, die einzelnen Zahlaspekte von den Situationen bzw. Modellen abzulösen, in denen sie im Unterricht repräsentiert werden, und sie auf neue Situationen zu übertragen.
- Für einige Schüler bleiben vielleicht die verschiedenen Aspekte kognitiv isoliert und können nicht zu einem Gesamtverständnis von den Zahlen verbunden werden.

Anders ausgedrückt: Der Unterricht muß, über das Aufnehmen der verschiedenen Aspekte hinaus, reichhaltige Anstöße zur begrifflichen Abstraktion geben. Solche Anstöße sind zum einen in einer intentsiven sprachlichen Verarbeitung der konkreten Modellsituationen durch die Schüler zu sehen. Jeder einzelne Schüler braucht Gelegenheit, seine modellbezogenen Handlungen zu verbalisieren und ihr Ergebnis zu beschreiben. Das geschieht am besten in einer spontanen, nach und nach in der unterrichtlichen Kommunikation bereicherten und behutsam gepflegten Sprache. Zum zweiten müssen die Zusammenhänge zwischen den Zahlaspekten im Unterricht zum Tragen kommen. Es muß Aufgaben geben, in denen sie sich miteinander verbinden und in welchen die Schüler gefordert sind, Quantitatives von einer Modelldarstellung in andere zu übertragen.

Aufgabe 192.1
Versuchen Sie, die in den Abschnitten 5.3.2 bis 5.3.6 genannten Feinziele und Aktivitäten, bezogen auf die Zahlen bis 9, in eine sinnvolle methodische Ordnung zu bringen. ▪

6.3 Zahlen von 10 bis 19 (bzw. bis 99)

Ab zehn hat man es dann mit Zahlen zu tun, die in der üblichen dekadischen Darstellung zweistellig notiert werden. Das wirft das Problem auf, in welcher Weise die Schüler mit diesen Notationen vertraut gemacht werden sollen. Kann man sie als Zahlzeichen betrachten, die sich die Schüler in gleicher Weise einzuprägen haben, wie die Ziffern für die ersten neun Zahlen? Dagegen spricht zum einen, daß das wiederholte Verwenden bekannter Ziffern mit neuer Bedeutung Schüler verwirren könnte. Zum anderen dürfte die Gefahr der Verwechslung der zweistelligen Zahlzeichen recht groß werden, wenn den Schülern nicht durch ein gewisses Verständnis Merkhilfe geboten wird.
Um ein solches Verständnis aufzubauen, kann man versuchen, 11 einfach als Kürzel für 10 + 1, 12 als Kürzel für 10 + 2, usw. zu erklären. Es bleibt dann allerdings die Aufgabe bestehen, die Schreibweise 10 selbst zu erklären, ehe man sie als Kürzel für 10 + 0 erläutern kann. Eine weit wirksamere Verstehenshilfe dürfte eine erste Einführung in die Stellenwertschreibweise mittels der Aktivitäten Bündeln und Tauschen sein. Diese soll im folgenden kurz erläutert werden. (Für eine ausführliche Erklärung siehe MAIER, H. und SENFT, W.: Didaktik der Zahldarstellung und des elementaren Rechnens. Bd. 1: Zahldarstellung. Paderborn: Schöningh 1983).

a) Bilden höherwertiger Zahleinheiten durch Bündeln

Soll die Anzahl einer Menge (von realen Objekten) symbolisiert werden, so kann das zunächst durch eine einzelne Ziffer (z.B. 9) oder durch einen Summenausdruck (z.B. 5 + 4 oder 6 + 3) geschehen, bei dem jeder Summand für die Anzahl einer durch Zerlegung entstandenen Teilmenge steht. Zerlegt man eine Menge, deren Anzahl beschrieben werden soll, in lauter Teilmengen einer vorgegebenen Grundzahl (sog. "Bündel"), so kann man diese Teilmengen als neue Einheiten mit höherem Zahlwert auffassen und deren Anzahl angeben. Beispiel:

Zwei Viererbündel

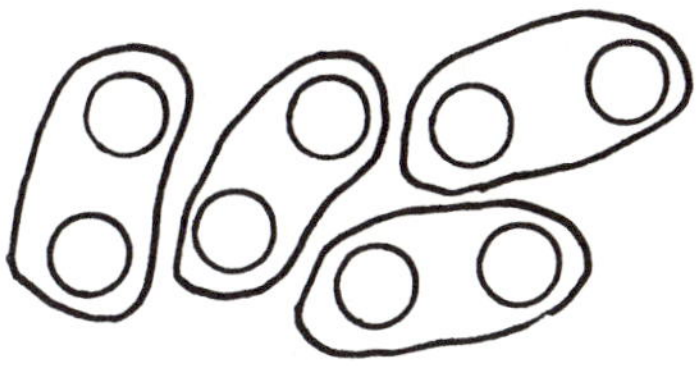

vier Zweierbündel

Häufig wird bei einer solchen Bündelung ein Rest von Einzelobjekten übrigbleiben, deren Anzahl nicht mehr ausreicht, um eine höherwertige Einheit zu bilden. Beispiel:

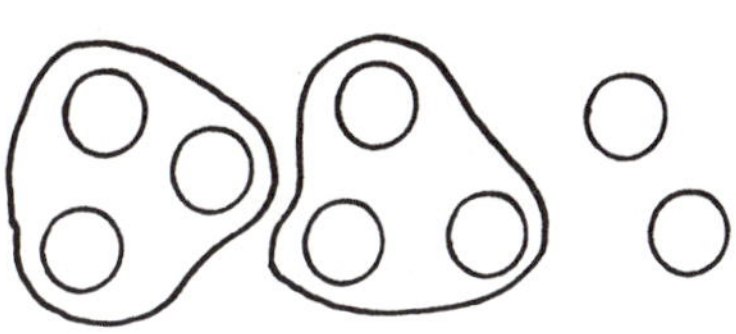

Zwei Dreierbündel
und zwei Einzelne

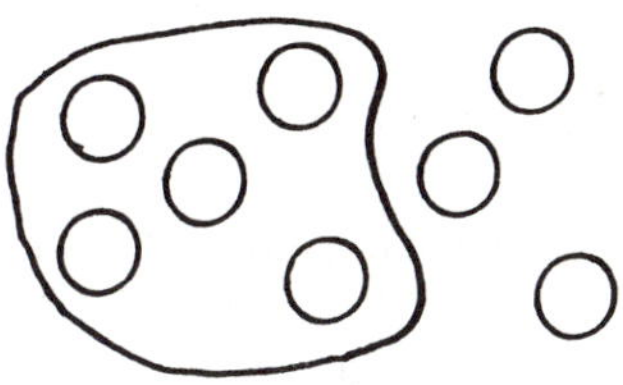

ein Fünferbündel
und drei Einzelne

Das auf den ersten Blick etwas kompliziert erscheinende Verfahren hat eminente Vorteile. Erstens erlaubt es, die Anzahl von vielelementigen Mengen mit Ziffern für kleine Zahlen zu beschreiben. Beispiel:

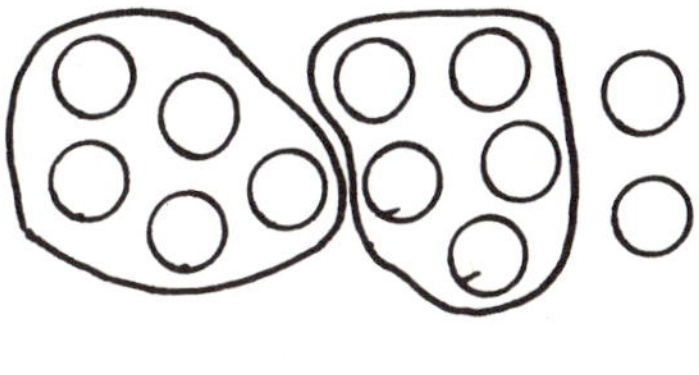

Zwei Fünferbündel
und zwei Einzelne

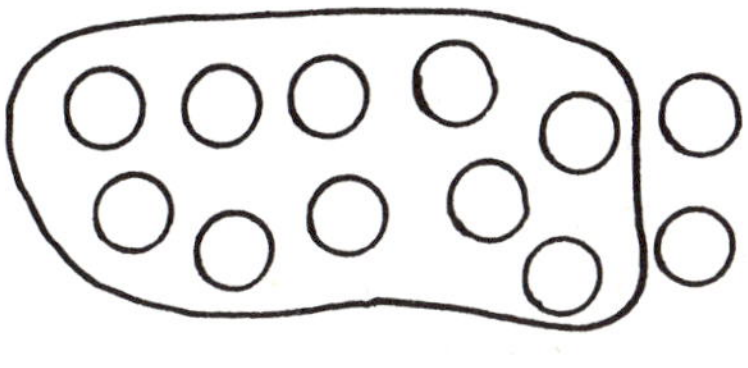

ein Zehnerbündel
und zwei Einzelne

Des weiteren lassen sich beliebig große Zahlen mit nur wenigen Ziffern beschreiben, wenn man das Bilden höherer Einheiten mit den jeweiligen Bündeln stufenweise wiederholt. Beispiel:

Ein Dreierbündel zweiter Stufe,
zwei Dreierbündel erster Stufe
und ein Einzelnes

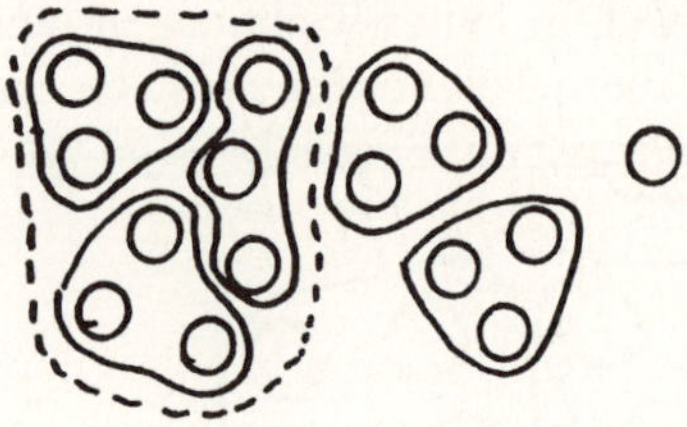

Bei einer Dreierbündelung braucht man zum Darstellen der Anzahl keine Ziffern für Anzahlen größer als 2. Unsere übliche Darstellung arbeitet mit einer Zehnerbündelung und benötigt nur Ziffern bis zur Anzahl 9.
Um zweistellige Zahlnotationen der Art 13 oder 19 zu verstehen, brauchen die Schüler lediglich Bündelungen der 1. Stufe bilden zu können. Sie lassen sich mit verschiedenen Objekten durchführen: Gruppieren von Kindern (zu drei, zu vier, usw.), Aufbewahren von Tennisbällen in Dosen oder Schachteln (zu drei, zu vier oder zu sechs), Abpacken von Früchten (Orangen, Zitronen, Äpfel) in Säckchen (zu je 4, 5, 6 oder 7), Zusammenfassen von Merkmals- oder einfachen Rechenplättchen (zu je 3, 5, 8 und 10), Zusammenstecken von Steckwürfeln zu Stangen (von je 3, 7, usw.). Bereits hier sollte auch die wichtige Zehnerbündelung durchgeführt werden. Beispiele mit realen Objekten, die eventuell durch Symboldinge vertreten werden, könnten sein: je zehn Eier in einen Eierkarton, je zehn Farbstifte in ein Mäppchen oder je zehn Tabletten in ein Röhrchen.

Aufgabenbeispiele:

(45) Bündeln

1 Gruppe zu 5 Kindern
3 einzelne Kinder

Wie viele Kinder insgesamt? ____________

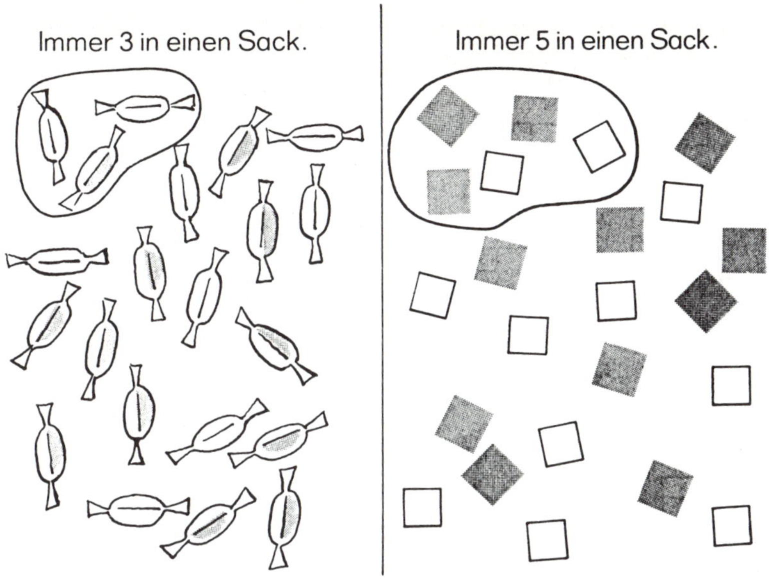

b) Bündelungen in Stellenwertschreibweise notieren und Stellenwertschreibweise interpretieren

Wenn die Schüler das Bündeln beherrschen, sollen sie fähig werden, die Anzahl von Mengen als Ergebnis einer Bündelung zu notieren. Das geschieht zunächst in einer Stellenwerttabelle, später - vor allem für das übliche Zehnersystem - auch ohne Tabelle. Zur Vorbereitung dieser Normaldarstellung müssen sie lernen, bei restfreien Bündelungen die Position der Einer mit Null zu besetzen.
Aufgabenbeispiele:

(46) Notation von Bündelungen in der Stellwerttabelle

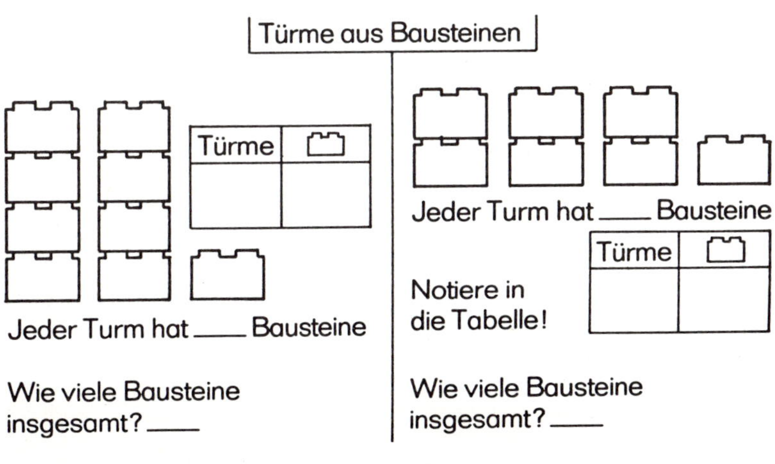

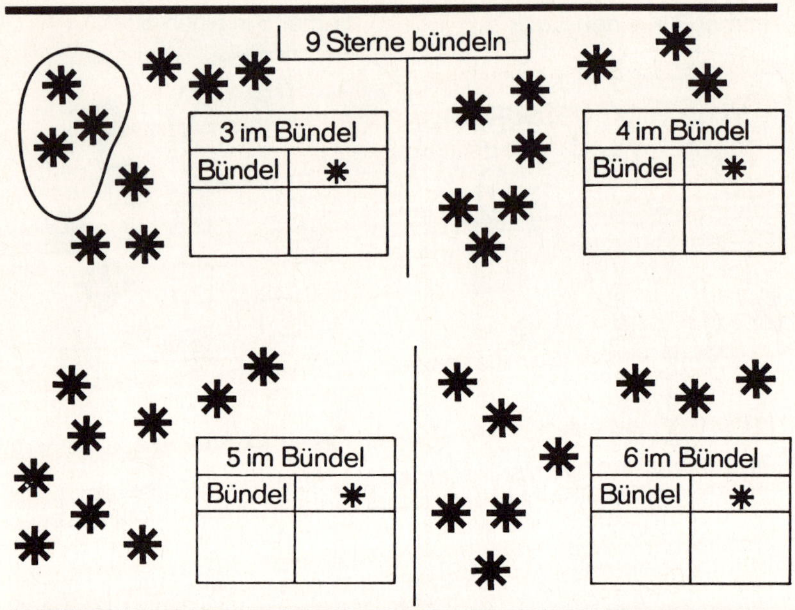

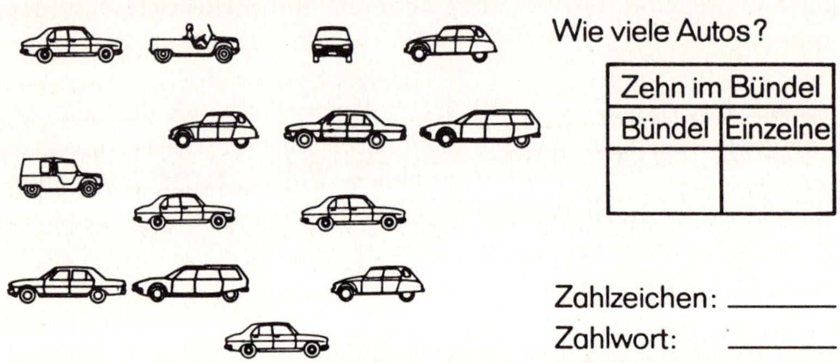

Selbstverständlich sollten die Schüler auch in der Lage sein, Zahlnotationen in der Stellenwerttabelle als Ergebnis einer Bündelung zu deuten und ihren realen Zahlenwert entsprechend aufzufassen.

Aufgabenbeispiele:

(47) Zahldarstellungen deuten - Entbündeln

Zeichne etwas Passendes! Du darfst die Bündel selbst wählen.

Bündel	●
1	1

Wieviel im Bündel? ____

Bündel	●
2	1

Wieviel im Bündel? ____

c) Tauschen

Je größer die Anzahl einer Menge ist, desto unübersichtlicher werden die Ergebnisse von Bündelungen. Abhilfe kann hier das Tauschen schaffen. Seine Grundidee besteht darin, die Bündel als Einheiten höheren Zahlwerts durch Einzelobjekte zu ersetzen. Bei der Dreierbündelung tauscht man z.B. je drei Würfel gegen einen hellgrünen Stab, je 3 Steckwürfel gegen eine Dreierstange bzw. einen Dreierturm, je drei runde Plättchen gegen eine dreieckige Form. Bei der Zehnerbündelung tauscht man entsprechend je 10 Würfel gegen einen orangen Stab, je 10 runde Plättchen gegen ein quadratisches oder je 10 Pfennige gegen einen Groschen.
Im einzelnen sollen die Schüler fähig sein,

- zu einer vorgegebenen Bündelungszahl den Tausch durchzuführen,
- das Ergebnis des Tauschens in einer Stellenwerttabelle und, bei Zehnertausch, auch ohne Tabelle zu notieren und
- zweistellige Zahlennotationen als Tauschergebnis zu deuten und die Anzahlen entsprechend aufzufassen.

Aufgabenbeispiel:

(48) Tauschen

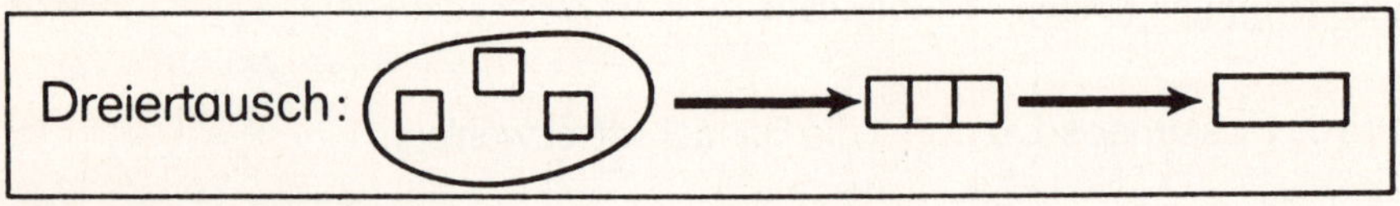

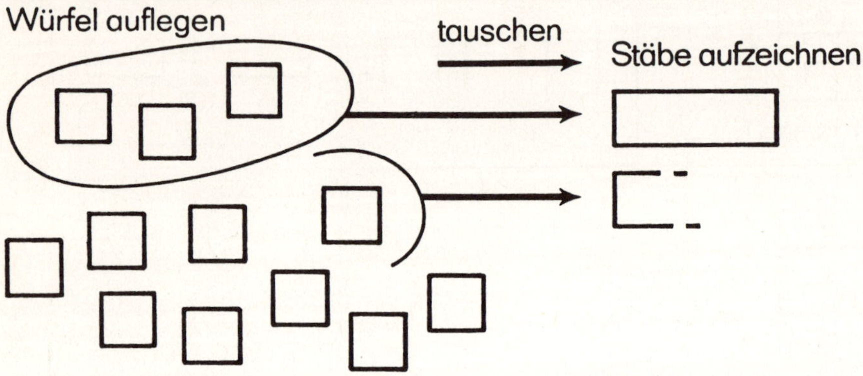

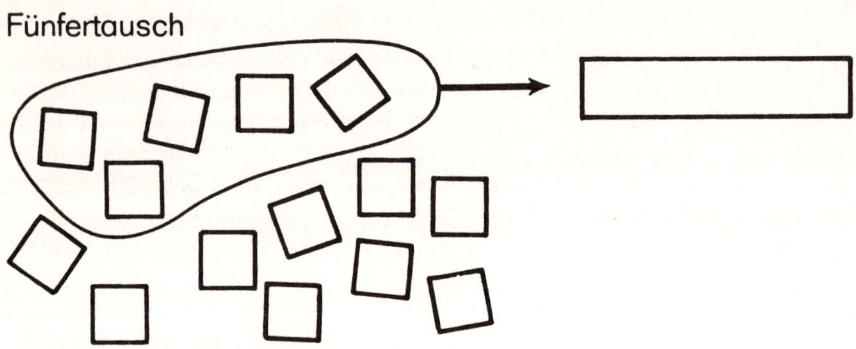

Der Fünfertausch ergab:

Wie viele Würfel waren es?

____

Der Dreiertausch ergab:

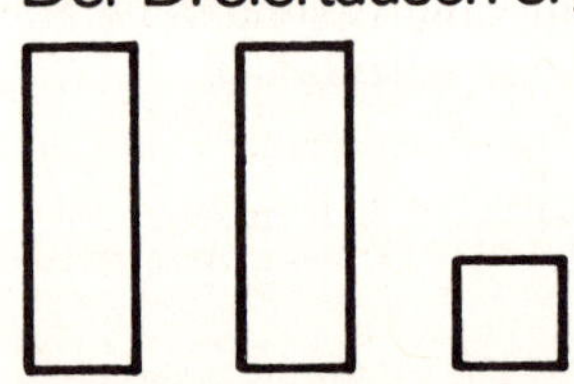

Wie viele Würfel waren es?

____

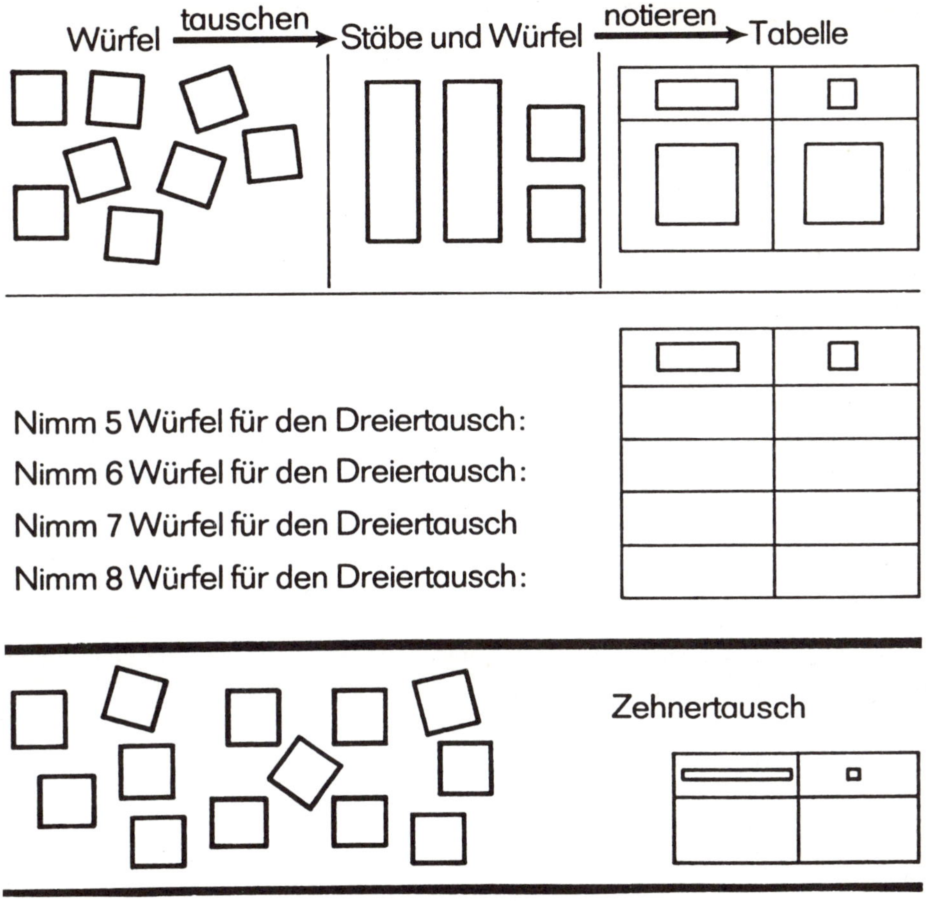

d) Übliche Dekadische Zahlzeichen verwenden

Die Schüler sollten mit besonderer Betonung das Bündeln und Tauschen auch nach der Grundzahl zehn gelernt haben. Darüber hinaus sollten sie fähig sein, Bündelungsergebnisse zu dieser Grundzahl in Stellenwerttabellen notieren und entsprechende Stellenwertnotationen zu deuten. Dann gilt es noch, sie mit der üblichen zweistelligen Zahlnotation ohne Tabelle vertraut zu machen.

Aufgabenbeispiel:

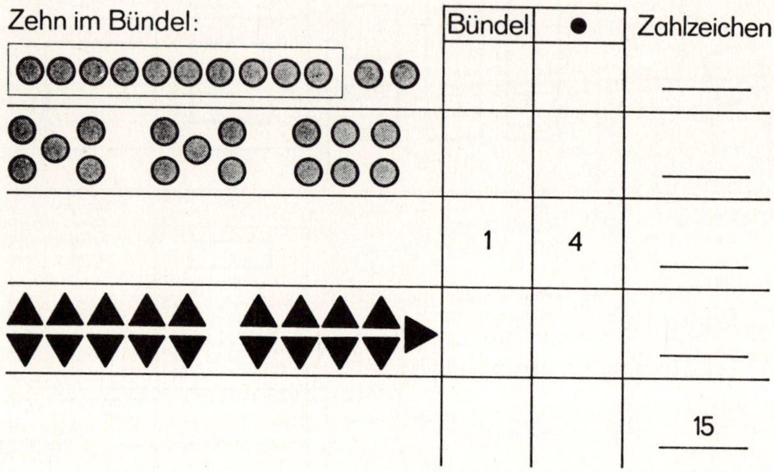

Aufgrund der genannten Aktivitäten sollen die Schüler fähig werden, die dekadische (übliche) Notation der Zahlen 10 bis 19 (später auch andere zweistellige Notationen, wie z.B. 20, 30, 40, usw. und schließlich 53, 72,) usw. zu verstehen.
Selbstverständlich genügt es nicht, die Zahlen von 10 bis 19 nur durch Bündeln und Tauschen zu erarbeiten. Vielmehr müssen auch auf die Zahlaspekte bezogene begriffliche Vorstellungen aufgebaut werden. Dies kann mithilfe von Aktivitäten zum kardinalen, zum algebraischen und zum ordinalen Zahlaspekt geschehen.

Die vorgeschlagene Lehrgangsstruktur läßt sich zusammen-fassend graphisch so darstellen (Doppelschraffur deutet besondere Akzentuierung eines Aspekts an):

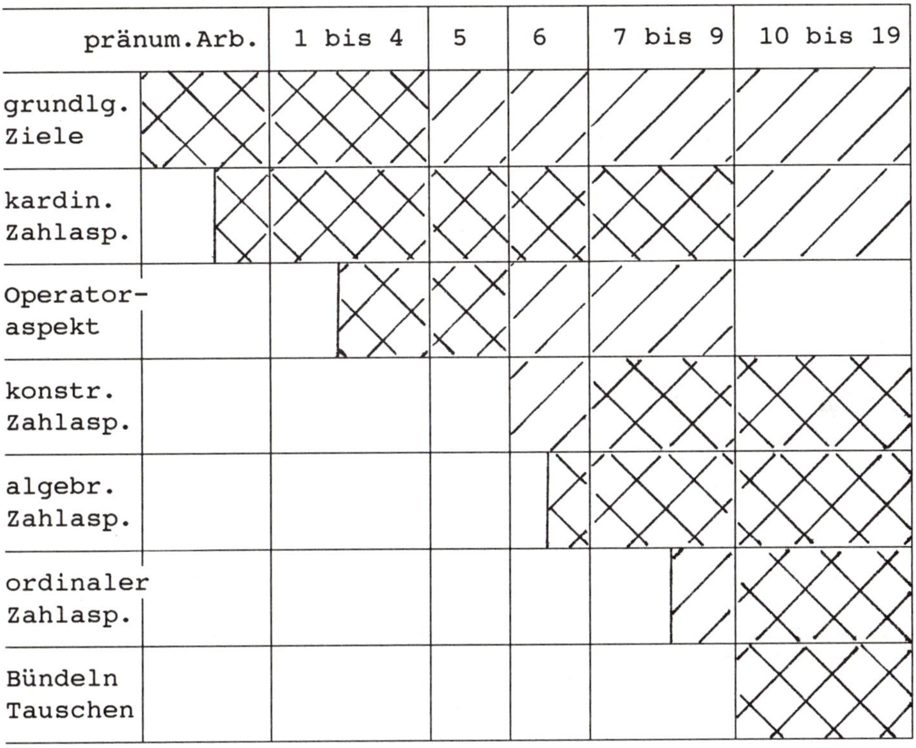

In diesen Lehrgang müssen dann noch rechnerische Ziele und Aktivitäten integriert werden. Sie betreffen das Verständnis der Begriffe Addieren und Subtrahieren und das Erlernen erster Rechensätze zur Addition und Subtraktion im Bereich der Zahlen bis 19. Im allgemeinen wird man den Aufbau der Operationsbegriffe, der sich vor allem auf den kardinalen und den algebraischen Zahlaspekt stützt, nach der Behandlung der Zahlen bis 9 beginnen und nach Behandlung der Zahlen bis 19 fortführen. Erst im Anschluß daran wird man dann den Erwerb von Rechensätzen (Einspluseinssätzen) vorsehen.

Lösungshinweise zu den Aufgaben

7.1

a) Schüler, denen keine Zahlnamen verfügbar sind, können dennoch aufgrund von Erfahrungen zu quantitativen Beobachtungen und Urteilen fähig sein.

b) Umgekehrt bedeutet die Fähigkeit zur Reproduktion der Zählreihe noch nicht, daß der betreffende Schüler ein Verständnis von den Zahlen besitzen müßte, das ihn zu einem beweglichen Umgang mit den Zahlnahmen befähigen würde.

9.1

(1) Kardinaler Zahlaspekt: sieben Kastanien, zwanzig Schüler, drei Autos, vier Klassen, drei Monate.

(2) Operatoraspekt: 2 l Apfelsaft, doppelt so hoch, dreimal so weit weg, 10 cm lang, halb so dick.

(3) Konstruktiver Zahlaspekt: Bahnhofsstraße 3, das dritte Fach von links, als vierter durchs Ziel laufen, 9. Mai, "der erste Buchstabe des Wortes".

9.2

a) Die Zahlaspekte (1) bis (3) betreffen Beziehungen zwischen Zahlen und Wirklichkeit und können daher fundamentale Zahlaspekte genannt werden. Bei den Aspekten (4) und (5) werden Beziehungen zwischen den Zahlen als eigenständige Objekte untersucht; man kann von strukturellen Zahlaspekten sprechen.

b) Die Aussage betrifft die Beziehung zwischen den Zahlen und der Wirklichkeit und damit nur die fundamentalen Zahlaspekte. Unter ihnen bezieht sich nur der Operatoraspekt auf kontinuierliche Quantitäten.

11.1

a) Für (1) und (2) gilt: Fragen oder Befehle sind weder wahr noch falsch.

Für (3) gilt: Es gibt kein Kriterium, nach welchem sich über wahr oder falsch entscheiden ließe.

b) Für beide Sprachgebilde ist grundsätzlich entscheidbar, ob sie wahr oder falsch sind. Daher sind sie im logischen Sinne Aussagen.

11.2

a) Zu P_1: Arten von Früchten im reifen Zustand; wahr für Erdbeere, Himbeere und Kirsche; falsch für Banane, Kiwi und Ananas.

Zu P_2: Menge aller Wörter einer bestimmten Buchseite; wahr z.B. für schön, böse und lustig; falsch z.B.für singen und Haus.

Zu P_3: Natürliche Zahlen kleiner als 20; wahr für 6, 9 und 12; falsch für 4, 5 und 7

Zu P_4: Menge der natürlichen Zahlen kleiner als 20; wahr für 3, 5 und 7; falsch für 12, 17 und 13.

Zu P_5: Menge der natürlichen Zahlen kleiner als 20; wahr für 5, 7 und 8; falsch für 3, 10 und 19.

b) Alle drei erwähnten Aussagen haben mehr als ein Subjekt und sind daher keine Elementaraussagen mehr.

13.1

Zu D_1: x ist Knabe, x hat schon einmal Fußball gespielt, x besitzt ein Rennrad.

Zu D_2: x wohnt in der Bahnhofsstr., x hat blonde Haare, der Vater von x ist bei der Bundesbahn beschäftigt.

Zu D_3: x ist am 29. Februar geboren, x hat fünf Geschwister, die Mutter von x ist Amerikanerin.

13.2

a) Zu M_1: x hat vier Noppen
Zu M_2: x ist rot
Zu M_3: x ist weiß und hat 8 Noppen
Zu M_4: x ist nicht rot
Zu M_5: x hat nicht 6 Noppen
Zu M_6: x hat 2 Noppen oder ist blau

b) M_7 = {g2, g6, g8} M_8 = {w6, r6, g6, b6}
M_9 = {w2, w4, w6, w8, w10, r8, g8}
M_{10} = {g2, g6, g8, b4, b6, b10}
M_{11} = {r10} M_{12} = {}
M_{13} = {w2,w4,w6,w8,r2,r4,r6,r8,g2,g6,g8,b4,b6}

15.1

Als Nachbereich eignet sich die Menge aller Längenangaben mit ganzzahliger Maßzahl zwischen 90 cm und 120 cm. In der Tabelle wird jedem Schüler seine Körpergröße zugeordnet.

15.2

a) "Das Wort x hat y Buchstaben"

b) Matrix:

E \ D	20	21	22	23	24	25	26	27	28	29	30
gerade Zahl	x		x		x		x		x		x
ungerade Zahl		x		x		x		x		x	

Pfeildiagramm:

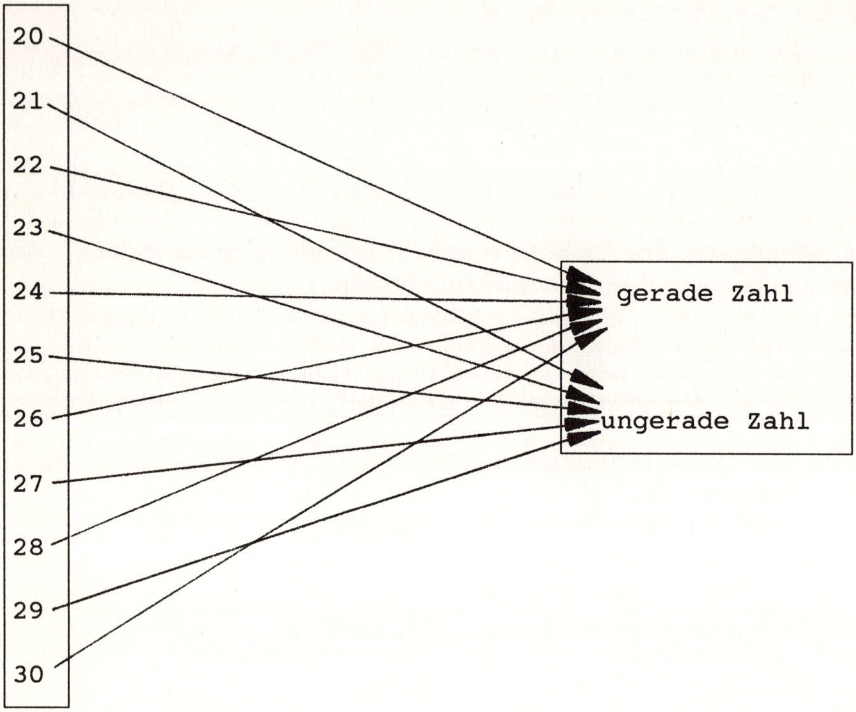

17.1

a) $y < x$

b) $y \leq 4 - x$

c) $y \geq x^2$

d) $y \leq x^2$ und $x \leq 1,5$

18.1

a) Einer Menge von 18 Personen wird in einem Raum jeweils einer von 24 Sitzplätzen zugeordnet.
Im Bundesland wird nach der Aussageform "x hat die Hauptstadt y" aus der Menge der deutschen Städte genau ein Element zugeordnet.
$R = \{(x, y) \in \mathbf{N} \times \mathbf{N} : y = x + 2\}$
b) Von den Elementen des Vorbereichs geht jeweils höchstens ein Pfeil aus und jedes Element des Nachbereichs wird von höchstens einem Pfeil getroffen.

19.1

a)

Farbenstäbe:

Länge der Stäbe	1 cm	2 cm	3 cm	...	10 cm
Farbe der Stäbe	weiß	rot	hellgrün	...	orange

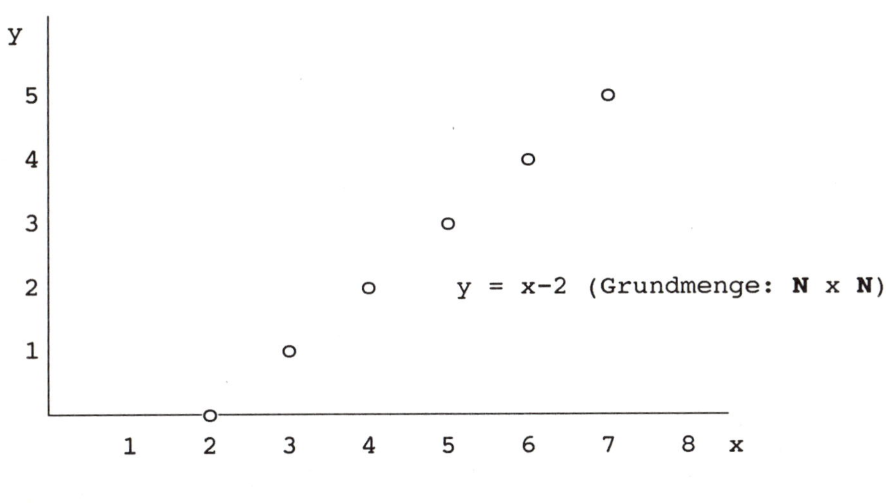

b) (1) injektiv (3) weder injektiv noch surjektiv
(2) injektiv (4) injektiv und surjektiv

c) (1) injektiv und surjektiv (3) surjektiv
(2) injektiv (4) injektiv und surjektiv

21.1

a)

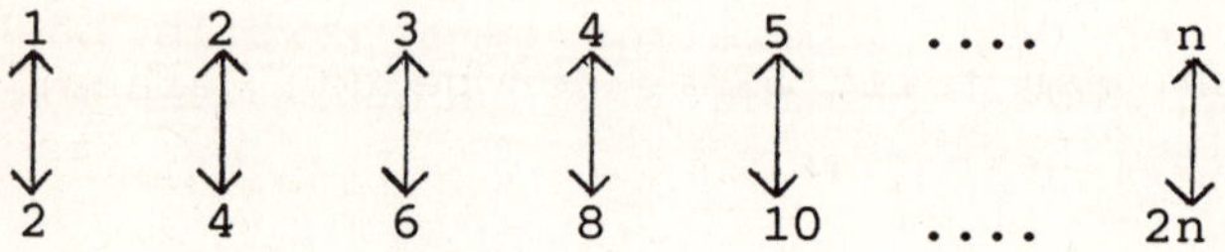

b)

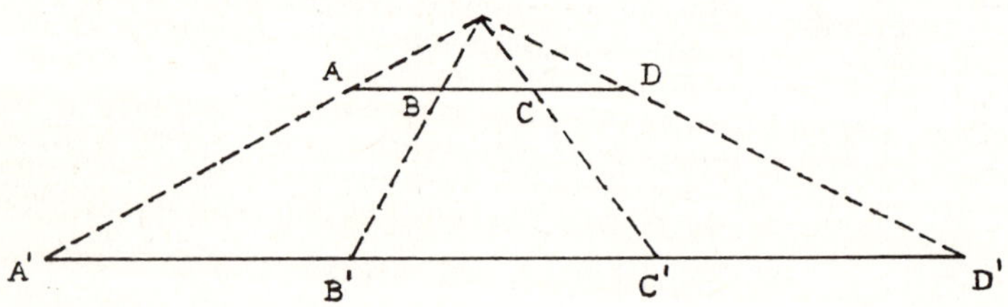

22.1

a) Die zweite Formulierung, weil es nicht nur <u>eine</u> Menge mit der Zahleigenschaft 3 gibt.

b) Die erste Formulierung, weil die einzelne Menge ein Vertreter (Repräsentant) der Anzahl 5 ist.

c) Die zweite Formulierung; die erste ist falsch.

26.1

a) Man kann die beiden Strecken mit den Längen a und b auf einer Halbgeraden vom Anfangspunkt aus abtragen und es muß einer der folgenden drei Fälle eintreten: $a < b$ oder $b < a$ oder $a = b$. Zum anderen kann man die Strecken auf einer Halbgeraden nacheinander abtragen und erhält als Gesamtlänge die Summe $a + b$. Dabei spielt für die Gesamtlänge die Reihenfolge, in welcher die Abtragung erfolgt, keine Rolle: $a + b = b + a$. Und nur wenn a kleiner als b ist, wird es eine dritte Strecke mit der Länge x geben, so daß $a + x = b$ gilt.

b) Man stelle sich zwei Kardinalzahlen durch Mengen repräsentiert vor und prüfe die Ordnungseigenschaften durch umkehrbar eindeutiges Zuordnen und die Operationseigenschaften durch Vereinigung elementefremder Mengen. Die Prüfung ergibt, daß die Anzahlen ebenfalls einen Größenbereich bilden.

27.1

a) Erstes Verfahren: Man füllt eines der beiden Gefäße, deren Hohlmaße miteinander verglichen werden sollen, mit Sand oder Wasser und schüttet den Inhalt in das andere Gefäß um. Entweder bleibt dann Raum frei oder das zweite Gefäß wird ebenfalls genau gefüllt oder der Raum in ihm reicht nicht für das gesamte Quantum an Sand bzw. Wasser aus.
Zweites Verfahren: Beide zu vergleichenden Gefäße werden mit Sand oder Wasser gefüllt. Sand und Wasser werden dann nacheinander in ein drittes Gefäß (Meßgefäß) zum Zweck des Vergleichs umgefüllt.
b) Gewichtsgrößen lassen sich durch Festkörper, feinkörnige Stoffe oder Flüssigkeiten repräsentieren. Der Größenvergleich ist am anschaulichsten mit Hilfe einer Balkenwaage möglich.

37.1

a) Kongruenz und Ähnlichkeit lassen sich mit folgender Zuordnung zeigen: Januar - 1, Februar - 2, März - 3, ... November - 11, Dezember - 12.
b) Menge von 12 Bleistiften, die sich der Länge nach ordnen lassen; Menge von 12 Häusern mit den Hausnummern 1 bis 12, usw.
c) Es ist möglich, jeder Zahl aus **N** jeweils die gleiche Zahl aus $\mathbf{N}_1$ zuzuordnen und damit die Kongruenz zu zeigen. Eine Zuordnung, bei der die Ordnungen in beiden Mengen einander entsprechen würden, ist indes nicht möglich, weil die Menge $\mathbf{N}_1$ so geordnet ist, daß die geraden Zahlen erst auf die nichtendliche Menge der ungeraden Zahlen folgt.
d) {1, 4, 7, 10, ...2, 5, 8, 11, ...3, 6, 9, 12,...}
{1, 4, 9, 16, 25, 36, ... 2, 3, 5, 6, 7, 8, 10, 11, ... }
e) Wenn endliche Mengen ähnlich sind, dann gibt es zwischen ihnen auch eine umkehrbar eindeutige Zuordnung der Elemente und damit sind sie auch kongruent. Sind umgekehrt endliche Mengen kongruent und in sich geordnet, so läßt sich das erste Elemente der einen dem ersten Element der anderen Menge, das zweite Element der einen dem zweiten Element der anderen Menge, usw. zuordnen. Die Multiplikation $\phi 3$ (allgemein ϕ n)

läßt sich als Vorschrift auffassen, die jeder natürlichen Zahl a eindeutig eine natürliche Zahl b (= 3 Ø a bzw. n Ø a) zuordnet. Die Zuordnung ist umkehrbar: Ist nämlich b das Dreifache bzw. das n-fache einer Zahl a, so ordnet die Vorschrift : 3 bzw. : n der Zahl b die Zahl a zu.

40.1

a) Die Vorschrift $\cdot 5$ ($\cdot n$) ordnet jeder natürlichen Zahl a eindeutig eine Zahl b zu:

$a \xrightarrow{\cdot 5} b$ bzw $a \xrightarrow{\cdot n} b$.

Die zugehörige Umkehrung ist $b \xrightarrow{:5} a$ bzw. $b \xrightarrow{:n} a$.

b) Sollte : 3 bzw. : n als eigenständige Zuordnung aufgefaßt werden, so müßte es zu jeder natürlichen Zahl, auf die man die Vorschrift anwendet, eine andere natürliche Zahl als Wert geben. Dies trifft nicht zu (z. B. hat : 3 angewendet auf 5 keinen Wert in **N**.). Die Schwierigkeit läßt sich beheben, wenn man die Division als Zuordnung in der Menge der Bruchzahlen definiert.

41.1

a) Hier wird nicht einem Paar, sondern einem Tripel von Maßzahlen eine (vierte) Maßzahl zugeordnet, z.B.

$(4\ \text{cm};\ 5\ \text{cm};\ 7\ \text{cm}) \xrightarrow{\cdot} 140\ \text{cm}^3$

b) Die Vervielfachung von Längen oder Gewichten, z.B.:

$3 \cdot 7\ \text{m} = 21\ \text{m}$ bzw. $(3;\ 7\text{m}) \xrightarrow{\cdot} 21\ \text{m}$

$9 \cdot 6\ \text{kg} = 54\ \text{kg}$ bzw. $(9;\ 6\ \text{kg}) \xrightarrow{\cdot} 54\ \text{kg}$

41.2

a) $(5;\ 3) \xrightarrow{\cdot} 15$

b) Umkehrung ist das multiplikative Zerlegen der Zahl 15; dieses ist im allgemeinen nicht eindeutig, z.B. 30 = 2   15 = $3 \cdot 10 = 6 \cdot 5$

42.1

a) Für je drei Zahlen a, b, c gilt:

$(a + b) - c = a + (b - c)$

$(a \cdot b) : c = a \cdot (b : c)$

b) und c) Das Beispiel a = 12, b = 6 und c = 2 zeigt, daß keiner der Ausdrücke assoziativ ist.

42.2

a) $a \cdot b = (a \cdot x) \cdot (b : x) = (a : x) \cdot (b \cdot x)$

b) $a : b = (a \cdot x) : (b \cdot x) = (a : x) : (b : x)$

45.1

a)

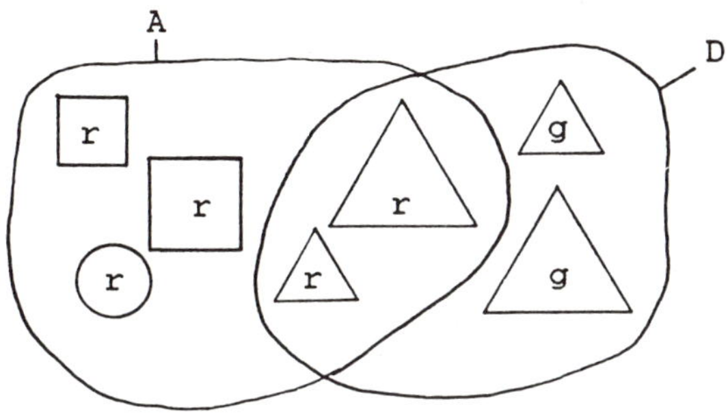

$|A| = 5; \ |B| = 4$

$|A \cup B| = 7$

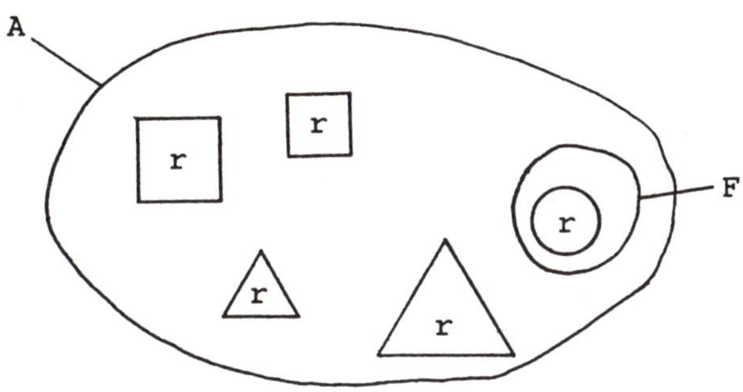

$|A| = 5; \ |F| = 1$

$|A \cup F| = 5$

b) Die Anzahl der Vereinigungsmenge entspricht nicht der Summe der Anzahlen der vereinigten Mengen.

45.2

a) Gegeben seien elementefremde Mengen A und B mit $|A| = a$ und $|B| = b$. Dann gilt $|A \cup B| = |A| + |B| = a + b = c$

b) Gegeben seien Mengen C und D mit $|C| = a$ und $|D| = b$, wobei D (echte) Teilmenge von C ist. Dann gilt:
$|C \setminus D| = |C| - |D| = a - b = c$.

46.1

a) Streifen: Einheit 

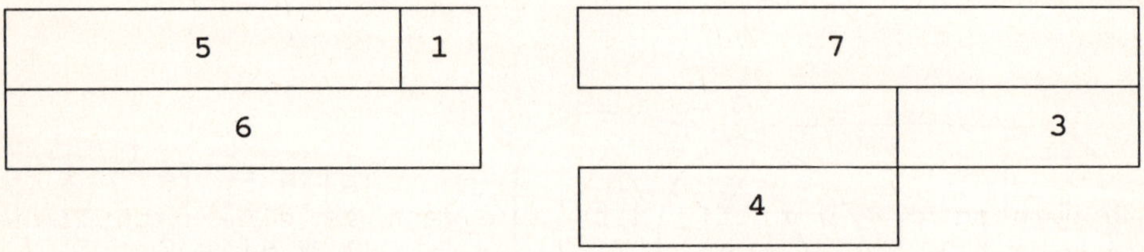

b) Rechteckflächen: Einheit 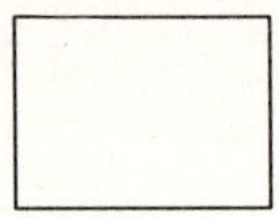

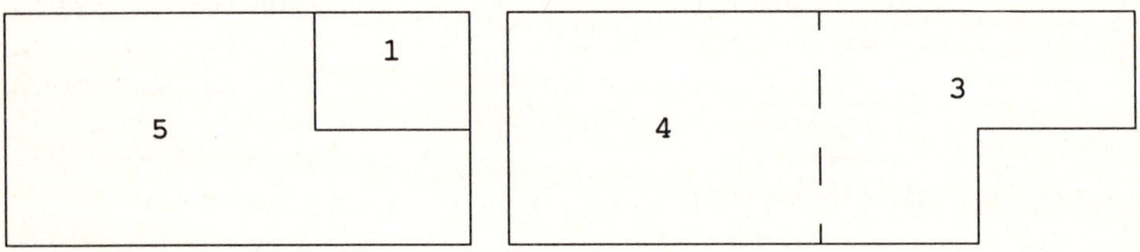

c) Mengen:

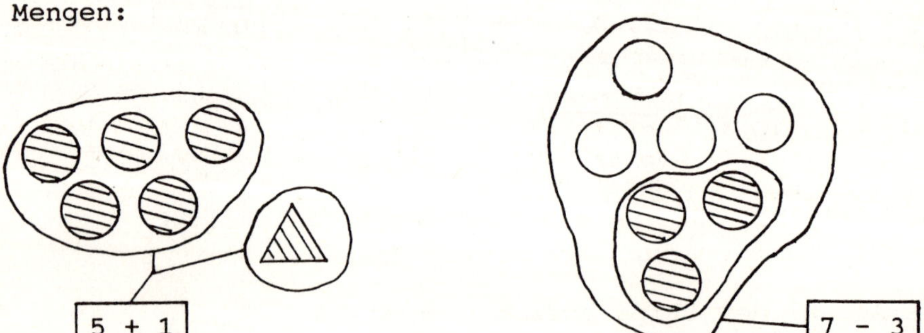

47.1

Wenn man die Größen in ihre Einheiten zerlegt, und diese als Elemente einer Menge auffaßt, ergibt sich eine volle Entsprechung.

48.1
a) Sie ist linear und transitiv.
b) Es ist eine Wohlordnungsrelation, weil bezüglich dieser Relation jede Teilmenge von **N** ein erstes Element besitzt. Sie ist aber nicht-streng, weil sie nicht asymmetrisch ist.
c) Es bedeutet, daß c nicht kleiner als d ist.

50.1
Die Beziehung $a < b$ trifft dann zu, wenn es eine natürliche Zahl x gibt, so daß $a + x = b$ bzw. $a - b = x$ gilt.

51.1
Die Graphik will auf eine Analogie verweisen. So wie sich Kardinalzahlen einschließlich ihrer Ordnung und ihrer Addition durch endliche Mengen bzw. durch Vergleich mittels Zuordnung und Vereinigung zweier Mengen repräsentieren lassen, so lassen sich Längen einschließlich ihrer Ordnung und ihrer Addition durch Farbenstäbe bzw. das Vergleichen und Zusammenfügen von Farbenstäben repräsentieren. Die gleiche Analogie gilt für die Abstraktion von der Ebene der Mengen bzw. Farbenstäbe auf die Ebene der Kardinalzahlen bzw. Längen.

57.1
Es fällt auf, daß allen referierten Untersuchungen als einziger fundamentaler Zahlaspekt der kardinale zugrundegelegt ist. Soweit darüber hinaus die Ordnung der Zahlen (der ordinale Zahlaspekt) angesprochen wird, greift die Untersuchungssituation wiederum auf die Darstellung von Zahlen in Mengen konkreter Dinge zurück.

59.1
a) Die Anzahl der Chips ändert sich nicht,
- wenn man die räumliche Anordnung verändert (Haufen oder Reihe, weit auseinanderliegend oder eng zusammengeschoben, usw.),
- wenn man sie in zwei oder drei Mengen aufteilt oder
- Stück für Stück durch Objekte anderer Form bzw. Farbe ersetzt.

b) Die Länge des Drahtstücks bleibt unverändert, wenn man es an eine andere Stelle legt bzw. verschiebt, verbiegt oder in Stücke zerschneidet.

c) Der Flächeninhalt verändert sich nicht, wenn man die Rechteckfläche in Teile zerschneidet, und auch nicht, wenn man einzelne oder alle diese Teile zu einer neuen Fläche zusammensetzt.

d) Das Quantum des Apfelsafts ändert sich nicht, wenn man den Saft auf mehrere Gefäße verteilt oder ihn in ein Gefäß anderer Form umgießt.

67.1
Alle Protokolle zeigen, daß das Kind in seinem Urteil unsicher und schwankend geworden ist. Bei DU, GIN und NIC zeigt sich zusehends, daß invariante Urteile dann verlassen werden, wenn sie durch den Wahrnehmungseindruck zu eklatant gestört werden. MAW führt selbst die Umkehrhandlung aus, um zum invarianten Urteil zurückkehren zu können.

68.1
PEL stützt sich auf das Identitätsargument, BET auf das Reversibilitätsargument; SUM und DUR ziehen Kompensationsargumente bei.

73.1
1. Stadium: HOC und GIN;
2. Stadium: BON;
3. Stadium: TEL

80.1
Um Zahlbegriffe aufbauen zu können, müssen die Schüler nach Piaget Handlungen zu Operationen verinnerlichen und gruppieren. Dies dürfte ihnen wesentlich leichter auf der Grundlage von Erfahrungen mit eigenen Handlungen als mit der Wahrnehmung fremder Handlungen gelingen.

83.1
a) Bei Laux stellt der Versuchsleiter dem Kind Aufgaben und interessiert sich lediglich dafür, ob sie gelöst werden oder nicht. Die Untersuchung ist also nicht interaktiv wie bei Piaget. Zum zweiten, damit zusammenhängend, geht es bei Laux um eine statistische Erfassung der Untersuchungsergebnisse.

Zum dritten sind bei ihm die Aufgaben komplexer gestaltet, so daß sie sich auch für die Untersuchung älterer Kinder eignen.
b) Bei allen vier Aufgaben könnte das Kind Unsicherheit in seinem Quantitätsurteil zeigen. Bei Aufgabe (4) könnte zugleich das variante Urteil nur dann auftreten, wenn sich die Perlen in ihrer Größe sehr stark voneinander unterscheiden und so die Wahrnehmungsstörung zu gravierend wird. Bei dieser und der Aufgabe (7) könnte das Kind auch durch das Rückgängigmachen von Handlungen sein invariantes Urteil zu bestätigen versuchen. Und bei Aufgabe (11) würde vielleicht eine Versuchsperson des Übergangsstadiums die Aufgabe erst nach längerem Experimentieren korrekt lösen.

85.1
Die Strukturhöhe der Operation ist bei (8) durch die Notwendigkeit bestimmt, Schlüsse auf der Grundlage der Transitivität der Gleichheits- und "kleiner"-Beziehung zu fällen. Bei Aufgabe (9) kann die Ordnung auch auf experimentellem Wege, durch unmittelbare Wahrnehmungskontrolle hergestellt werden.
Die Anzahl der am Experiment beteiligten Elemente ist bei (8) bestimmt durch die große Anzahl an Gefäßen und auch durch die Anzahl der Perlen in den Gefäßen; bei(9) kann sie je nach Anzahl der Holzstäbe variiert werden.
Die Gestalt des Gegenstandes ist sicherlich bei den Holzstäben weniger komplex und deutlich transparenter als beim Experiment (8).
Auch die Anschaulichkeit des Gegenstandes ist bei (9) größer als bei (8), wo die Vergleiche weitgehend vorstellungsmäßig bzw. aufgrund von schlußfolgerndem Denken zu vollziehen sind.
Lernprozesse können sich bei beiden Aufgaben vollziehen und sie werden umso größer sein, je mehr Aufgaben gleicher oder ähnlicher Art der Versuchsperson gestellt werden.
Wie weit der Unterschied der beiden Aufgabenstellungen auch die Motivation des Kindes Einfluß nimmt, läßt sich schwer generell sagen. Dies hängt wohl von der einzelnen Versuchsperson ab.

86.1
Mögliche Schlußfolgerungen (in Stichworten):
Ausnutzen der Möglichkeit, Aufgabensituationen durch Variation der o.g. Faktoren an das individuelle Leistungsvermögen der Schüler anpassen; auf den entwicklungsfördernden Effekt

von Übung vertrauen; an der Motivation der Schüler arbeiten; individualisierende Unterrichtsgestaltung.

96.1
a) Die unterschiedlichen Milieus, aus denen die Schüler einer 1. Jahrgangsstufe kommen, können für ihr Verständnis der Invarianz ähnliche Wirkung haben wie die von Greenfield gefundenen Kulturunterschiede. Der Lehrer muß das quantitative Denken seiner Schüler möglichst genau kennenzulernen versuchen, um die bestehenden Eigenarten und Unterschiede herauszufinden und ihnen Rechnung zu tragen.
b) Zeigen sich milieubedingte Unterschiede im Zahldenken der Schüler, so muß eine differenzierende Unterrichtsgestaltung der Individualität des einzelnen Schülers Rechnung zu tragen versuchen: Einzelarbeit, Gruppenarbeit, Möglichkeit individueller Leistung durch unterschiedliche Bearbeitungswege von Aufgaben, offene Aufgaben, unterschiedliche Aufgaben für verschiedene Schüler, unterschiedliche Aufgabendarbietung für verschiedene Schüler, unterschiedliches Niveau und unterschiedlicher zeitlicher Rhythmus in der Zielsetzung für verschiedene Schüler der Klasse.

105.1
Zählen zum Zweck des Abzählens von Gegenstandsmengen (Bestimmen von Anzahlen) und des Festlegens von Rangplätzen von Elementen in geordneten Gegenstandsmengen verwenden; beim Abzählen auf die Notwendigkeit der 1:1-Zuordnung und der Lückenlosigkeit der Zählreihe hinweisen (Demonstration unterschiedlicher Zählergebnisse bei fehlerhaftem Vorgehen); Bilden von Zahlfolgen mit Lücken (Zählen in Sprüngen), Bilden aufsteigender und absteigender Zahlenfolgen von verschiedenen Anfangszahlen aus, rhytmisches Zählen, usw.

113.1
a) Hentschel:

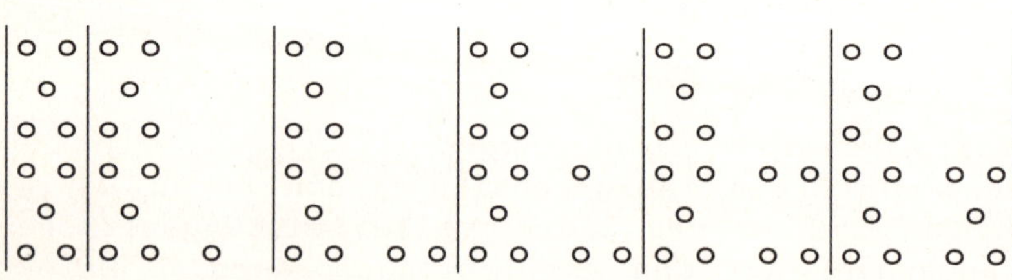

Beetz:

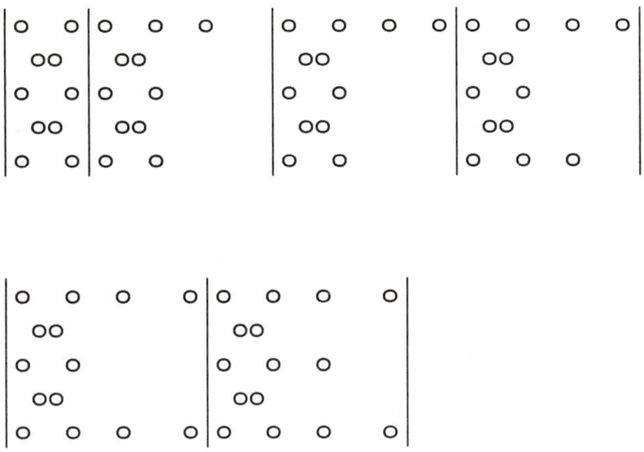

Born

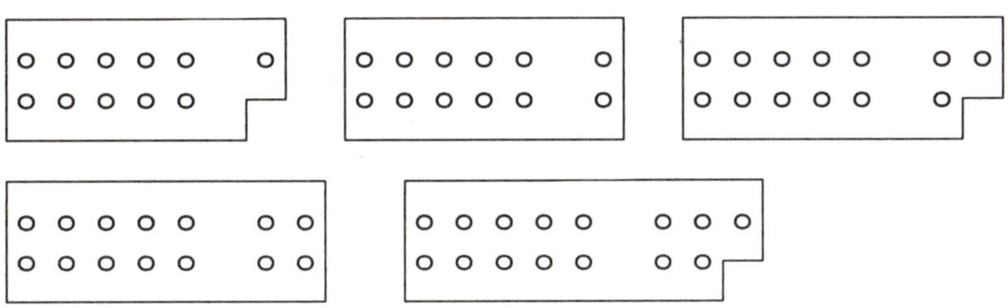

116.1
Die Schüler benennen die Anzahl von Mengen, die jeweils aus sechs realen Objekten gebildet sind, und sie bilden selbst solche Mengen. Dasselbe geschieht anschließend mit sogenannten Symboldingen (z.B. Holzkugeln) und mit runden Rechenplättchen (Chips). Diese Chips werden geordnet, und zwar vor allem nach dem Muster des Bornschen Zahlbildes. Dem Zahlbild wird dann neben dem Zahlnamen auch die Ziffer 6 zugeordnet, welche die Schüler zu schreiben und zu lesen lernen. Zuletzt werden auch die vorausgehend behandelten Zahlen von 1 bis 5 einbezogen. Den Schülern werden die Zahlbilder gezeigt, und sie nennen den Zahlnamen oder schreiben die zugehörigen Ziffern. Umgekehrt suchen sie zu Zahlnamen bzw. Ziffern die richtigen Zahlbilder.

120.1
Der Lehrgang von Kühnel geht von einzelnen Mengenelementen bzw. von der Zahl 1 aus und baut von hier aus Mengen mit zwei, drei, vier usw. Elementen auf, um die Zahlen in ihrer natürlichen Abfolge zu behandeln. Wittmanns Lehrgang geht von Mengen mit vielen Elementen (als Ganzheiten) aus, und die Schüler sollen auf dem Wege ihrer Analyse bestimmte Anzahlen mit weniger Elementen entdecken (in "Male" einteilen) und so schließlich zur Entdeckung zur Einheit gelangen. Weitere Zahlen können dann aus Einheiten aufgebaut bzw. durch Hinzufügen von Einheiten zu bekannten Zahlen erzeugt werden.

122.1
Bei einem solchen Unterrichtsthema befindet man sich bereits in der Phase der Arbeit mit Zahlen bis 10. Die Schüler werden vielleicht damit beginnen, eine Menge von sehr vielen Elementen in "Male" zu je 6 einzuteilen. Sie würden dann sechselementige Mengen in verschiedener Weise räumlich anordnen (in einer Reihe, in einer Schlangenlinie, in einem Kreis, in einer Doppelreihe). Sie werden solche Mengen nach Bilden einer Doppelreihe "halbieren", in "Zweiermale" und "Dreiermale" einteilen und damit multiplikative Zerlegungen von 6 kennenlernen. Außerdem werden sie 6 additiv zerlegen in 5 + 1, 4 + 2, 3 + 3, 2 + 4, 1 + 5. Sie werden Mengen mit weniger als 6 Elementen zu 6 ergänzen und schließlich vielleicht 6 Elemente auf zwei oder drei Mengen verteilen. Selbstverständlich notieren sie in Verbindung mit diesen Tätigkeiten auch Ergebnisse von Einteilungen, Verteilungen und Zerlegungen mit Ziffernsymbolen.

124.1
a) Anzahlen sind Eigenschaften von Mengen unterscheidbarer Einzelobjekte. Die Stäbe können nicht als solche aufgefaßt werden.
b) Nur der Operatoraspekt bezieht sich auf kontinuierliche Quantitäten und die Stäbe sind Repräsentanten für kontinuierliche Quantitäten, nämlich für Längen.

127.1
a) Der Mengenbegriff wird, dabei der mathematischen Auffassung folgend, zuerst als eigenständiges Thema behandelt, ehe

der Übergang zu den Zahlen erfolgt. Ähnliches ist für den Begriff Vereinigungsmenge vor dem Übergang zur Addition mittels des Spezialfalls der Vereinigung elementefremder Mengen vorgesehen. Das zwingt auch zur Einführung des Begriffs Schnittmenge. Schließlich wird auch die Differenzmenge als allgemeiner mathematischer Begriff behandelt, ehe über den Spezialfall der Restmengenbildung die Subtraktion behandelt wird.
b) Zum Zweck einer sachgerechten Beurteilung kann man sich Fragen folgender Art stellen: Werden Schulanfänger mit dem Versuch einer fachlichen Präzisierung und Verwendung von Mengenbegriffen und aussagelogischen Verknüpfungen nicht überfordert? Ist die Behandlung solcher Konzepte als Voraussetzung für den Aufbau von Zahlbegriffen wirklich nötig oder könnte sie nicht auch, oder sogar besser, anschließend erfolgen? Ist ein längerer Aufschub der Einführung in die Zahlen im Kontext der durch Tradition geprägten Einstellung von Eltern und Schülern zur Aufgabenstellung des mathematischen Erstunterrichts vertretbar und durchsetzbar?

129.1

- Zählmethode: konstruktiver Zahlaspekt
- Zahlbildmethoden: kardinaler Zahlaspekt
- Methode Kühnel: kardinaler und konstruktiver Zahlaspekt
- Rechnen nach Resag/Bärmann: kardinaler und algebraischer Zahlaspekt
- Rechnen nach Fricke/Besuden: Algebraischer Zahlaspekt
- "Neue Mathematik": kardinaler und ordinaler Zahlaspekt

131.1

a) Die Lehrgänge von Resag/Bärmann und Fricke/Besuden versuchen, den Zahlbegriff auf Handlungserfahrungen in konkreten Situationen zu gründen. Die Handlungen des Ordnens, Zuordnens, Einteilens, Verteilens, Zerlegens, Ergänzens, usw. sollen sich zu Operationen gruppieren und verinnerlichen. Bei Resag/Bärmann werden in Gestalt des Umordnens von Mengen darüber hinaus den Schülern Anregungen zur Entwicklung der Invarianz der Anzahl und der Ordnung gegeben. Bei Fricke/Besuden sollen die Schüler vor allem die strukturellen Merkmale der Zahloperationen (Kommutativität, Assoziativität, usw.) entdecken und so gezielte Anstöße zur Gruppierung der Handlungen erhalten.
b) Abgesehen von dem Versuch, den kardinalen mit dem ordinalen Zahlaspekt zu verbinden, finden sich wenig Anhalts-

punkte für eine lernpsychologische Umsetzung der Piagetschen Psychologie.

132.1

a) Besonders stark an materialen Zielen sind sicherlich die Zähl- und Zahlbildmethode orientiert. Besonders intensiv auf formale Ziele scheint das ganzheitliche Rechnen von Wittmann abzuheben.
b) Für den engsten Zielrahmen könnte man die Zählmethodik benennen, für den weitesten den Lehrgang "alef".
c) Der Lehrgang "alef".

135.1

Mit Sicherheit muß die Einführung in das Addieren und Subtrahieren als Rechenoperationen einschließlich der damit verbundenen Zahlgleichungen bzw. Rechensätze noch in den Lehrgang integriert werden. Je nach Lehrplan können darüber hinaus noch geometrische Themen anstehen.

142.1

Möglichkeiten: Die Plättchen werden an zwei Schüler verteilt, die sich so gegenübersitzen, daß sie gegenseitig ihren Plättchenvorrat nicht einsehen können. Abwechselnd dürfen die Partner voneinander ein Plättchen fordern, indem sie dieses genau beschreiben. Wer ein Plättchen beschreibt, das der Spielpartner nicht besitzt oder eine zu ungenaue (unvollständige) Bschreibung liefert, muß ein Plättchen abgeben; genau beschriebene und beim Spielpartner vorhandene Plättchen muß dieser abliefern. Spielziel ist das "Leerkaufen" des anderen Spielers.
Die Lehrerin hält ein Plättchen vor der Klasse verborgen. Die Schüler müssen mittels Entscheidungsfragen, die sich mit ja oder nein beantworten lassen, das Aussehen des Plättchens erraten.
Die Plättchen sind unter einer Decke verborgen. Ein Schüler ergreift ein Plättchen und muß durch Abtasten herausfinden, um welches es sich handelt, und dieses genau beschreiben.

142.2

Möglichkeit: Die Lehrerin zeigt einen aus drei Stäben zusammengesetzten Zug, und die Schüler müssen jenen Stab finden, der die gleiche Länge hat wie der Zug.

Die Schüler müssen zu einem vorgegebenen Stab einen doppelt so langen (halb so langen) finden.

156.1
Entscheidungsbaum:
Plättchen sollen den Entscheidungsbaum "durchfahren". Man kann sie vor dem Durchfahren des Baums mit einem bestimmten Plättchen raten lassen, bei welchem Ziel dieses ankommen wird.
Am Ziel eines nicht beschrifteten Entscheidungsbaums liegen jeweils einige Plättchen. Die Schüler müssen auf der Grundlage dieses Ergebnisses den Baum beschriften und dann evtl. bei den Zielen weitere Plättchen ablegen.
Matrix:
Die Schüler belegen die Felder einer Matrix, bei der die Eingänge voll beschriftet sind.
In eine nicht beschriftete Matrix sind einige Plättchen eingelegt und die Schüler finden eine geeignete Beschriftung und legen weitere Plättchen ein.
Die Schüler finden selbst zu einer vorgegebenen Plättchenmenge eine geeignete Matrix, in die alle Plättchen eingelegt werden können. (Entsprechende Aufgaben sind auch für das Karnaugh-Diagramm geeignet.)
Venn-Diagramm:
Belegtes Diagramm beschriften, beschriftetes Diagramm belegen, fehlerhafte Belegungen in einem beschrifteten Diagramm korrigieren, zur vorgegebener Plättchenmenge geeignete Diagramme entwickeln und belegen.

160.1

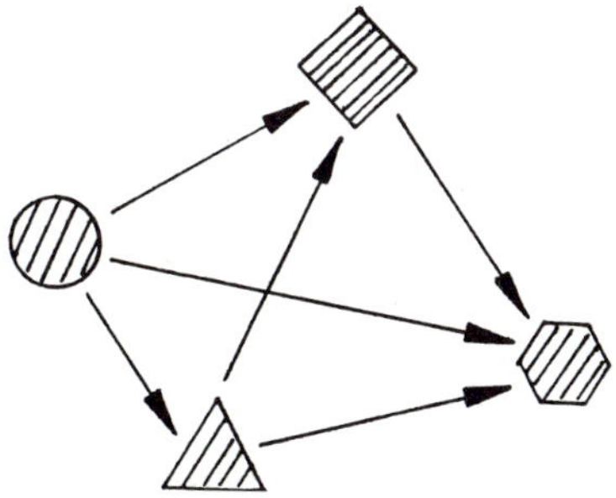

liegt rechts von
——————————>

Lege die Plättchen so in eine Reihe, wie es die Pfeile angeben.

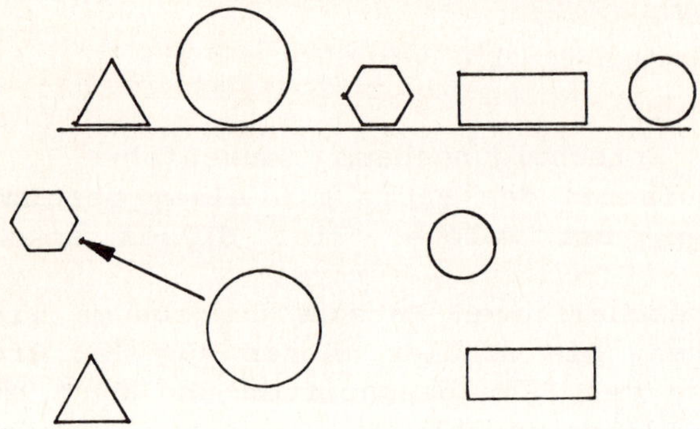

Zeichne weitere Pfeile der Bedeutung "liegt links von" ein.

164.1
Durch die räumlich sichtbare Zuordnung, der Mengenelemente können sich die Schüler wahrnehmungsgestützt von der Anzahlgleichheit überzeugen. Wenn dann durch Umordnung einer oder beider Mengen der Wahrnehmungseindruck täuscht, so können sie immer wieder zur direkten Zuordnung zurückkehren. Bei zeichnerisch vorgegebenen Situationen können nach der Umordnung vielleicht Verbindungsstriche zwischen den einander zugeordneten Elementen vom Weiterbestehen der Anzahlgleichheit überzeugen.

167.1
Den Schülern im Unterricht verfügbare Objekte sind vor allem Farb- bzw. Filzstifte, Buchstabenkärtchen des Setzkastens, Blätter einer Arbeitsmappe oder eines Hefts, für den Sachunterricht oder speziell die Mathematikstunde mitgebrachte Dinge wie Kastanien, Baumblätter, Legobausteine, usw. Als abgegrenzte Gebiete für die Mengenbildung mit solchen Objekten eignen sich kleine Schachteln, Pappkartons, Hefte, auf Papier aufgezeichnete Felder bzw. Venndiagramme, für kleinere Objekte auch Weckgummiringe.

169.1
a) Vergleichen läßt sich die Länge von Bleistiften und Farbstiften, von Strohhalmen, Schnüren, Armen, Fingern, usw.

Zusammensetzen und zerlegen lassen sich Längen bei Klebestreifen, Bändern, Schnüren, usw.
b) Aus Steckwürfeln können Schlangen verschiedener Länge gebildet und miteinander verglichen werden. Zusammensetzungen und Zerlegungen lassen sich vor allem mit Hilfe verschiedener Farben der mit Steckwürfeln gebildeten Stangen sichtbar machen.

171.1
Mit Formenplättchen aufgelegte Flächen lassen sich im Inhalt verdoppeln, wenn man für jedes Plättchen ein weiteres kongruentes hinzufügt. Die neue Fläche kann als zweite Symmetriehälfte zur ersten ausgelegt oder völlig neu gestaltet werden. Eine andere Möglichkeit ist das Ausschneiden von Figuren aus gefaltetem Papier, so daß sich nach dem Auseinanderfalten eine symmetrische Ergänzung und damit eine Verdoppelung des Flächeninhalts ergibt. Vervierfachungen sind mit beiden Techniken darstellbar, Verdreifachungen und Verfünffachungen nur mit Hilfe von Formenplättchen.
Zum Vervielfachen von Gewichten benötigt man mehrere Gegenstände, welche die gleiche Gewichtseinheit repräsentieren (z.B. gewichtsgleiche Warenpäckchen). Die Vervielfachung kann dann an einer Balkenwaage durchgeführt werden, indem man ein Quantum gegen zwei, drei, vier, usw. Gewichtseinheiten aufwiegt. Bequemer ist die Vervielfachung bei Hohlmaßen, wo man mit Flüssigkeiten oder feinkörnigem Material (z.B. Sand) arbeitet. Um z.B. ein Flüssigkeitsquantum, das ein Gefäß A füllt zu verfünffachen, füllt man das Gefäß A fünfmal auf und schüttet den Inhalt in einem Gefäß B zusammen. Dann füllt man A zum sechstenmal und kann nun sagen, das Flüssigkeitsquantum in B sei fünfmal so groß wie das in A.

172.1
Am leichtesten ist das Messen bei Quanten von Flüssigkeit und feinkörnigem Material. Beispiel: Wieviel Gläser Saft sind in einem Krug? Entweder man hat mehrere Gläser, in welche die Flüssigkeit aus dem Krug umgefüllt wird, oder man hat ein Glas und prüft nach, wie oft man dieses mit dem Inhalt des Krugs füllen kann.
Der Inhalt von Flächen wird ausgemessen, indem man diese mit kongruenten Einheitsflächen vollständig auslegt (parkettiert).

Zeitspannen lassen sich z.B. mit Hilfe einer Sanduhr messen, deren Durchlaufzeit als Einheit gewählt wird, oder mit Hilfe eines Geräts, das in konstantem Rhythmus akkustische oder optische Signale abgibt (z.B. Metronom). Eine näherungsweise Messung ist auch mittels gleichmäßigen Zählens oder rhythmischen Klatschens möglich.

174.1
Einzelne Objekte können als Mengen der Anzahl 1 aufgefaßt werden. Anzahlen sind Größen, die sich verdoppeln, verdreifachen, vervierfachen, usw. lassen. In der konkreten Repräsentation wird verfünffacht, indem man den Gegenstand einer Menge fünfmal auslegt. Die entstehende Menge hat die Anzahl 5. Allgemein läßt sich jede Anzahl n als n-faches der Anzahl 1 auffassen, die beim kardinalen Aspekt stets als Einheit gewählt wird.

175.1
Beispiele: Knöpfe an Mänteln, Löffel (Gabeln, Messer) in Mutters Besteckkasten, Treppen vom Flur zum Keller, Türen (Fenster) im Wohnhaus, Blumenstöcke im Wohnzimmer.

178.1
Fenster im Klassenzimmer, Bänke im Klassenzimmer, Sitzplätze an einzelnen Tischen, Blumenstöcke im Klassenzimmer, in einer Reihe aufgestellte Kinder, an der Tafel stehende Wörter (z.B. nach ihrer Länge), Bleistifte oder Farbstifte im Federmäppchen (z.B. nach Länge), usw.

181.1
Beim Grobziel "Zahlerfahrungen" geht es darum, zu bestimmten Zahlen ein Wissen über ihre "operativen" Beziehungen zu anderen Zahlen aufzubauen. Ausgangspunkt ist also eine einzelne Zahl, zu der (additive) Zerlegungen verschiedener Art gesucht werden. Beim Addieren sind umgekehrt Rechenausdrücke gegeben, deren Zahlwert durch eine einzelne Zahl auszudrücken ist. Die Schüler sollen Rechensätze der Art 3 + 4 = 7 kennenlernen, wobei sie schließlich fähig sein sollen, auf den Reiz 3 + 4 mit der Reaktion 7 zu antworten. Beiden Grobzielen ist gemeinsam, daß die Schüler begriffliche Vorstellungen von der Operation Addieren gewinnen sollen, d.h. das Wort "Addieren" soll auch mit konkreten Modellvorstellungen (Vereinigen von

Mengen, Zusammensetzen von Längenrepräsentanten, usw.) verknüpft sein. Die Darstellung von Additionen mit Hilfe der Zahlengleichung dürfte im Zusammenhang mit dem Grobziel "addieren" von größerer Bedeutung sein.

187.1
Bei den Aktivitäten zum ordinalen Zahlaspekt werden die Zahlen als Anzahlen oder Operatoren aufgefaßt und anhand entsprechender Repräsentationen zueinander in Beziehung gesetzt. Die betroffenen Beziehungen sind vor allem "<", ">" und "zwischen". Beim konstruktiven Zahlaspekt werden die Zahlen als Rangplätze oder als Ordnungszahlen benutzt, die sich auf einzelne Objekte beziehen. Dabei ist freilich der zugrundegelegten Zählreihe die im ordinalen Aspekt besprochene Ordnung schon aufgeprägt, so daß diese auch durch den Platz in der Zählreihe (bzw. auf dem Zahlenstrahl) fixiert werden kann. Insofern besteht zwischen beiden Aspekten ein Zusammenhang. Er wird besonders offenkundig bei den Beziehungen "ist Nachfolger von" und "ist Vorgänger von". Das Bilden von Nachfolgern (bzw. Vorgängern) ist ja ein konstruktives Element des Zählens bzw. der Zählreihe. Andererseits läßt es sich auch als Spezialfall der Ordnungsbeziehung "<" bzw. ">" auffassen. Im Grunde könnten diese Beziehungen beiden genannten Zahlaspekten zugeordnet werden.

187.2
Aufgaben auf S. 189: Kardinaler Aspekt, Operatoraspekt.
Aufgaben auf S. 190: Operatoraspekt und ordinaler Aspekt, kardinaler Aspekt, kardinaler und konstruktiver Aspekt, kardinaler und ordinaler Aspekt, Operatoraspekt und algebraischer Aspekt.

192.1
Dabei kann die Grafik auf S. 203 zuhilfe genommen werden.

Literatur:

ACH, N.: Begriffsbildung und Suchmethode. In: GRAUMANN, C.F.(Hrsg.) Denken. Köln 1965

AEBLI, H.: Psychologische Didaktik. Stuttgart: Klett 1961

AEBLI, H.: Über die geistige Entwicklung des Kindes. Stuttgart: Klett 1963

BARTMANN; T.: Über die Zahlvorstellung des Sechsjährigen. In: Psycholog. Forschung 1965, S. VII - XV

BAUERSFELD, H. u.a.: alef - Wege zur Mathematik. Arbeitsheftefür Schüler und Handbücher zum Lehrgang, Bände 1 und 2.Hannover: Schroedel 1970 - 1973

BECKMANN, H.:Die Entwicklung der Zahlleistung bei 2 - 6jährigen Kindern.In: Zeitschr. f. angew. Psychologie 22 (1923), S. 1 - 72

BEILIN, H.: Learning and operational coverage in logical thought development. In: Journal of Expermimental Child Psychology 2 (1968), S. 317 - 339

BINET, A.: La perception des longueurs et des nombres chez quelques petitsentfants. In: Revue philosophique 30 (1890), S. 68 - 81

BRAINERD, Ch.J. und ALLEN, T.W.: Experimental inductions of the conservation of "first-order" quantitative invariants.In: Psychol. Bulletin 75 (1971), H. 2, S. 128 - 144

BRAINERD, Ch.J. und BRAINERD, S.H.: Order of acquisition of number and quantity conservation. In: Child Development 43 (1972), S. 1401 - 1406

BRUNER, J.B. u.a.: Studien zur kognitiven Entwicklung.Stuttgart: Klett 1971

BRUNER, J.B. und KENNEY, H.J.: Über das Ordnen in mehreren Dimensionen. In: BRUNER, J.B. u.a.: Studien zur kognitiven Entwicklung. Stuttgart: Klett 1971

DESCOEUDRES, A.: Le développement de l'enfant de deux à sept ans. Neuchatel/Paris 1957

DIENES, Z.P.: Moderne Mathematik in der Grundschule. Freiburg i. B.: Herder 1965

DIENES, Z.P. und GOLDING, E.W.: Mathematisches Denken und logische Spiele. Freiburg i. B.: Herder 1968

DROZ, R.: Psychogense des conduites de comptage. Bulletin de l'academie nationale de psychologie. Hrsg. SALSES, E., Genf 1981, S. 45 - 49

ELLROT, D. und SCHINDLER, M.: Reform des Mathematikunterrichts. Bad Heilbrunn: Klinkhardt 1975

FLAVELL, J.H.: The developmental psychology of Jean Piaget. Princeton, N.J.: van Nostrand 1968

FLOER, J. (Hrsg.): Arithmetik für Kinder. Frankfurt a. M.: Arbeitskreis Grundschule 1985

FRICKE, A. und BESUDEN, H.: Mathematik in der Grundschule, Bd. 1. Stuttgart: Klett 1967

GAST, H.: Der Umgang mit Zahlen und Zahlgebilden in der frühen Kindheit. In: Z.f. Psychologie 161 (1957), H. 1-2, S. 1 - 90

GAST, H.: Zur Frage der Mengenunterscheidung bei 3-8jährigen Kindern. In: Z.f. Psychologie 157 (1954), H. 1-2, S. 106 - 138

GATTEGNO, C.: Mathematik in Zahlen und Farben. München 1964

GELMAN, R.: Conservation acquisition: A problem of learningto attend to relevant attributes. In: Journal of Experimental Child Psychology 7 (1969), S. 167 - 187

GERICKE, H.: Geschichte des Zahlbegriffs. Mannheim/Wien/Zürich: Bibliographisches Institut 1970

GLASERFELD, E.: An attentional model for the conceptual construction of units and number. In: Journal for Research in Mathematics Education 12 (1981), H. 2, S. 83 - 94

GOUTARD, M.: Talks for Primary school teachers on the Cuisenaire-Gattegno approach to the teaching of mathematics. Reading: Educaltional Exploreres 1963

GREENFIELD, P.M.: Über Kultur und Invarianz. In: BRUNER, J.B. u.a.: Studien zur kognitiven Entwicklung. Stuttgart: Klett 1971

GRUBE, A.W.: Leitfaden für das Rechnen in der Elementarschule nach den Grundsätzen der heuristischen Methode. Berlin 1842

GRUEN, G.E.: Experiences affecting the development of number conservation in children. In: Child Development 36 (1965),S. 963 - 979

HAMEL, B.R. und TOMBE, H. de: Piagets Zahlbegriff bei Kindern.In: Z. f. Entwicklungspsychol. und Pädagog. Psychol. 4 (1972), H. 2, S. 77 - 91

KARASCHEWSKI, H.: Wesen und Weg des ganzheitlichen Unterrichts. Stuttgart: Klett 1966

KARASCHEWSKI, H. und ODENBACH, K.: Neues Rechnen, Bd. 1 Stuttgart: Klett 1964

KIRSCH, A.: Die Einführung der natürlichen Zahlen als Operatoren. In: Math.-Phys. Semesterberichte 17 (1970), H 1, S. 57 - 67

KLAUSMEIER, H.J. und SIPPLE, T.S.: Factor Structure of Piagetian Stage of Concrete Operations. In: Contemporary Educational Psychology 7 (1982), H. 2, S. 161 - 180

KOHNSTAMM, G.A.: Developmental Psychology and the Teaching of Thought Operations. In: Paedagogica Europaea, Bd. 1. Braunschweig 1965, S. 79 - 99

KÜHNEL, J.: Neubau des Rechenunterrichts, Bd 1. Leipzig 1919

LANGE, B. und MEISSNER, H.: Zum Lernprozeß im Bereich der Arithmetik. In: Zentralblatt für Didaktik der Mathematik 15 (1983), H. 2, S. 92 - 101

LAUX, J.: Die Bildung des Zahlbegriffs in den ersten drei Schuljahren. Stuttgart: Klett 1969

McKINNON SONSTROEM, A.: Über die Invarianz von festen Gegenständen. In: BRUNER, J.B. u.a.: Studien zur kognitiven Entwicklung. Stuttgart: Klett 1971

MONTADA, L. und SCHULZE, H.: Struktureller Transfer beim Lernen der Zahlenkonstanz durch Ausnutzen von Analogien. In: Schule und Psychol. (1972), H. 5, S. 257 - 268

MORF, A.: L'apprentissage des structures logiques. Paris 1959

MÜLLER, G. und WITTMANN, E.: Der Mathematikunterricht in der Primarstufe. Braunschweig: Vieweg 1977

NEUNZIG, W. und SORGER, P.: Wir lernen Mathematik. Schülerarbeitsbücher und Lehreranleitungen, Bd. 1. Freiburg: Herder 1968

ODENBACH, K.(Hrsg.): Rechenunterricht und Zahlbegriff. Braunschweig: Westermann 1965

PADBERG, F.: Didaktik der Arithmetik. Mannheim: Bibl. Inst. 1986

PIAGET, J. und SZEMINSKA, A.: Die Entwicklung des Zahlbegriffs beim Kinde. Stuttgart: Klett 1965

PICKER, B.: Die natürlichen Zahlen. In: Sachunterricht und Mathematik in der Primarstufe (1978), H. 2, S. 72 - 77 und H. 3, S. 121 - 133

PRASITSAK, P.P.: A study of the relationship between Piagetian conservation of number tasks and the ability in counting of young children. Houston: Unveröffentl. Diss. 1983

RADATZ, H.: Zählen - eine oft vernachlässigte Fähigkeit. In: Grundschule 14 (1982), H. 4, S. 159 - 162

RESAG, K.: Kind und Zahl. Psychologische Voraussetzungen des Rechenunterrichts in der Volksschule. München: Kösel 1962

RESAG, K. und BÄRMANN, F.: Zauberfibel. Braunschweig: Westermann 1969

RIESS, A. (Hrsg.): Psychologie der Zahl. Beiträge zur Bildung des Zahlbegriffs bei Erwachsenen, Kindern und Tieren. München: Kindler 1973

RITTHALER, A.: Praxis des grundlegenden Rechenunterrichts, 2 Bände. Halle a.S.: Schroedel 1906

SCHMALOHR, E. und WINKELMANN, W.: Über den Einfluß der Übung auf die Entwicklung der Mengen und Substanzerhaltung beim Kinde. In: Zeitschr. für Entwicklungspsychol. und Pädagog. Psychol. 1 (1969), H. 2, S. 93 - 102

SCHMIDT, R.: Zahlenkenntnisse von Schulanfängern. Ergebnisse einer zu Beginn des Schuljahres 1981/82 durchgeführten Untersuchung. Wiesbaden: Hessisches Institut für Bildungsplanungund Schulentwicklung 1982

SCHMIDT, S.: Zur Bedeutung und Entwicklung der Zählkompetenz für die Zahlbegriffsentwicklung bei Vor- und Grundschulkindern.In: Zentralblatt für Didaktik der Mathematik 15 (1983), H. 2, S. 101 - 111

SEILER, T.B.: Die Reversibilität in der Entwicklung des Denkens.Stuttgart: Klett 1968

SMEDSLUND, J.: Apprentissage des notions de la conservation. In: PIAGET,J.: Apprentissage des structures logiques. Band IX.Paris 1959, S. 85 - 124

SPIEGEL, H.: Zahlenkenntnisse von Kindern beim Schuleintritt. In: Sachunterr. Math. Primarst. 1979, H. 7, S. 227-244 und 275f

STEINER, G.: Mathematik als Denkerziehung. Stuttgart: Klett 1973

VAN DEN BRINK, J.: Acoustic Counting and Quantity Counting. In: Learn. Math. 4 (1984), H. 2, S. 2 - 13

VYGOTSKIJ, L.S.: Denken und Sprechen. Stuttgart: Fischer 1964

WALLACH, L. und SPROTT, R.C.: Inducing number conservation inchildren. In: Child Development 35 (1964), S. 236 - 276

WILKENING, F.: Beachtung und Addition zweier Dimensionen: Eine Alternative zu Piagets Zentrierungsannahme. In: Zeitschr.für Entwicklungspsychol. und Pädagog. Psychol. 10 (1978), H. 2, S. 99 - 102

WITTMANN, J.: Theorie und Praxis eines ganzheitlichen Unterrichts (4. Auflage, bearb. von W. Müller). Dortmund 1967

WITTMANN, J.: Ganzheitliches Rechnen, Bände 1 und 2. Dortmund: Crüwell 1959 (5. Auflage)

WOHLWILL, J.F. und LOWE, R.C.: Experimental analysis of thedevelopment of the conservation of number. In: Child Development 33 (1962), S. 153 - 167

Sachregister [1]

---

1) Die im Sachregister genannten Begriffe können im Text auch im Plural, in einem Teil oder einer Zusammensetzung sowie als Adjektiv oder Verb vorkommen.